장세진 산문집
진짜로 대통령 잘 뽑아야

진짜로
**대통령 잘 뽑아야**

초판 1쇄 인쇄 • 2019년 1월 10일
초판 1쇄 발행 • 2019년 1월 15일
지은이 • 장세진
펴낸이 • 이승훈
펴낸곳 • 해드림출판사
주 소 • 서울 영등포구 경인로82길 3-4(문래동1가 39)
　　　　센터플러스빌딩 1004호(우편07371)
전 화 • 02-2612-5552
팩 스 • 02-2688-5568
E-mail • jlee5059@hanmail.net

등록번호 • 제2013-000076
등록일자 • 2008년 9월 29일

* 책값은 표지에 있습니다
* 잘못된 책은 바꿔드립니다

ISBN 979-11-5634-325-7

# 진짜로 대통령 잘 뽑아야

장세진 산문집

해드림출판사

저자의 말

## 뒤틀린 현실이 적나라하게 드러나

또 한 권의 책을 세상에 내놓는다. 장세진 산문집 '진짜로 대통령 잘 뽑아야'이다. 2017년 12월 '영화로 힐링'과 'TV 꼼짝 마' 두 권을 동시에 펴냈으니 1년 만이지만, 산문집으로는 2016년 2월 24일 발행한 '참 이상한 나라' 이후 2년 11개월 만이다. 수필·산문집으로는 13번째, 평론집 등 이것저것 다 합치면 46권째 책이다.

그 2년 11개월 동안 많은 일들이 있었다. 개인적으론 32년 넘게 몸담으며 눈썹휘날리게 학생들 글쓰기라든가 학교신문과 교지제작 지도 등 특기·적성교육에 매진했던 교단을 떠났다. 즉시 교원문학회 창립에 나서고, 초대 회장을 맡아 고교생 대상의 공모전을 개최·시상하는 등 나름 분주하게 인생 2막을 살고 있는 나날이다.

국가적으로는 박근혜 대통령이 탄핵과 함께 구속·수감되는 그야말로 경천동지할 일이 벌어졌다. 조기 대선으로 문재인 정부가 출범한지도 어느새 1년 7개월이 넘었다. 이른바 국정농단이니 블랙리스트 사건 등 적폐 청산이 가열차게 진행되면서 한마디로 역주행시대를 달렸던 이명박 전 대통령도 구속·수감되기에 이른다.

그뿐이 아니다. 남북정상회담으로 '판문점 선언'이 나오고, 문재인 대통령이 특별수행단 200여 명과 함께 2박 3일 일정으로 평양 등 북한을 다녀왔다. '평양공동선언'에 이어 여러 행사를 가졌다. 가령 15만 평양시민을 대상으로 연설하고, 김정은 위원장 내외와 백두산 천지에서 손을 맞잡은 채 사진을 찍기도 했다. 이전 이명박·박근혜정권과 확 달라진 나라가 된 것이다.

이 책을 읽다보면 잘못된 교육정책을 비롯 위에서 말한 뒤틀린 그런 현실이 적나라하게 드러난다. 오죽했으면 책의 제목을 '진짜로 대통령 잘 뽑아야'로 했을까. 장세진 산문집 '진짜로 대통령 잘 뽑아야'에는 편당 원고지 10장 안팎의 짧은 글 100편이 실려 있다. '참 이상한 나라' 이후 쓴 것들이고, 일간신문이나 한교닷컴 등에 이미 발표한 글들이다.

책은 5부로 나누었다. 교육·정치·사회·문화·행정 등 그야말로 전 분야를 망라한 셈의 글들인데, 최근 발표작이 앞에 오도록 역순으로 실었다. 중간중간 끼어있는 영화·방송·축구 이야기는 비판적이기는 해도 '씹거나 까는' 다른 교육·정치·사회·행정분야 글들에 비해 좀 말랑말랑한 편에 속하지 않을까 싶다.

시차를 두고 쓴 글들을 한 권의 책으로 묶다보니 중복되는 내용도 있다. 혼신을 다한 피 같은 내 작품들이고, 그만큼 저자로선 강조하려는 의도를 묻히게 할 수 없어 그대로 다 실었다. 그 사안에 관한 한 그만큼 할 이야기가 많은 것으로 봐주었으면 한다. 기 발표한 것과 제목이 같지 않은 경우나 통일되지 않은 복합어 사용 등이 있음도 널리 양해를 구한다. 예컨대 어느 글에선 '교권침해'로 붙였는데, '교권 침해'로 띄워 표기한 것도 있는 식이다.

이런 내용의 책이 나오지 않아도 되는 그런 날은 언제일까. 이런 내용의 책이 나오지 않아도 되는 그런 세상이 아니어서 새삼 화가 나고 슬프지만, 이제 공은 독자에게로 넘어갔다. 이 글들을 읽고 통쾌하고, 후련하고, 짜릿하다며 박수쳐줄 독자들과 '진짜로 대통령 잘 뽑아야' 출간의 기쁨을 함께 하고 싶다.

2019년 정초
지은이 장세진

차례

저자의 말 _ 뒤틀린 현실이 적나라하게 드러나     4

# 제1부

| | |
|---|---|
| 교단을 떠나게 한 수업 방해 | 13 |
| 교육감 해외 출장 논란이 남긴 것 | 16 |
| 본전도 못 건진 추석 영화들 | 19 |
| 문학상, 받을만한 사람이 받고 있나 | 23 |
| 2018 자카르타-팔렘방 아시안게임 | 26 |
| 역사 새로 쓴 천만 영화 | 30 |
| 흥행 실패 대작 영화들 | 34 |
| 한국형 우주 영화 | 38 |
| 값진 죽음보다 사는 가치가 우선 | 41 |
| 막 내린 2018 러시아 월드컵 | 45 |
| 러시아 월드컵 16강 탈락을 보며 | 49 |
| 학교운영위원 정당인 배제해야 | 52 |
| 고창군민에게 갈채를 | 55 |
| '교원문학신문', 아자! | 58 |
| 교원문학회 출범 3년 | 61 |
| 2무 2유 시상식 | 64 |
| 판문점 선언, 이후가 문제다 | 67 |
| 교육감 선거에 왜 시민단체들이 개입하는가 | 71 |
| 짜증 나게 하는 문자 공해 | 73 |
| 문예는 아무것도 아닌가 | 76 |

차례

# 제2부

| | |
|---|---|
| 또 구속된 전직 대통령 | 81 |
| 비리 사학 폐쇄가 답이지만… | 85 |
| 현실이 되어버린 서남대 폐교 | 88 |
| 유독 문학 홀대하는 지자체들 | 91 |
| 주연배우의 드라마 중도하차 | 94 |
| 정치인의 출판기념회 | 98 |
| 교장 공모제 악몽 | 102 |
| 교원문학회 새해 소망 | 106 |
| 문학상 시상식 풍경 | 109 |
| 시끄러운 국민의당을 보며 | 113 |
| 공짜 밥 달라는 기자회견 | 116 |
| 새삼 분노 자아내는 특수활동비 | 120 |
| 한국형 블록버스터의 흥행부진 | 124 |
| 청소년 범죄 이대로 안 된다 | 127 |
| 열린 혼불문학상 시상식 돼야 | 130 |
| 진짜로 대통령 잘 뽑아야 | 134 |
| 그 입 다물라 | 137 |
| 로또 수준의 우수출판콘텐츠 제작지원 | 140 |
| 동성결혼은 미친 짓이다 | 143 |
| 힘내라, KBS·MBC 총파업! | 146 |

차례

## 제3부

| | |
|---|---|
| 공영방송 총파업을 지지하는 이유 | 152 |
| 너희가 교수님이냐 | 156 |
| 너희가 교장 선생님이냐 | 159 |
| 걱정된다, 고교학점제 | 162 |
| 너희가 선생님이냐 | 166 |
| 또 한 분 스승을 잃으며 | 170 |
| 돈도 실력이야 | 173 |
| 베끼기는 도둑질 | 176 |
| 언론사 블랙리스트 | 179 |
| 교육감 선거비용 대폭 낮춰야 | 183 |
| U-20 월드컵 8강 탈락을 보며 | 187 |
| 주는 기쁨, 교원문학상과 전북고교생문학대전 | 190 |
| 어느 여고의 시상식 못 가게 하기 | 193 |
| 김영란법과 스승의 날 | 196 |
| 대선 공약에 교원이 없다 | 199 |
| 일부 학생 인권 보호하려고 다수 학습권 피해 눈감나 | 202 |
| 교권침해 갈수록 증가한다는데… | 205 |
| 박근혜 구속과 적폐 청산 | 208 |
| 김승환 교육감 불구속 기소를 보며 | 212 |
| 다시 참 이상한 나라 | 215 |

차례

## 제4부

| | |
|---|---|
| 전라북도문화관광재단에 바란다 | 221 |
| 대통령 탄핵이 힐링인 나라 | 224 |
| 대통령 파면이 남긴 것 | 227 |
| 지역문화예술 육성지원사업 유감 | 231 |
| 6자리 우편번호의 학교 홈페이지 | 234 |
| 3·1 독립만세시위라 부르자 | 238 |
| 연기자들 극중 대사 발음 정확해야 | 240 |
| 김제시의회의 블랙리스트 | 243 |
| 문화예술 안중에 없는 임실군 | 246 |
| 우리를 분노케 하는 것들 | 249 |
| 신춘문예 심사 유감 | 252 |
| 시끌짝한 군산 지역 문화예술계 | 256 |
| 그들은 사이코패스인가 | 260 |
| 증정 예절 | 263 |
| 역사를 새로 쓰는 대통령 | 266 |
| 병신십적(丙申十賊) | 270 |
| 뭐 저런 대통령이 다 있나 | 274 |
| 국민 사표 내고 싶어 | 278 |
| 각료 총사퇴와 비박계 집단탈당을 | 281 |
| 참 쪼잔한 정권 | 285 |

차례

# 제5부

| | |
|---|---|
| 20년째 그대로인 하림예술상 상금 | 290 |
| 뭔 놈의 이런 나라가 다 있나 | 293 |
| 사제지정(師弟之情) 끊어 놓는 김영란법 | 296 |
| 또다시 불거진 인사잡음 | 299 |
| 문단의 어처구니없는 일들 | 302 |
| 너무 가혹한 정부포상업무지침 | 306 |
| 신곡만한 문인 얼마나 있을까 | 309 |
| 교단의 어처구니없는 일들 | 312 |
| 퇴직교사 활용법 | 316 |
| 교원 문인들의 힘찬 출발, 그리고 전진 | 319 |
| 친일인명사전의 두 모습 | 322 |
| 지자체에 바란다 | 325 |
| 진짜 배알도 없는가 | 328 |
| 교사 명퇴 증가시킬 2016 학생생활교육계획 | 331 |
| 부산국제영화제를 지지합니다 | 334 |
| 퇴직교사 노후 내팽개친 공무원연금공단 | 337 |
| 3·1 운동이 아니라 독립 만세 시위다 | 340 |
| 넘쳐나는 문학상 이대로 좋은가 | 343 |
| 상, 제대로 주자 | 346 |
| 망신살 뻗친 국가브랜드 공모전 | 349 |

# 제1부

## 교단을 떠나게 한 수업 방해

 바른미래당 이찬열 의원(교육위)이 전국 17개 시·도교육청에서 받은 '최근 4년간 학생과 학부모에 의한 교권 침해 신고현황'이란 언론 보도 자료에 따르면 2014년부터 2017년까지 학교 현장에서의 교권 침해는 1만 2,311건으로 나타났다. 4년간 학생에 의한 교권 침해는 1만 1,926건이다. 학부모 등에 의한 교권 침해도 385건이었다.
 학생에 의한 교권 침해 중 '폭언과 욕설'이 가장 많은 7385건으로 62%를 차지했다. 이어 수업 방해 2,285건, 지시 불이행 등 기타 사항이 1476건, 교사 성희롱 419건, 폭행 361건순이었다. 박경미 더불어민주당 의원이 교육부로부터 받은 '2018년 상반기 교권 침해 현황' 자료에도 학생에 의한 교권 침해가 압도적이긴 마찬가지다.
 살펴보면 올해 8월까지 교권 침해 건수는 1,390건이다. 그중 학생에 의한 교권 침해가 전체의 90.4%(1,257건)를 차지하고 있다. 모욕·명예훼손 757건, 교육 활동을 반복적으로 부당하게 간섭하는 행위 143건, 상해·폭행 95건, 성적(性的)굴욕감·혐오감을 일으키는 행위 93건 등이다. 학부모(관리자) 등에 의한 교권 침해는 9.6%(133건)로 나타났다.

내가 고교 교사로 근무했던 전북에서는 2014년부터 2017년까지 모두 379건의 교권 침해가 신고 됐다. 이는 전국 17개 시·도중 11번째로 많은 수치다. 학생의 교권 침해는 폭언 및 욕설 238건을 비롯해 수업 방해·폭행·성희롱 등의 순서로 나타났다. 학부모의 교권 침해는 17건이다. 그런 보도를 보고 있자니 명예퇴직(명퇴)으로 교단을 떠났던 지난 날이 떠오른다.

2년 전 내가 명퇴한 핵심적 이유 중 하나도 학생들의 수업 방해였다. 한 마디로 1학년 일부 학급은 수업 시간인데도 락카페 같은 분위기였다. 어느 특성화고의 수업 시간을 말하는 것이 아니다. 인문계 여자고등학교에서 벌어진 실제상황이다. 수업 시간인데 어린이집 아이들도 아닌 여고생들이 교실에서 돌아다니고 이야기로 만리장성을 쌓기 일쑤였다.

거기엔 소위 진보교육감들이 그런 실상을 아는지 여부와 상관없이 또 다른 중요한 문제가 내재되어 있다. 교사들이 면학 분위기를 다져보려 그런 아이들을 복도로 내보내는 것조차 인권침해라며 못하게 해서다. 그러니까 공부하려는 학생들이 오히려 기죽어야 하는 수업 방해의 교실 분위기를 어떻게 해볼 수 없어 그만 학교를 떠나버린 것이다.

사실 나는 선배나 동료들이 교단을 잘도 떠나가는 명퇴에 대해 요지부동이었다. 정년의 그 날까지 눈썹 휘날리게 할 일이 있어서였다. 나의 특기·적성교육 지도로 아연 빛을 보게 될 많은 학생들을 위해서였다. 그랬다. 언제나 내게는 그런 목표가 있었다. 충만한 기대감으로 갈수록 심해지는 선생 하기의 어려움을 극복할 수 있었다.

특히 2015년 3월 남강교육상을 수상하면서 정년까지 특기·적성교육에 매진하리라 다짐해서인지 막상 명퇴할 때는 그리 홀가분한 기분이 아니었다. 신나거나 즐겁지도 않았다. 누구를 탓하고 원망할까만 마치 뭐에 등 떠밀리듯 떠나는 기분이랄까. 신청서를 직접 작성한 것이 분명한데도 마치 누군가에 의해 강제로 교단을 떠난다는 느낌이 좀처럼 가시지 않은 명퇴였다.

이를테면 2년쯤 앞당긴 명퇴로 악몽의 수업 방해를 벗어난 셈이다. 문제는 목구멍이 포도청 등의 이유로 교사들 대다수가 그런 용단을 쉽게 내릴 수 없다는 데 있다. 그렇다면 수업 방해 등 각종 교권 침해를 견디고 버티는 수밖에 없다는 얘기인데, 그럴 경우 제대로 된 교육 활동이 이루어질 수 있을까. 그것이 과연 나라다운 나라의 모습일까?

무엇보다도 수업 방해의 교권 침해는 다른 유형의 그것과 차별화된 특단의 대책이 필요해 보인다. 나처럼 정년보다 2년쯤 먼저 떠나버린다고 본질적 문제가 해결되는 것은 아니기 때문이다. '무너진 교실' 소리가 나온 지 언제인데, 지금까지도 그로 인해 교사들을 떠나게 한다면 너무 심각한 교권 침해의 악덕 환경 아닌가?

〈전북연합신문, 2018. 11. 20〉

## 교육감 해외 출장 논란이 남긴 것

김승환 전라북도 교육감이 외유성 해외 출장 논란을 빚고 있다. 한국일보(2018. 10. 18) 보도에 따르면 김 교육감이 2010년 7월 취임 이후 2011년부터 올해까지 8년간 어학연수 중인 초·중등 영어교사 격려 및 현지 점검 목적으로 다녀온 해외 출장은 모두 10차례다. 출장일수는 94일에 이른다. 동행한 실무진을 뺀 교육감과 수행비서가 쓴 출장비용만 1억 원이 넘는다.

이와 관련 시민단체들은 "사실상 실무진이 다녀와도 될 출장을 혈세 지출의 외유성 출장을 즐긴 것 아니냐"고 비판한다. 연수 교수 수업 참관 등도 있지만, 현지 관광지 방문이나 문화체험 일정이 포함된 것에 대한 비판이라 할 수 있다. 이에 대해 김 교육감 측은 "정당한 공무였고, 허투루 낭비한 시간은 없었다"고 해명했다.

잊을만하면 불거지는 지방의원들의 외유성 해외 출장도 아니고, 그런 논란의 중심에 교육감이 있다는 게 우선 놀랍다. 되게 낯선 일로 다가오기도 하지만, 판단은 교육 가족 나아가 국민의 몫이지 싶다. 그보다는 김 교육감의 외유성 해외 출장 논란은 몇 년 전 내가 겪은 일 하나를 떠오르게 한다. 바로 출장비 없는 출장 이야기다.

나는 60줄에 접어들 때까지도 수업 외 하는 일이 크게 두 가지 있었다. 학생들 글쓰기 지도와 학교신문이나 문집(교지) 제작 지도가 그것이다. 가령 각종 공모전과 백일장에서 1등을 여러 차례 수상한 어느 제자가 대통령상(대한민국인재상)까지 거머쥐도록 지도했다. 학교신문은 연간 4회 제작 지도를 했다. 그 외 학교 사정에 따라 학생수상문집이나 교지제작 지도를 해왔다.

남강교육상 수상은, 이를테면 국어과의 '3D업종'이라 불리는 그런 일들을 눈썹 휘날리게 해온 학생지도의 공적을 인정받은 셈이다. 제25회 남강교육상 수상은 나에게 남다른 의미가 있었다. 교직 32년 만에 받은 최초의 교육상이어서다. 교육상을 받을 만큼 필자가 해온 학생지도가 값진 일이었다는 자부심의 확인 때문이다.

그러나 시상식 참가의 출장 신청 과정에서 그런 기분은 확 달아나 버렸다. 글쎄, 교육상 수상이 사적인 일이라 출장비를 지급할 수 없다는 것이었다. 학생지도 연장선상에서 이루어진 시상식 참가인데도 공적인 일이 아니란다. 결국 출장비 안 받는 출장 처리 후 시상식에 갔지만, 이것 역시 이해가 안 되긴 마찬가지다. 개인적인 일이라면 출장비 없는 출장이 아닌 연가가 맞을 듯해서다.

어쨌든 '뭐 이런 경우가 다 있나'하는 기분이었다. 그리고 그 동안 언론에 보도된 바 있는 부당 출장비 수령 등과 함께 '도대체 얼마나 심했기에 이렇게 재단을 하나' 하는 탄식이 절로 솟구쳐 올랐다. 어쨌든 나는 그 학교를 마지막으로 2월말 명예퇴직했다. 의아한 출장의 지출결의서를 본 것도 그 무렵이었다.

지출결의서에는 1월 중 11건의 출장내용이 들어 있었다. 어찌 된 일인지 운동부의 동계전지훈련 격려 지도에 교장과 체육교사 말고도 많은 교사들 이름이 나온다. 충남 논산과 제주도 출장을 당일 또는 2박 3일간 다녀왔다. 방학 중이라곤 하나 다른 교과 선생들이 운동부 격려차 2박 3일간 제주도로 출장을 다녀오는 것이 적법한가?

퇴직과 함께 잊어버리거나 묻히고 말았는데, 교육감의 외유성 해외 출장 논란이 그걸 불러낸 셈이라 할까. 아무튼 나는 지금도 알지 못한다. 학생지도를 열심히 한 공적으로 교육상 수상하러 가는 시상식 참가가 운동부와 전혀 관련 없는 타 교과 교사들이 동계전지훈련 격려 지도차 가는 출장과 어떻게 다른지. 문득 윗물이 맑아야 아랫물도 맑다는 속담이 떠오른다.

말할 나위 없이 그깟 출장비 몇 푼의 문제가 아니다. 전국 규모의 교육상에서 그런 공적을 인정해 시상(교육부 장관 이름의 시계 부상 포함)과 함께 축하와 격려를 아끼지 않는데, 정작 소속 교육청이나 학교에선 소 닭 보듯 하는 그 행태가 씁쓸해서다. 내가 그런 일을 겪은 그 기간에 정작 교육감은 외유성 해외 출장을 다녀왔다. 그로 인한 논란을 알게 되니 기가 찰 노릇이다.

〈전북연합신문, 2018. 11. 7〉

# 본전도 못 건진 추석 영화들

여름 대목이 끝나자마자 영화가는 추석(9월 24일)특선 대결장으로 이어졌다. 9월 12일 '물괴'를 시작으로 9월 19일 '안시성'·'명당'·'협상'이 동시에 개봉했다. 여름 대목의 '미션 임파서블: 폴아웃'과 같은 할리우드 블록버스터가 없어 한국영화 4편이 격돌하는 모양새였다. '킹스맨: 골든 서클'이 있었던 지난 해 추석과 좀 다른 대진표다.

한 주 늦은 9월 26일 가세한 '원더풀 고스트'를 뺀 4편의 영화들은 제작비 규모 면에서 이른바 한국형 블록버스터 내지 대작이다. '물괴'·'명당'·'협상' 세 편 모두 100억 원이 넘는 제작비가 투입됐다. '안시성'은 200억 원이 넘는 제작비가 들어간 것으로 알려졌다. 따라서 손익분기점은 '물괴'·'명당'·'협상' 세 편이 각각 300만 명, '안시성'은 600만 명쯤이다.

가장 먼저 개봉한 영화 '물괴'는 일찌감치 나가떨어졌다. '물괴'

의 관객 수는 10월 9일 기준 72만 1059명이다. 그런데 여름 대목에서도 가장 먼저 개봉한 '인랑'이 일찌감치 나가떨어진 바 있다. 우연의 일치인지 또 다른 무엇이 있는 것인지 가장 먼저 개봉한 영화들의 일찌감치 나가떨어지기는 신기하기까지 하다.

적어도 일찌감치 나가떨어지지 않은 다른 영화들 성적은 어떨까. 10월 9일 기준 '안시성' 524만 명, '명당' 207만 명, '협상' 194만 명, '원더풀 고스트' 44만 명이다. 10월 3일 '베놈'과 '암수살인' 개봉으로 평일 하루 관객 수가 '안시성' 3만 명 대, '명당'·'협상'이 1만 명 이하로 떨어진 상태다. 사실상 스코어 경쟁은 끝난 셈이다.

한국형 블록버스터가 아닌 '원더풀 고스트'는 제외하더라도 '물괴' 포함 4편의 추석 영화 모두 본전도 뽑지 못한 참패를 당한 것이다. 그런 점은 '안시성' 4.6%, '협상' 0.6%, '명당' 0.2% 등 영화진흥위원회 통합전산망 예매율(10월 9일 기준)에서도 확인된다. '안시성'의 관객이 더 늘어날 것으로 보이긴 하지만, 손익분기점 600만 명엔 이르지 못할 게 확실시된다.

이는 예년엔 찾아보기 어려운 현상이다. 가까운 예로 2017년 추석의 경우를 보자. 2017 추석(10월 4일) 대목에 맞춰 개봉한 영화는 '범죄도시'·'남한산성(10월 3일)'이다. 외화로는 이들보다 1주 먼저 개봉한 '킹스맨: 골든 서클'이 있다. 9월 21일 개봉한 '아이 캔 스피크'도 추석 연휴까지 관객몰이를 했다.

'역대 추석 연휴에 개봉한 영화 중 가장 빠른 흥행 속도' 등 기대를 모은 '남한산성'은 흥행 실패로 끝났지만, 이미 다른 글에서 말했듯 '범죄도시'는 687만 명 넘는 관객 수로 왕대박을 터뜨렸다. '아이 캔 스피크' 역시 손익분기점 180만 명을 훌쩍 넘겨 327만 명 넘는 흥행 성공이었다. 외화 '킹스맨: 골든 서클' 흥행 와중에도 거둔 2017추석 한국영화 성적이다.

'킹스맨: 골든 서클'처럼 관객들을 잠식할만한 할리우드 블록버스터가 없었는데도 추석 한국영화들이 본전도 뽑지 못한 참패를 당한 것은 역시 대작 쏠림 때문이지 싶다. 특히 사극이 3편이나 추석 대목에 몰린 것은 치명적이라 할만하다. 코미디를 표방한 '원더풀 고스트'가 맥을 못 춘 것도 얼른 이해가 안 되는 대목이다.

전통적으로 추석 명절엔 사극과 코미디 영화가 강세를 보였다. 예컨대 '광해, 왕이 된 남자(2012)'·'관상(2013)'·'사도(2015)' 등 사극이 압도적 성적을 거두었다. 그런 흐름이 깨진 건 2016년이다. 시대극 '밀정'이 750만 명을 동원한 데 비해 320만 명이 손익분기점인 사극 '고산자, 대동여지도'는 94만여 명에 그쳤다.

제작사나 배급사들은 사극이 강세란 추석 공식이 이미 깨져버린 최근 흐름을 몰랐던 것일까. 자연스럽게 추석 시장 규모가 줄어든 점도 개봉 전략에 포함되어야 했다. 경쟁사끼리 서로 상의하여 개봉 일을 정할 수 없는 노릇이긴 하지만, 요컨대 대략 정해져 있는 추석 명절 관객 수에 4편의 한국영화가 격돌해 과부하가 걸리고 제 살 깎아 먹기를 한 것이다.

차라리 일부 영화는 여름 시장이나 설 대목에 선보였더라면 어찌 되었을까. 가령 513만 명이라는 적지 않은 관객을 동원한 '안시성'의 경우 여름방학 기간이라면 학생들이나 휴가 중 성인들까지 지금보다 많은 관객을 극장으로 불러들였을 것 같다. 사실 고

구려를 배경으로 한 영화는 귀한 경우다. 그것만으로도 충분히 새로움을 추구하는 관객 심리에 어필할만하다.

'흥행 실패 대작 영화들'(전북연합신문, 2018. 9. 5)이란 글을 쓴지 불과 한 달 만에 다시 이런 글을 쓰게 되어 유감이다. 10월 25일 총제작비 170억 원의 대작 '창궐'이 개봉한다. 전통적 비수기라 10월에 조선 시대를 배경으로 한 사극인데다가 이미 '물괴'의 참패를 목격했던 터라 '창궐'이 500만 명쯤인 손익분기점을 넘어 흥행을 일궈낼지 벌써부터 걱정이 앞선다.

〈전북연합신문, 2018. 10. 12〉

## 문학상, 받을만한 사람이 받고 있나

 1월 20일 전북문학상을 시작으로 9월까지 이런저런 문학상 시상식이 있었다. 대략 신곡문학상·완산벌문학상·교원문학상·해운문학상·불교문학상·지평선문학상·열린시문학상·중산문학상·신석정문학상 등이다. 전북지역 얘기지만, 예년 상황을 돌이켜보면 전국적으로 연말까지 더 많은 문학상 시상식이 이어질 전망이다. 다가올 '시상의 계절'을 위해 한 번쯤 되돌아보고자 한다.
 문득 "상이라는 것은 받을만한 사람에게 주어졌을 때 의미와 가치가 있는 것이지, 그렇지 않을 경우 쓰레기 배급에 지나지 않는다."는 '명언'이 떠오른다. 이는 오래 전 SBS 연기대상에서 이병헌의 대상 수상을 두고 드라마작가 김수현이 자신의 홈페이지를 통해 내던진 말이다. 자신이 극본을 쓴 TV 드라마 '완전한 사랑'에서 열연한 김희애가 대상을 받지 못하자 터뜨린 '울분' 성격의 말이기도 하다.

과연 문학상은 어떠한가? 도내에는 자치단체와 문학단체, 독지가나 문인 유족들이 제정·시상하는 여러 문학상이 있다. 우선 전라북도와 전주시의 자랑스러운 전북인대상(옛 전북문화상)과 전주시예술상(옛 풍남문학상)이다. 그런데 '자랑스러운 전북인대상'이나 '전주시예술상'은 공직선거법 운운하며 상금 없이 달랑 상패만 주는 상으로 전락한 지 오래다.

연륜이 오래되었거나 상금 규모가 비교적 큰 문학상을 일별해 보면 다음과 같다. 대략 백양촌문학상·표현문학상·전북문학상·목정문화상·모악문학상·전북예술상(전북예총하림예술상)·김환태평론문학상·작촌문학상(전북펜작촌문학상)·전북해양문학상(해운문학상)·전주문학상·군산문학상(신무군산문학상)·전북문예문학상·두리문학상 등이다.

그중엔 안타깝게도 지금은 없어진 상이 꽤 있다. 백양촌문학상·표현문학상·모악문학상 등이다. 이와는 달리 새로운 문학상이 속속 생기고 있다. 반가운 일이지만, 상금 없이 상패만 주는 문학상도 있어 좀 얼떨떨하다. 그 의미를 반감시킬 수 있어서다. 아예 없어진 상들에 비하면 저간의 경위야 어찌 되었든 상 이름이 바뀐 채 시상하는 문학상은 그나마 다행이라 해야 할까.

어쨌든 그 수상자들을 보면 대부분 받을만한 사람이 상을 받았다고 공감되지만, 고개를 갸우뚱하게 만들기도 한다. 가령 일생을 통틀어 고작 책 한두 권 낸 게 전부인데, 수상하는 경우가 그렇다. 방송사 연기대상이 공헌도나 시청률 따위가 아닌 연기력으로 평가받아야 하듯 문학상도 활발한 필력 내지 왕성한 저술 활동이 수상의 기준이 되어야 하는데, 그렇지 않은 것이다.

무엇보다도 작가는 작품(집)으로 말한다. 당연히 그런 활동이 인정받을 수 있어야 한다. 그런데도 회장 역임이라든가 사무 등 작품 외적 활동을 기여도 운운하며 수상의 잣대로 삼는 경우가 많다. 특히 찾아서 주는 상이 문제다. 심사위원들이 예비 수상자들의 작품 활동을 시시콜콜 꿰뚫고 있지 못할 텐데, 선정은 척척 해내니 참 신기하다.

　이를테면 알음알음 개인적 친분을 통한 '그들만의 잣대'가 작동될 수밖에 없는 셈이다. 수상자를 제한적으로 '재단하는' 가능성에 노출되어 있기도 한 셈이다. 제도적으로 공정성이 위협받는 '깜깜히' 심사라 할까. 그렇게 할망정 열에 아홉은 납득할 만한 수상자를 내면 뒷말이 없을 텐데 왕왕 그렇지 않아 문제인 것이다.

　아무리 모두가 다 만족할 수 없는 것이 상이라지만, 그래도 '깜' 아닌 사람의 수상은 더 이상 보지 않았으면 한다. 나아가 결코 나이순이나 막걸릿잔 수로 정해지는 문학상 수상이 되어서도 안 된다는 생각이다. 왕성한 작품 활동이 수상 이유의 전부가 아닐 때 문인들 자괴감이나 문단 왜곡 같은 폐해가 큼을 유념했으면 한다.

　우리 교원문학회가 시상한 두 번의 교원문학상도 과연 그랬는지 조심스럽지만, 무릇 상은 누구나 박수를 쳐줄 수 있는 사람이 받아야 한다. 그래야 수상자로서도 티 없이 기쁘고 내심 감격에 겨워할 수 있다. 상을 받고도 못내 찝찝해하는 그런 시상은 없는지, 과연 주최 측 스스로 권위를 떨어뜨리는 문학상이 여전한지 다 같이 지켜볼 일이다.

〈전북연합신문, 2018. 9. 19〉

# 2018 자카르타-팔렘방 아시안게임

지난 18일 인도네시아에서 개막한 2018 자카르타-팔렘방 아시안게임(아시안게임)이 대회 중반을 넘어섰다. 다른 글에서 이미 말했듯 축구 외 다른 스포츠에 별다른 관심이나 취미가 없는데도 이런저런 경기를 보게 된다. 아무래도 국가 간 경기여서일 게다. 우리나라 선수들이 어떤 성적을 거두는지 국민의 한 사람으로서 궁금해하는 건 당연한 일이니까.

말할 나위 없이 축구를 보는 즐거움이 가장 크다. 특히 이란과의 16강전(23일), 우즈베키스탄과의 8강전(27일)은 너무 통쾌했고 짜릿했다. 말레이시아와의 조별리그 경기에서 충격의 패배를 안고 있었던 터라 더욱 그랬는지도 모른다. 아마도 침대 축구로 유명한 난적 이란을 2대 0으로 제압한 승리이고, 강력한 우승 후보 우즈베키스탄을 4대 3으로 제압하여 그럴 것이다.

거기서 눈에 띈 건 통산 8골에 두 번의 해트트릭을 달성한 와일

드카드 황의조다. 물론 황의조가 공을 넣을 수 있게 도운 손흥민의 역할도 빛나지만, 그보다 더 내 눈에 띈 건 이란과의 16강전에서 득점한 이승우다. 이승우는 공중에서 낙하하는 공을 터치하는 것만으로도 이란 수비수 1명을 무너뜨렸다. 슛 기회를 만드는 과정에서 수비 2명을 더 제쳤고, 골로 연결시켰다.

우즈베키스탄과의 8강전에선 후반 16분쯤 교체 투입되어 공격 포인트를 올리지 못했지만, 이승우 득점에 대해 SBS 최용수 해설위원이 "상대 수비를 가지고 노네요. 정말 대단합니다"라며 흥분했듯 멋지고 훌륭한 플레이였다. 글쎄, 우리 선수 중에 그런 기량을 펼치며 골을 넣은 적이 있었는가 할 정도이다.

이승우의 그런 활약은 새삼 러시아 월드컵에서의 아쉬움을 상기시킨다. 이미 다른 글에서 말했듯 손흥민 활용보다 더 아쉬운 건 1, 2차전 짧은 시간을 남겨둔 상태에서의 이승우 교체 투입이었다. 탁월한 기량의 젊은 피 이승우를 본선에 데리고 갔으면 더 적극적으로 활용하는 모험 내지 승부수가 필요하지 않았나 싶어서다.

프랑스 우승의 원동력 중 하나는 만 19세 음바페 기용이라 해도 틀린 평가가 아니다. 학습효과 삼을만한데, 가령 불과 10~15분을 남겨둔 상태에서 투입되면 무엇을 얼마나 펼쳐내겠는가. 이승우는 이번 아시안게임에서도 하마터면 묻힐 뻔했다. 조별리그와 토너먼트 5경기 중 이란전이 첫 선발 출전이어서다. 그러고 보면 감독의 용병술이 얼마나 중요한지 새삼 소름이 돋는다.

여자 축구 역시 만만치 않은 경기를 보여주었다. 2010 광저우, 2014 인천아시안게임에서 연속 동메달을 딴 한국 여자 축구는 "메달 색깔을 바꾸겠다. 사상 첫 금메달을 따겠다"는 목표를 향해 승승장구하고 있다. 24일 열린 8강전 경기에서 홍콩을 5대 0으로 누르고 4강에 진출한 상태다. 준결승 상대는 일본이다. 여자 축구에서 펼쳐지는 숙명의 한일전이다.

그런데 이번 아시안게임의 경우 남자에 비해 여자 축구는 좀 차별당하지 않나 하는 의구심을 떨굴 수 없다. 예컨대 남자 축구는 이란과의 16강전, 우즈베키스탄과의 8강전 경기를 지상파 3사가 경쟁적으로 생중계했다. 반면 24일 열린 홍콩과의 8강전 여자 축구 경기는 KBS·MBC·SBS 지상파 3사 어느 곳에서도 볼 수 없었다.

일종의 편파방송이라 하겠는데, 국민이 보다 고르게 볼 권리를 충족시켜주는 TV가 될 수는 없는가. TV를 보며 느낀 또 다른 아쉬움 하나는 '잠시 후에'라는 자막 안내 내지 아나운서 멘트이다. 그 말은 금방, 곧이란 뜻인데 1시간이 지나도록 다음 경기가 이어지지 않아서다. 일종의 '미끼용'으로 골탕을 먹인다는 생각이 비단 나뿐만은 아닐 것이다.

팬들에 따라 다르겠지만, 이번 아시안게임에서 가장 아쉬운 건 여자 양궁 개인전이다. 자타가 공인하는 세계 최강 한국 양궁은 남자의 경우 김우진이 금메달, 이우석이 은메달을 모두 거머쥔 반면 여자는 리커브 개인전에서 세계 랭킹 1위 장혜진이 4강에도 오르지 못하고 탈락했다. 4강에 올랐던 강채영도 결승엔 가지 못하고 동메달로 만족해야 했다.

한국 여자 양궁이 아시안게임 리커브 개인전에서 결승에 진출하지 못한 것은 이번이 처음이다. 2006 도하 아시안게임 이후 3회 연속 개인전에서 금메달을 목에 걸었고, 은메달도 따지 못한 것은 1978년 방콕 대회 이후 40년 만에 처음인 여자 양궁이기에 적잖은 충격과 함께 아쉬움이 큰 것이다. 그나마 아쉬움을 덜어 준 건 장혜진·강채영·이은경 조가 이뤄낸 리커브 여자 단체전 6회 연속 금메달 수확이라 할까. 어쨌든 우리 선수들 아자!

〈전북연합신문, 2018. 8. 29〉

## 역사 새로 쓴 천만 영화

　월요일(8월 13일) 아침 집으로 배달된 신문(스포츠서울)을 보니 "영화 '신과 함께-인과 연'(김용화 감독, '신과 함께 2')이 천만 관객 돌파와 함께 한국영화 첫 시리즈 '쌍천만'의 주인공이 됐다"는 내용이 있다. 전날인 12일 천만 관객 돌파가 이루어졌어야 가능한 기사 내용이다. 아니다. 설사 그랬더라도 신문제작 및 가정 배달시간 등을 감안하면 불가능한 기사 내용이다.

　실제로 8월 12일 자정이 지나야 알 수 있는 영화진흥위원회 입장권 전산망의 '신과 함께 2' 관객 수는 963만 1,271명이다. 도대체 어떻게 된 일일까. 8월 13일 자 한국일보·서울신문 등도 '신과 함께 2' 소식을 전하고 있지만, 천만 관객 돌파를 목전에 뒀다는 내용이다. 그게 맞다. 속보경쟁이 부른 '참사'라 할까, 아무튼 8월 13일자 스포츠서울 보도는 명백한 오보다.

　'신과 함께 2'가 천만관객을 돌파한 것은 개봉 14일 만인 8

월 14일 오후 2시경이다. 한국영화 첫 시리즈 '쌍천만'의 주인공이 됐는데, 새로 쓴 역사는 그뿐이 아니다. 우선 8월 1일 124만 6,643명을 모으며 개봉일 역대 최다 관객 기록인 '쥬라기 월드: 폴른 킹덤'의 118만 3,496명을 갈아치웠다. '신과 함께 1' 개봉일 관객 수 40만 6,188명에 비하면 3배 이상 증가한 수치다.

'신과 함께 2'는 8월 1일부터 5일까지 5일 연속 100만 관객 동원이라는 기록도 세웠다. 8월 4일에는 146만 6,247명의 관객이 극장을 찾아 하루 최다관객 동원 기록도 새로 썼다. 이전 하루 최다 관객은 '어벤져스: 인피니티 워'가 개봉 첫 주 토요일인 4월 28일 동원한 133만 3307명이었다. '신과 함께 1' 하루(2017. 12. 24) 최다 관객 수 126만 8,537명도 훌쩍 넘어선 것이다. '신과 함께 2'는 개봉 5일째 600만, 개봉 7일째 700만, 개봉 9일째 800만 관객을 각각 돌파했다. 200~800만까지 역대 최단기간 돌파 기록을 줄줄이 경신했다. 그리고 14일째 1,000만 명을 돌파했다. '신과 함께 1'이 1,000만 명을 돌파한 16일보다 이틀이나 앞선 기록이다. 한국영화로는 17번째, 외화까지 합치면 22번째 천만 영화다.

'신과 함께 2'의 천만 관객 돌파는 또 다른 의미를 지닌다. 한국영화 시리즈물의 확장 가능성이 그것이다. '어벤져스: 에이지 오브 울트론(2015)'과 '어벤져스: 인피니티 워(2018)'가 각각 1049만 명, 1121만 명을 동원함으로써 최대 흥행 프랜차이즈(시리즈)로 입지를 굳힌 '어벤져스'를 능가하는 흥행에 따른 의미 부여라 할 수 있다.

사실 그 동안 시리즈 한국영화는 그것이 할리우드 블록버스터 전유물이라 할 정도로 미미한 수준이었다. '가문의 영광'·'타짜'·

'친구'·'탐정'·'조선명탐정' 등이 얼른 생각나는 시리즈 한국영화지만, 속편이 전편의 흥행을 앞질러 계속 만들어야지 하는 견인력을 갖추기엔 추동력이 좀 떨어지는 편이었다. 한국영화 시리즈가 더 앞으로 확 나가지 못한 이유다.

한편 앞의 서울신문에 따르면 '신과 함께 1'은 해외 극장가에서 3,000만 달러(약 330억 원)의 수익을 올렸다. 1, 2편 제작비 400억 원의 4분의 3을 해외 판매로 회수한 것이다. 또한 두 편 합쳐 1,200만 명쯤 되는 손익분기점을 1편 관객(1,441만 927명)으로 이미 넘기고도 남았다. 그야말로 떼돈을 벌게 된 기록도 '신과 함께 2'가 보유하게 되었다.

'신과 함께 2' 역시 8월 8일 대만에서 개봉하자마자 박스오피스 1위에 오르는 등 인기몰이 소식이 전해졌다. 앞의 한국일보에 따르면 대만은 특히 '신과 함께'에 큰 호응을 보인 곳이다. 1편은 박스오피스 매출액 1,600만 달러를 기록하며 역대 한국영화 흥행 1위에 올랐다. 배우와 감독이 대만 타이베이를 방문해 '신과 함께 2'의 홍보 활동을 벌인 것도 그래서 이지 싶다.

과연 '신과 함께 2'는 '신과 함께 1'은 물론 개봉 12일 만에 1,000만 명을 돌파, 최다 관객 1위인 '명량(1,761만 5,314명)'을 뛰어넘을 수 있을까. 전망은, 그러나 그리 밝지 않다. 13일 이후 박스오피스를 보면 '공작' 또는 '목격자'에 1위 자리를 내주고 있어서다. 8월 20일 기준 '신과 함께 2' 관객 수는 1,140만 733명이다.

제작자 리얼라이즈 픽처스 원동연 대표는 '신과 함께'를 한국형 프랜차이즈 영화로 만들고 싶다며 3·4편의 제작 의지를 밝혔는데, 그것이 한국영화 시리즈물의 확장 가능성에 어떻게 작용할

지는 두고 볼 일이다. 계속 더 지켜봐야겠지만, 어쩌다 이룬 '신과함께' 시리즈의 대성공이 수십 년 지속되어온 한국영화의 관행이나 체질을 단숨에 바꿔낼 것으로 보이지 않아서다.

〈전북연합신문, 2018. 8. 23〉

## 흥행 실패 대작 영화들

여름 대목을 겨냥한 대작 첫 번째 한국영화로 7월 25일 개봉한 '인랑'이 2주 만에 대부분 극장에서 간판을 내렸다. 같은 날 개봉한 '미션 임파서블: 폴아웃'과 치열한 경쟁을 펼칠 것이라 예상했지만, 그게 아니었다. 개봉일 관객 수가 '미션 임파서블: 폴아웃' 60만 명, '인랑'이 27만 명으로 나왔을 때만 해도 이렇듯 참패하리라 생각할 수 없었다.

'인랑'의 추락은 8월 1일 '신과 함께- 인과 연' 개봉으로 확연해졌다. '신과 함께- 인과 연' 개봉일 관객 수가 124만 명인 데 비해 '인랑'은 고작 6,072명으로 급전직하한 것. 반면 '신과 함께- 인과 연' 개봉일 기세에도 '미션 임파서블: 폴아웃'은 25만 명을 불러 모았다. 결국 여름 대목 대작 세 번째 한국영화 '공작' 등이 개봉한 8월 8일에 맞춰 사라져야 했다.

'인랑'은 제작비 190억 원이 투입된 이른바 한국형 블록버스터다. 강동원·정우성·한효주 등의 톱스타, 2008년 '좋은 놈, 나쁜 놈, 이상한 놈' 668만 명, 2016년 '밀정'으로 750만 넘는 관객을 동원한 김지운 감독 영화이기에 '인랑'의 흥행참패가 믿기지 않을 정도다. '인랑'의 손익분기점은 600만 명쯤인데, 8월 15일 기준 관객 수는 89만 6,416명에 불과하다.

이미 지난 해 '한국형 블록버스터의 흥행부진(한교닷컴, 2017. 10. 30)'이란 글을 쓴 바 있다. 순제작비 220억 원(총제작비는 260억 원)을 들인 '군함도'와 순제작비만 155억 원으로 알려진 '남한산성'이 손익분기점을 넘기지 못한 흥행 실패를 안타까워한 글이다. 그로부터 9개월 남짓 만에 흥행 실패한 대작 영화 이야기를 또 하려니 심히 유감이다.

그러나 '군함도'와 '남한산성'이 '인랑'처럼 처참할 정도는 아니었다. '군함도' 손익분기점은 700만 명쯤인데, 659만 2170명 관객에 그치고 말았다. '남한산성'의 경우 손익분기점이 대략 500만 명쯤인데, 최종 관객 수는 384만 8,446명이었다. '인랑'처럼 처참한 패배는 오히려 '마이웨이(2011년)'와 '미스터 고(2013년)'를 떠올리게 한다.

순제작비만 280억 원을 투입한, 그때까지만 해도 한국영화 사상 가장 많은 제작비를 쏟아부은 대작 '마이웨이'였지만 관객 수는, 맙소사 고작 214만 2,670명에 불과했다. 손익분기점이 900만 명 이상이었으니 폭삭 망했음을 알 수 있다. '미스터 고'는 순제작비 225억 원으로 700만 명 이상이 손익분기점이었지만, 관객 수는 오 마이 갓! 132만 8,888명에 그쳤다.

하긴 '인랑'만 그런 건 아니다. 지난 1월부터 7월까지 개봉하여 흥행 실패한 한국영화들이 그야말로 즐비하다. '염력'·'조선명탐정: 흡혈괴마의 비밀'·'골든 슬럼버'·'궁합'·'사라진 밤'·'7년의 밤'·'바람 바람 바람'·'챔피언'·'버닝'·'허스토리'·'변산' 등이다. 여기에 다 적었다 할 순 없지만, 흥행작보다 실패한 영화들이 더 많음을 알 수 있다.

이중엔 '사라진 밤'처럼 140만 손익분기점에 131만 명, '바람 바람 바람'의 경우 150만 명 손익분기점에 120만 명이 극장을 찾아 흥행실패작으로 남게 됐지만, 대부분 영화들은 참패라 불러야 할 만큼 성적이 좋지 않다. 가령 '염력' 370만 손익분기점에 99만 명, '7년의 밤' 290만에 53만 명, '버닝' 250만에 50만 명, '변산' 200만에 48만 명 등이다.

특히 안타까운 것은 대작 영화들의 흥행 실패다. 100억 원 이상 제작비가 투입되면 통상 한국형 블록버스터니 대작이라 부르는데, '염력'·'조선명탐정: 흡혈괴마의 비밀'·'7년의 밤'이 그에 속한다. 그런 실패를 보고 있자면 참으로 알다가도 모를 것이 사람이라는 사실이다. 아니 그것은 너무 광범위한 얘기고, 도대체 모를 것이 관객의 마음이라 해야 맞을 듯하다.

흥행 실패 대작 영화들에는 '부산행'의 연상호, '광해, 왕이 된 남자'의 추창민 두 명의 천만클럽 감독이 차기작으로 각각 연출한 '염력'과 '7년의 밤'이 들어 있다. 2005년 12월 29일 개봉한 '왕의 남자'로 천만클럽 주인공이 된 이준익 감독이 2015년 '사도', 2016년 '동주'에 이어 2017년 '박열'로 승승장구했건만, '변산'의 실패는 어떻게 봐야 하는지 아리송하다.

국내에선 드물게 시리즈 3편까지 제작된 '조선명탐정: 흡혈괴마의 비밀'의 흥행 실패도 그렇다. 2011년 '조선명탐정: 각시투구꽃의 비밀'은 478만 명, 2015년 '조선명탐정: 사라진 놉의 딸'은 387만 명을 각각 동원·흥행해 시리즈 3편 제작에까지 이르렀다. 그런데 그 3편은 손익분기점 300만 명에 244만 명을 동원했으니 시리즈 4편으로 이어질지 불투명해졌다.

  다른 글에서도 이미 말했지만, 그 영화들과 무슨 연고나 인연이 있어서 안타까워하는 것이 아니다. 내가 대작 영화들의 흥행 실패를 안타까워하는 것은 그로 인해 빚어질 투자 위축 때문이다. 엄청난 돈을 쏟아부은 대작 영화가 시장에서 통하지 않으면 더 이상 큰 손들이 영화제작에 투자하지 않으려 할 것은 불을 보듯 뻔한 일이어서다.

〈한교닷컴, 2018. 8. 16〉

## 한국형 우주 영화

 최근 우주를 배경으로 한 한국영화 제작 소식이 전해졌다. 한국일보(2018. 7. 6)에 따르면 윤제균과 김용화, 두 천만 감독이 우주 배경 SF 영화를 만들겠다고 도전장을 냈다는 내용이다. 알다시피 우주 배경 SF 영화는 한국에서 애니메이션이 아닌 실사 영화로는 아무도 시도하지 않았던 전인미답의 장르다.
 신문은 "미국항공우주국(NASA) 같은 우주 연구기지도, 우주 정거장과 유인 우주선도 갖고 있지 않은 한국에서 우주 영화라니. 감히 상상하지 못했던 일이라 영화계 안팎의 비상한 관심이 쏠리고 있다. '그래비티(2013)'와 '인터스텔라(2014)', '마션(2015)' 같은 우주 영화를 '메이드 인 충무로' 브랜드로 만날 날이 현실로 다가오고 있다."고 전한다.
 좀 구체적으로 살펴보면 '국제시장(2014)'과 '해운대(2009)'로 두 번이나 천만 흥행을 일군 윤제균 감독은 신작 '귀환'으로 연출에 복귀한다. '귀환'은 가까운 미래 사회를 배경으로 우주 정거장에 홀로 남겨진 우주인을 지구로 귀환시키려는 사람들의 이야기다. 시나리오는 이미 완성됐고, 배우 황정민과 김혜수가 출연한다. 하반기에 촬영을 시작한다.

'신과 함께- 죄와 벌'로 지난겨울 1,440만 흥행을 일구고, 시리즈 2편 '신과 함께-인과 연'의 8월 1일 개봉일 관객이 124만 명 넘게 들어 역사를 새로 쓰고 있는 김용화 감독도 후속작 '더 문' 제작에 착수한다. '더 문'은 우연한 사고로 우주에 홀로 남겨진 한 남자와 그를 무사히 지구로 데려오기 위해 사투를 벌이는 또 다른 남자의 이야기다.

사전 준비를 거쳐 늦어도 내년 초에는 촬영을 시작할 계획이란다. 국내 CG 기술 개척자인 두 감독의 활동 영역이나 위상 등으로 볼 때 단순한 기획으로 끝나버리진 않을 것 같지만, 벌써부터 걱정이 앞선다. '그래비티'·'인터스텔라'·'마션' 같은 할리우드 우주 영화를 뛰어넘거나 차별화할 수 있겠나 하는 걱정이다.

'그래비티'·'인터스텔라'·'마션' 같은 할리우드 우주 영화들이 새로운 소재로 관객을 선점했는데, 동류의 한국영화가 흥행할 수 있겠느냐는 걱정이기도 하다. 세 편의 우주 영화는 '그래비티' 322만 명, '인터스텔라' 1,030만 명, '마션' 488만 명 넘는 관객을 기록하고 있다. 우주니 과학이니 하는 데엔 관심이나 취미가 전혀 없는 나로선 의아한 관객동원이라 할 수 있다.

사실 나는 이미 말한 바 있다. '인터스텔라(감독 크리스토퍼 놀런)'의 천만클럽은 다소 뜻밖이다. 2008년 '다크나이트' 405만 명, 2010년 '인셉션' 582만 명, 2012년 '다크나이트 라이즈' 639

만 명 등 화려한 전작을 갖고 있는 감독이라 해도 169분이라는 러닝 타임과 골치 아픈 '과학영화'라는 핸디캡을 피할 수 없는 '인터스텔라'이기 때문이다.

나는 이미 말한 바 있다. 공분(公憤)이나 정서 순화의 콧등 시큰함으로 심금을 울리는 그런 것도 없으면서 '인터스텔라'가 천만 영화가 된 것은 순전 '과학의 힘'이라고. 과학의 힘이라 말했지만, 그것은 새로움에 대한 목마름의 갈증 풀이라 해도 좋을 터이다. '인터스텔라'가 할리우드만이 해낼 수 있는 우주 영화임을 생각하면 그 답이 확연해진다.

바꿔 말하면 100억 원만 들여도 '대작' 운운하는 한국영화는 기획조차 할 수 없는 우주 영화 '인터스텔라'이기에 사람들이 그렇듯 주저 없이 극장으로 몰려든 것이다. 황폐해진 지구 말고 인류가 살아갈 대체 행성 찾기 영화인 셈이지만, 영상으로 구현한 우주공간의 비주얼, 거대한 파도나 구름조차 얼어버리는 행성의 장대함 등도 볼거리였다.

'인터스텔라'가 천만 영화로 등극한 지 4년쯤 된 지금 한국형 우주 영화 '귀환'과 '더 문'이 가시화되고 있다. "영화계에선 두 감독의 신작 우주 영화를 한국영화산업이 고도화 단계에 접어들었음을 알리는 신호탄으로 받아들이고 있다."(앞의 한국일보)고 하는데, 관심 있게 지켜볼 일이다. 물론 큰 기대감을 담아서다.

〈전북연합신문, 2018. 8. 9〉

## 값진 죽음보다 사는 가치가 우선

7월 23일 두 명의 사회 지도층이랄까 유명인이 우리 곁을 떠났다. 교과서에 수록된 소설 '광장'으로 유명한 소설가 최인훈과 정의당 원내대표 노회찬 국회의원이 그들이다. 최인훈 소설가는 지난 3월 대장암 말기 진단을 받고 경기도 한 병원에서 치료를 받아오다 84세로 삶을 마감했다. 반면 62살밖에 되지 않은 노회찬 국회의원은 자살이란 극단적 방법으로 생을 마감했다.

천수를 누린 자연사가 아니기에 호상이라 할 수 없을지 몰라도 소설가 최인훈의 나이를 감안하면 장수한 셈이다. 반면 한국인의 평균 수명으로 볼 때 아직 젊은 나이인 노회찬 국회의원의 경우 안타까움 이상의 뭔가가 차오른다. 자살로 생을 마감한 유명 정치인이어서다. 내가 유명인 자살에 대한 생각을 쓰는 것은 이번이 세 번째다.

2008년 10월 2일 만인의 연인으로 한 시대를 풍미했던 스타 최

진실이 목맨 시체로 발견되었다는 뉴스가 전해졌다. 나는 뜻밖의 비보를 접하고 '죽을 용기로 살지, 그런다고 죽냐'라는 제목의 글(부천자치신문, 2008.10.11)을 썼다. 잡지사(월간 수필문학) 편집자가 그 글을 잘 읽었다며 11월호 게재를 요청해왔기에 그렇게 하라고 동의해주었다.

분명한 것은 살아가기가 만만치 않다는 사실이다. 인간 누구에게도 삶에는 고통과 괴로움, 슬픔과 외로움 등이 따르기 마련이다. 또 우리가 살고 있는 세상이 원래 그렇다. 그럼에도 삶은 축복이다. 아름다운 것이다. 의미와 가치가 충분한 것이다. 죽을 용기로 살면 못 헤쳐나갈 것이 없다. 그렇게 서두르지 않아도 우리 모두는 죽는다. 대략 그런 요지의 글이다.

그로부터 7개월쯤 지난 2009년 5월 23일 노무현 전 대통령이 자살로 생을 마감했다. 학생들을 인솔하여 백일장에 참석하고 있었는데, 개회식에서 사회자가 알려줘 노무현 전 대통령 서거 소식을 들을 수 있었다. 온 국민의 오열과 추모 속에서 끝난 노무현 전 대통령의 국민장 영결식을 지켜보고 쓴 글이 '주례사 선생님 노무현(한겨레, 2009. 6. 8)'이다.

임기를 마치고 봉하마을로 돌아간 노무현 전 대통령은 2008년 9월 6일 강금원 창신섬유 회장과 이병완 전 청와대 비서실장 자녀 결혼식이 열린 시그너스 골프장에 모습을 드러냈다. 주례를 서기 위해서다. 당시 내가 편집인 겸 지도교사로 있던 '전주공고신문' 제작을 위해 갔던 길이었다. 강금원 회장은 전주공고 출신이고, 전 대통령 결혼식 주례는 기사 가치가 충분했다.

거기서 노무현 전 대통령을 직접 만나본 일화 등을 소개한 후

갑작스러운 서거에 대해 말한다. 솔직히 나는 노무현 전 대통령의 자살이란 극단적 선택에 대해선 잘못이라 여기고 있다. 삶과 죽음은 엄연히 다를 뿐 아니라 무엇이, 그리고 누가 전직 대통령을 죽음으로까지 내몰았느냐, 열 번을 생각해도 이미 죽음이 자신 혼자만의 것은 아니기 때문이다.

일개 국회의원일 뿐이지만, 노회찬 원내대표도 그와 비슷한 경우다. 한 마디로 최근 여론조사에서 지지율 2위에 오른 정의당의 간판격 국회의원이어서다. 문희상 국회의장은 영결사에서 "당신은 항상 시대를 선구했고 진보정치의 상징이었다."며 "당신은 여기서 멈췄지만 추구하던 가치와 정신은 앞으로 나아갈 것"이라고 했다.

보도에 따르면 서울 노회찬 의원의 빈소에는 3만 8,700여 명의 조문객이 다녀갔다. 전국 시·도당에 마련된 분향소까지 합하면 7만 2,300여 명의 조문객이 몰린 것으로 알려졌다. 대단한 추모 열기다. 김형준 명지대 교수는 "대체 불가능한 정치인을 떠나보낸 아쉬움과 그가 보여준 '옳은 정치'에 대한 지지와 연대가 두루 반영된 현상"이라고 분석했다.

그런 걸 보면 노회찬 별세는 값진 죽음이 틀림없다. 그러나 값진 죽음이면 뭐하나. 값진 죽음이라 한들 사는 가치를 우선할 수는 없는데…. 유서에 따르면 그는 드루킹 측으로부터 받은 4,000만 원에 대해 '어리석은 선택'이라 했다. "법정형으로도, 당의 징계로도 부족하다. 당원들 앞에서 얼굴을 들 수 없다"며 자책했지만, 그만한 일이 '죽을 짓' 같지는 않다.

그렇다면 수억, 수십억 검은 돈을 받고도 정치 탄압 운운하거나 뇌물이 아니라며 손사래 치는 범법자 등 스스로 목숨을 끊어야 할 사람은 부지기수일 것이다. 그래서 '어리석은 선택'은 따로 있다. 말할 나위 없이 스스로 목숨을 끊은 일이다. 죽으면 모든 게 끝이니 자신은 맘이 편할지 몰라도 살아있는 자들에게 너무 무책임한 짓일 수 있기 때문이다.

당장 그의 유고로 민주평화당과 이룬 원내 교섭단체 지위를 잃어버리지 않았나. 설사 죽을 짓이라 해도 스스로 목숨을 끊는 것은 답이 아니다. 오죽했으면 그런 선택을 했겠느냐는 긍정 내지 동정론이 있을 수 있지만, 그런 생각도 위험천만한 발상이다. 무엇보다도 중요한 사실은 값진 죽음보다 사는 가치가 우선이라는 점이다. 어쨌든 고인의 명복을 빈다.

〈전북연합신문, 2018. 8. 1〉

# 막 내린 2018 러시아 월드컵

 2018 러시아 월드컵이 프랑스의 우승으로 32일간의 대장정을 마쳤다. 프랑스는 사상 처음 결승전에 오른 크로아티아를 4대 2로 이겼다. 벨기에와 붙은 4강전에서 음바페의 비신사적 행동이 옥에 티가 되었지만 12년 만에 결승에 진출했고, 1998년 자국에서 개최한 프랑스 월드컵 이후 20년 만에 우승을 거머쥔 것이다.

 이미 조별리그 3경기 후 6월 말 조기 귀국한 한국 축구에 대한 이런저런 소감을 '러시아 월드컵 16강전 탈락을 보며'란 제목으로 쓴 바 있지만, 아무래도 뭔가 미진하다. 이 글을 쓰는 이유가 거기에 있다. 사실 필자는 어떤 스포츠에도 별다른 취미가 없다. 국민 스포츠라며 호들갑 떨어대는 프로야구 경기를 단 한 번도 경기장은커녕 TV로 본 적이 없을 만큼 관심 밖이다.

 글쟁이라고 다 그런 건 아닐 테지만, 그쯤 되면 취미 없는 정도가 아니라 스포츠를 아예 싫어하는 것인지도 모르겠다. 그것은

2~30대 젊은 시절에도 마찬가지였다. 그런 필자도 유일하게 보는 스포츠 경기가 있다. 바로 축구다. 필자의 축구 좋아하기는 국가대표팀 A매치 경기 TV 중계방송을 백 퍼센트 빼놓지 않고 볼 정도이다.

이번 러시아 월드컵에선 새벽 3시에 하는 것 빼곤 우리나라 아닌 다른 국가들 경기도 거의 다 봤다. 4년 전 브라질 월드컵에 비해 배 이상 챙겨본 축구 경기라 할 수 있다. 러시아와의 시차가 6시간이라 밤 9시, 11시의 TV 중계도 한몫했지 싶다. 그런데 지상파 3사의 축구 중계가 좀 소극적이지 않았나 싶다.

가령 6월 17일 밤 9시, 6월 21일 밤 9시에 각각 열린 세르비아와 코스타리카, 덴마크와 호주의 조별리그 경기 중계는 지상파 3사 어디에서도 하지 않았다. 케이블방송 등 아예 중계방송이 없었던 건 아니다. 그럴망정 결승전 포함, 같은 경기를 지상파 3사 모두 방송하는 경우도 여러 차례 있었던 걸 생각해보면 전파 낭비가 아니었나 싶다.

어쨌든 이탈리아·네덜란드 같은 강호들이 아예 본선 참가 32개 나라에 들지 못한 가운데 브라질 월드컵처럼 이번에도 이변의 연속이었다. 먼저 2014 브라질 월드컵 우승국 독일이 예선 탈락했다. 세계적 공격수 호날두와 메시의 포르투갈과 아르헨티나도 16강전 후 짐을 쌌다. 새삼 공이 둥글다는 것을 보여준 셈이라 할까.

특히 독일의 예선 탈락은 우승국 징크스가 사실로 나타남을 새삼 확인해준 바 되었다. 8강전에서 영원한 우승 후보 브라질이 벨기에에 1대 2로 패해 짐을 싸기도 했다. 미국 CNN에 따르면 브라질·아르헨티나·독일 중 단 한 팀도 4강에 오르지 못한 월드컵은 이번이 역대 처음이라고 하니 그것도 이변이라 할만하다.

개최국 러시아의 36년 만에 이뤄진 8강 진출도 이변에 속한다. 러시아의 피파 랭킹은 32개 본선진출국 중 가장 낮은 70위다. 피파 랭킹이 단지 참고용일 뿐이라지만, 러시아의 8강행은 예상 판도에 없었다. 덕분에 러시아 국민들로선 2002년 한·일 월드컵에서 4강에 진출한 한국처럼 월드컵을 보고 즐길 맛이 더 연장되는 기쁨을 누리게 되었다.

브라질 월드컵에서 단 1승도 거두지 못한 채 몰락했던 한국·일본·호주·이란 등 아시아 국가들은 나름 선전했다. 사우디아라비아까지 아시아 5개 국 중 호주만 1승도 거두지 못했다. 일본은 16강에 올라 피파 랭킹 3위 벨기에를 2대 0으로 앞서가다 3대 2로 역전패 당했다. 일본 축구의 도약이 이변으로 받아들여지는 이유다.

우리로선 한·일전만큼은 꼭 이겨야 한다는 국민 정서가 있지만, 일본이 그리 만만한 상대가 아님을 러시아 월드컵에서 볼 수 있었다. 일본은 조별리그 세네갈 전에서 한 골 먹더니 20여 분 만에 동점 골을 넣었다. 후반전에서도 세네갈이 역전 골을 넣은 지 7분 만에 다시 동점 골을 넣었다. 이영표 해설위원이 "저력이 있는 어느 정도 강팀이라는 걸 증명한" 것이라고 말했을 정도다.

모름지기 월드컵은 그래야 볼 맛이 나지 않나! 폴란드전에서 16강전에 오르기 위해 지면서도 산책 축구로 비아냥거림을 받기도 했지만, 벨기에전에서의 2대 0 리드 역시 일본 축구를 다시 보게 해준다. 우리 팀이 왜 1, 2차전에선 독일과의 경기처럼 하지 못했는가 하는 아쉬움이 더 커지는 이유이기도 하다. 그런데 일본 축구를 16강에 올려놓은 감독은 자진사퇴했다는 소식이다.

한편 진풍경도 곳곳에서 벌어졌다. 준우승을 차지한 크로아티아는 대통령이 러시아와의 8강전에서 자국 경기 승리 후 춤을 추고, 총리는 4강전 치른 후 장관들과 함께 대표팀 유니폼을 입은 채 국무회의를 했단다. 한국이 독일을 이겨 16강전에 진출하게 됐다며 해외토픽감 난리법석을 떤 멕시코 국민들은 또 어땠는가. 월드컵이 아니고선 볼 수 없는 진풍경들이다.

〈전북연합신문, 2018. 7. 17〉

## 러시아 월드컵 16강 탈락을 보며

 4년 전 이맘때 '브라질 월드컵 16강 탈락을 보며'라는 칼럼을 썼다. 다시 '러시아 월드컵 16강 탈락을 보며'라는 글을 쓰게 돼 유감스럽다. 브라질 월드컵 우승국이자 피파 랭킹 1위의 세계 최강 독일을 2대 0으로 이겨 그들을 80년 만에 조별리그에서 탈락시키는 러시아 월드컵 최대 이변을 연출한 대한민국이 되었어도 그렇다.
 한국은 스웨덴·멕시코 전 2패 후 조별리그 3차전 독일 전에서 1승을 거뒀다. 같은 조 스웨덴·멕시코에 이어 3위를 기록, 16강에 오르지 못했다. 단 1승도 거두지 못한 4년 전 브라질 월드컵 16강 탈락에 비하면 분명 나아진 한국 축구라 할 수 있다. 게다가 자타 공인 세계 최강 독일을 이긴 아시아 최초의 국가가 되었으니 4년 전과 확연히 달라진 모습이라 해야 할까.
 그렇다고 2패의 졸전이 모두 면죄되는 건 아니다. 스코어를 살펴보면 무리한 태클로 페널티킥만 내주지 않았어도 비길 수 있는 경기였음이 드러난다. 물론 엿장수 마음대로인 VAR(비디오판독시스템)이 하나의 변명이 될 수 있다. 가령 멕시코전에서 기성용이 상대방 선수 발에 걸려 넘어졌는데 파울이 선언되지 않았다. 그것은 멕시코의 골로 이어졌다.

득점·페널티킥·퇴장·징계 등 4가지 경우에만 적용되는 VAR이 맞나 할 정도의 어이없는 주심의 판단이라 할 수 있다. 한국프로축구연맹 관계자는 "FIFA의 VAR 프로토콜(적용규칙)에도 파울 후 역습 전개 과정에서 상대 선수에게 한 번 차단됐다가 다시 빼앗아 골로 연결했다면 다를 수 있지만, 연속 전개된 플레이 끝에 골이 됐다면 거슬러 올라가 파울 상황을 (골의 시작으로) 판단해 취소할 수 있다"고 설명했다.

내친김에 하는 말이지만, 러시아 월드컵에서 처음 도입된 VAR은 많은 문제가 있어 보인다. 전적으로 주심 판단의 몫이라는 게 가장 큰 문제다. 가령 포르투갈 모로코 전(6월 20일 오후 9시)에서 공이 포르투갈 선수 팔에 맞았는데, 그냥 지나쳐 1대 0 승리가 결정된 경우다. 그에 비해 한국 스웨덴 전에서는 김민우 태클 장면이 VAR에 의해 스웨덴의 페널티킥으로 이어졌다.

요컨대 VAR를 가동해야 할 장면인데도 주심에 따라 하고 하지 않는 엿장수 마음의 비디오판독시스템인 것이다. 만약 VAR이 가동됐더라면 어떻게 됐을까 하는 아쉬움 내지 불만을 남기는 제도여선 안 된다. 과도한 요구에 따른 혼란이 예상되긴 하지만, 공정성 시비를 없애려면 해당 국가나 선수들 요청으로 VAR을 원 없이 작동하는 게 맞다.

우리로선 독일 전에서 VAR이 작동돼 김영권 골로 판단되었으니 통친 셈인가? 그럴망정 왜 1, 2차전에선 독일과의 경기처럼 하지 못했는가 하는 아쉬움이 남는다. 신태용 감독의 용인술에 의문이 생기는 이유다. 넘버 3 조현우 골키퍼가 세계적 스타가 되었지만, 전반적으로 베스트 11명 선발 출전이 온당했는지도 되짚어볼 문제다.

가장 아쉬운 건 1차전에서의 손흥민 활용이다. 공격을 주도해야 할 손흥민이 수비 부담을 안게 된 것이다. 이 말은 수비에 치중한 나머지 유효 슈팅 하나 날리지 못한 경기와 연결된다. 손흥민이 2, 3차전에서 골을 넣은 결과와도 무관치 않다. 스웨덴 전을 위해 선발한 것으로 알려진 문선민을 투입하지 않은 용인술도 이해 안 되는 대목이다.

그보다 더 아쉬운 건 1, 2차전에서 짧은 시간을 남겨둔 상태에서의 이승우 사용이다. 프랑스가 4강에 안착한 것은 만 19세 음바페 덕분이라 해도 틀린 평가가 아니다. 그보다 한 살 많지만, 젊은 피 이승우를 본선에 데리고 갔으면 더 적극적으로 활용하는 모험 내지 승부수가 필요하지 않았나 싶어서다. 2차전에선 김민우 대신 홍철을 투입하는 변화도 줬어야 한다.

그렇다고 감독 경질은 합리적 선택이 아닌 것으로 보인다. 만약 비싼 연봉으로 외국 감독이 부임하면 모든 걸 새로 시작해야 한다. 히딩크 빼고 이렇다 할 성과를 거둔 외국 감독도 없다. 대신 신 감독은 이미 실패의 경험을 쌓았다. 경험처럼 좋은 자산이 없다. 독일은 조별리그 탈락한 요아힘 뢰브 감독을 유임시켰다. 독일을 80년 만에 조별리그에서 탈락시킨 신 감독이 경질된다면 그 또한 코미디 아닐까.

〈전북연합신문, 2018. 7. 10〉

## 학교운영위원 정당인 배제해야

언론 보도에 따르면 지난 달 20일 "정당 당원이 서울 지역 학교의 학교운영위원을 할 수 있도록 한" 조례 개정안이 서울시의회 상임위를 통과했다. 서울시의회는 6월 29일 본회의에서 조례 개정안을 최종 통과시켰다. 이 개정안은 지난 해 7월 서울시의회 민주당 의원 24명이 발의했다가 교육계 반대에 부딪혀 1년 가까이 계류됐었다.

그런데 6월 말 임기가 종료되는 서울시의회 교육위가 마지막 회의에서 이 안건을 기습 상정해 통과시켰고, 교육계가 반발하고 있다는 것이다. 학교운영위원(학운위원) 후보 자격에 정당인 배제 규정 같은 제한이 없는 다른 시·도와 맞추려는 시도로 보이지만, 그게 답은 아니다. 오히려 다른 시·도에서 시행하는 정당인 허용의 잘못된 조례 규정을 손질해야 한다.

실제로 기초의원이 되려면 학운위원부터 해야 한다는 말이 공공연히 회자되는 실정이다. 우선 유권자인 지역주민, 즉 학부형들을 자연스럽게 만나 사전 접촉할 수 있다는 이점이 있다. 자연 그것은 인맥으로 쌓이게 된다. 결국 그것이 선거 표심의 향방과 밀접하게 관련된다는 것이다. 이를테면 중립이어야 할 교육기관이 정치의 도구로 전락하는 꼴인 셈이다.

학운위원은 선출직이다. 모든 선출직들이 그렇듯 학운위원 역시 뽑아준 사람들을 위해 봉사하는 자리일 뿐 권력이 아니다. 그런데도 권력으로 생각하는 학운위원들이 의외로 많다. 특히 교장 공모제의 경우 학운위원들 권한은 막강하다. 공모제 교장이 되고 안 되고는 전적으로 학운위원 손에 달려 있다 해도 과언이 아닐 정도다.

학운위원 등 지역사회가 소속 학교에 가장 적합한 후보자를 뽑아 '쓰라는' 것이 교장 공모제의 원래 취지이긴 하다. 그렇기에 대다수 학운위원들이 특정 정당에 속해 있다면 누가 될지 불을 보듯 뻔한 일이 된다. 가령 학운위원들은 교장공모 지원자가 3명 있다면 그들을 모두 만나야 한다. 소견도 들어보고 인물 됨됨이도 살펴 과연 누가 적임자일지 자녀에게 한 점 부끄럼 없는 선택을 해야 맞는 일이다.

하지만 필자가 겪은 바로는 일부 학운위원들이 후보자를 아예 만나려 하지도 않았다. 그뿐이 아니다. 심지어 짜증 내고, 화를 내기까지 하는 학운위원도 있었다. 그것은 교장을 뽑는 막강한 권한에 견줘볼 때 직무유기나 다름없는 행태이지만, 누군가 이미 밀어줄 후보자가 있다는 의미이기도 할 것이다. 학운위원이 정당인이 되어선 안 되는 이유이다.

참 어이없게도 필자는 10여 년 전 지원한 교장공모에서 학운위원의 금품 요구를 받고 경악한 일이 있다. 만약 그런 그들이 특정 정당에 속해 있다면 후보자들의 자질과 능력을 객관적으로 정확히 검증할 수 있을지 의문이 생긴다. 혈연이나 지연, 학맥 같은 연고주의가 독판치는, 무릇 선거판에서의 고질병이 만연해 있는 건 아닌지 하는 의문도 따라붙는다.

그러나 직접 체험했던 학운위원에 대한 악몽이 떠올라서 정당인 허용을 반대하는 건 아니다. 학운위원이 하는 일은 의외로 많다. 교장 공모제 유치 및 심사를 비롯한 학교 교육 전반에 관한 심의가 그것이다. 단적으로 그들에게 아이들의 미래가 달려있다 해도 과언이 아니어서 정치적 중립의 교육처럼 학운위원의 정당인 허용을 반대하는 것이다.

〈한교닷컴, 2018. 7. 2〉

## 고창군민에게 갈채를

 6·13 지방선거는 더불어민주당의 압승으로 끝났다. 민주당은 전체 17곳 광역단체장중 대구·경북·제주를 제외한 14곳에서 승리했다. 특히 서울·경기·인천 등 수도권과 부산·울산·경남에서 승리를 거둔 것은 특기할만하다. 민주당 계열 정당이 수도권과 부·울·경을 모두 휩쓴 건 이번이 처음이다.
 민주당은 기초단체장도 226곳 중 151곳을 차지했다. 가령 25개 서울시 구청장 선거에서 24개 지역을 석권했다. 보수 텃밭으로 분류되는 '강남 3구'(서초·강남·송파) 중 강남과 송파 등 2곳을 확보하며 예전과는 확연히 달라진 양상을 보였다. 이로써 민주당은 지난 1995년 지방선거 실시 이후 역대 최대 압승을 거뒀다.
 그런 가운데 민주당 후보의 경북 구미시장 당선은 최대 이변이라 할만하다. 구미는 박정희 전 대통령의 출생지다. 자유한국당에는 성지(聖地)나 다름없는 곳이다. 지금까지 6차례 지방선거에서 민주당 계열의 당선은커녕 제대로 후보조차 내지 못한 곳이기도 하다. 이런 곳에서 민주당 후보가 당선하는 충격적인 일이 벌어진 것이다.

민주당은 국회의원 재·보궐선거에서도 12곳 중 후보를 낸 11곳 전부 당선자를 냈다. 특히 울산 북구의 경우 민주당 출신 후보가 사상 처음으로 당선에 성공했다. 이렇듯 한 번도 당선자를 내지 못한 여러 곳에 입성하는 등 민주당은 명실상부한 전국 정당으로 발돋움한 모습을 갖추게 됐다. 반면 자유한국당 등 야당은 역대 최악 참패라는 성적표를 받았다.

자유한국당의 경우 광역단체장 2곳과 국회의원 1곳에서만 당선자를 냈을 뿐이다. 바른미래당은 광역·기초단체장·국회의원 어느 선거에서도 당선자가 없다. 특히 서울시장선거에 나서 3위를 한 안철수 후보는 그야말로 깊은 나락 속으로 빠지게 됐다. 지난 선거 과정에서 문재인·박원순 후보에게 양보한 자신의 결단을 새삼 뼈저리게 후회하고 있을지도 모르겠다.

그나마 민주평화당은 호남 지역 기초단체장 5곳에서 당선자를 냈다. 그 외 정의당이 정당 투표에서 선전했다. 또 녹색당이 언론(신문)에 오르내리는 등 존재감을 드러낸 것으로 나타났다. 어쨌든 민주당의 압승은 야당 대표들의 줄사퇴로 이어졌다. 자유한국당은 소속 국회의원들이 '저희가 잘못했습니다'라고 쓰인 현수막과 함께 국민에게 무릎 꿇는 사과를 하기도 했다.

민주당의 압승은 일단 "남북·북미정상회담으로 조성된 북한 비핵화 및 한반도 평화 이슈가 지방선거 전체를 관통한 데 따른 것"이라는 게 대체적인 분석이다. 또 10명 중 6명 이상이 정부·여당에 힘을 실어주기 위한 투표를 해 민주당 압승의 결과로 이어졌다는 얘기도 들려온다. 이런 결과는, 그러나 좀 미스터리한 구석이 없지 않다.

성추문의 안희정 전 충남지사 낙마를 비롯한 김경수 경남도지사 당선인의 드루킹 사건, 이재명 경기도지사 당선자의 여배우 스캔들 등 악재가 분명한 이슈들이 아무것도 아닌 결과로 나타난 표심이라 할 수 있어서다. 민주평화당 유기상 후보가 민주당 소속의 현직 전북 고창군수를 제치고 당선한 것은 그런 점에서 의미가 크다.

이번 지방선거 결과 민주당 공천에서 논란이 됐던 전북지역은 고창·장수·정읍·순창 등이었다. 개표 결과 이들 가운데 살아 돌아온 이는 순창군수뿐이다. 유기상 후보의 고창군수 당선은, 이를테면 박우정 후보 부인 갑질의 심각성과 경고를 무시한 공천 강행 대가(代價)인 셈이다. 고창군민들이 표로 응징한 결과다. 고창군민들에게 갈채를 보내는 이유다.

민주당 소속 현직 군수의 당선으로 끝난 순창과 진안의 경우도 사실은 좀 미스터리한 결과라 할 수 있다. 각각 부인 포함 측근이나 가위박물관 비리가 보도되는 등 심판을 받아야 할 현직 군수들임에도 당선되었기 때문이다. 혹 민주당 쓰나미에 휩쓸린 애먼 표심은 아닌지 아쉽지만, 그런 점에서도 민주평화당 유기상 후보를 당선시킨 고창군민들은 갈채를 받을만하다.

〈전북연합신문, 2018. 6. 21〉

## '교원문학신문', 아자!

지금 막 '교원문학신문' 제2호 편집을 마쳤다. 그렇다. 지난 4월 2일 오랜 고민 끝에 계간 '교원문학신문' 창간호를 냈다. 나로선 벌써 네 번째 신문 창간이다. '오랜 고민 끝에'라고 말한 것은 지도교사였던 지난 세 번과 달리 내가 발행인으로 나서게 되어서다. 모든 책임과 함께 재정적 부담까지 짊어져야 하는 발행인이기에 오래 고민하는 등 산통(産痛)을 겪게 된 것이라 할까.

고교 교사이던 내가 한별고등학교의 '한별고신문'(올컬러 타블로이드판) 창간호를 낸 것은 2001년 4월 2일의 일이다. 이후 발령 임지에 따라 '전주공고신문'과 '녹원신문'(군산여자상업고등학교) 편집인이 되어 학교신문을 발행(응당 발행인은 교장이다.)했다. 2013년 12월 20일 자 '녹원신문' 제20호 발행까지 무려 13년간 학생들을 지도하여 사제동행으로 일궈낸 일이다.

그 동안 4차례나 상을 받았다. 가장 큰 상은 2001년 제6회 전국

학교신문·교지콘테스트(SK글로벌·문화일보 주최, 교육부 후원) 고등부 최고상인 금상이다. 읍 단위 시골 학교의 위상을 전국에 알렸을 뿐 아니라 개인적으로도 교육부총리 지도교사상을 수상했다. 전국 여러 학교에서 '한별고신문'을 벤치마킹한다며 연락이 오기도 했다.

그 후 학교를 옮겨서도 학교신문 제작 지도는 계속되었다. 2008년 전주공업고등학교의 '전주공고신문'으로 전주일보사 주최 제2회 전북학교미디어공모전에서 가작을 수상했다. 2010년엔 군산여자상업고등학교의 '녹원소식('녹원신문'의 예전 제호)'으로 전주일보사 공모전 은상을 수상했다. 2011년엔 '녹원소식'으로 제4회 전북일보NIE대회 우수상을 수상하기도 했다.

마침내 2015년 3월 25일 나는 문예 지도와 함께 학교신문 제작 지도의 공적을 인정받아 제25회 남강교육상 수상 교사가 되기에 이르렀다. 그런 점을 몸담은 문단에서도 인정했는지 그 해 가을 나는 계간 '전북문학신문' 편집인을 맡게 되었다. 내심으론 명퇴를 앞둔 시점이라 퇴직 후 본격적인 일거리를 자청한 셈이었다.

그러나 두 차례 '전북문학신문' 발행 후 내 뜻과 무관하게 하차하고 말았다. 2016년 6월 발행 신문을 위해 제법 바쁘게 움직이고 있는데, 회장(발행인)한테 전화가 왔다. 한 마디로 편집을 맡아 할 사람이 있다는 전언이었다. 사실은 기위 발행된 신문 지면이 너무 타이트하다는 지적이 있었다. 그 점을 감안하여 일반신문처럼 해볼 생각이었는데, 아예 잘린 것이다.

애들 장난도 아니고 그럴 수 있다는 게 믿기지 않았지만, 이후 '전북문학신문'은 2016년 다른 이름의 여름호로 딱 한 번 나왔을 뿐이다. 그런 일을 겪은 지 2년 만에 '교원문학신문'을 창간하게 되었다. '오랜 고민 끝에'의 또 다른 이유라 할까. 아마 회원 수 30명이 채 안 되는 문학회가 계간 발행의 올컬러 신문을 내는 것은 전국 최초가 아닐까 싶다.

과거 학교신문처럼 학생 기자들이 없어 무기명 기사가 대부분인 '교원문학신문'이 될 수밖에 없음은 아쉽고 안타까운 일이다. 그럴망정 발행인 '갑질' 따위가 없는 '교원문학신문'만으로도 일할 맛 100%다. '교원문학신문'이니만큼 당연히 교원문학회 활동이나 회원들 출간 같은 근황 등이 지면을 채우고 있다. 십시일반 후원자도 늘어 인쇄소 가는 발걸음을 한결 가볍게 한다.

회원들을 비롯한 독자들의 그런 관심과 성원이 정말 고맙다. 더욱 보람을 느껴 뭉클해짐 역시 말할 나위 없다. 비록 타블로이드판 4면 짜리의 교원문학회 기관지이지만, 신문의 사명을 새삼 말할 필요는 없을 것이다. 몇 번 나오다가 소리 없이 사라지는 문인단체 신문이 되지 않게 혼신(渾身)을 다하리라 다짐해본다. '교원문학신문', 아자!

〈전북연합신문, 2018. 6. 14〉

## 교원문학회 출범 3년

　새삼 세월이 참 빠름을 느낀다. 벌써 교원문학회 출범 3년이 되었으니 말이다. 2016년 6월 15일 20명의 전·현직 교원문인들 동인지 '교원문학' 창간호 발행과 함께 출범한 교원문학회였다. 그동안 '교원문학' 1~3호 세 권을 펴냈다. 제1~2회 교원문학상과 제1~2회 전북고교생문학대전 시상식을 갖는 등 나름으로 열심히 활동했다.
　지난 4월 2일 자로 '교원문학신문' 창간호를 발행하기도 했다. 교원문학회가 3개월마다 한 번씩 펴내는 기관지 '교원문학신문'을 창간하게 된 것이다. 아마 회원 수 30명이 채 안 되는 문학회가 계간 발행의 올컬러 신문을 내는 것은 전국 최초가 아닐까 싶다. 축하 전화와 문자 메시지, 후원금까지 보내오는 등 격려와 후원이 잇따라 흐뭇하다.
　그뿐이 아니다. 새해 초 교원문학회는 시로부터 잡지사업등록

증을 교부받았다. 교원문학회지 '교원문학'에 대한 잡지 등록을 마쳐 면허세를 당당하게 내는 동인지가 된 것이다. 2월 13일에는 세무서로부터 고유번호증도 부여받았다. 향후 도문예진흥기금이나 도교육청 민간보조금 지원 사업 등을 신청할 수 있는 토대를 마련한 것이라 할 수 있다.

무엇보다도 이제는 교원문학회 회원 수가 26명으로 늘었다. 스스로 탈퇴하거나 2년 연속 회비 미납으로 제명된 회원도 있지만, 지난 연말부터 새해 초까지 무려 8명이 새로 교원문학회원이 되었다. 경기도와 경남에 있는 교장과 교사 등 현직 교원을 포함해서다. 명실상부한 전국적 교원문학회로서의 첫발을 뗀 셈이라 할까.

그러나 아쉬움이 크다. 명퇴하고 보니 동인지들은 넘쳐나는데도 교원만의 문학회가 없었다. '교원문학'의 필요성을 절실히 느껴 출발한 교원문학회다. 그런데도 평생 교원이었음을 내세우지 않으려는 문인들이 많아 보여 아쉽다. 나는 재임 시절 칼럼 등 글을 발표하면서 반드시 교사임을 문학평론가 앞에 밝히곤 했는데, 현직 밝히길 꺼리는 문인들이 많아 아쉬움이 크다.

온전한 파악이라 생각하진 않지만, 전·현직 교원 문인은 도내에만 150명이 훨씬 넘는 것으로 추정된다. 150명만 잡아도 그중 20%가 채 안 되게 참여한 교원문학회다. 시인이면 자연스럽게 시인협회 소속이 되듯 전·현직 교원은 자동으로 교원문학회 회원이 될 것이란 아전인수적 착각에 빠져 있었던 셈이다.

너무 '쎈' 회비 때문에 망설이는지 알 수 없지만, 그러나 소정의 입회비를 선뜻 내면서 기꺼이 진성(盡誠) 회원 되기를 주저하지 않는 교원문인들이 늘고 있어 행복하다. 교원문학회는 여느 문학회와 다르다. 선생님으로서의 자긍심을 뿌듯하게 지닌 채 문학 활동하는 교원들만 회원으로 참여할 수 있는 문학회여서다. 제2호부터 스승의 날을 발행일로 하고 있는 것도 그래서이다.

회원들의 창작 의욕을 고취하고, 문학 활동에 정진케 하기 위해 제정한 '교원문학상' 제2회 수상자로 아동문학가 황현택 전 군산 신흥초등학교 교장을 선정·시상했다. 지난 해 수상자가 시인인 점을 감안한 선정이라 할 수 있다. 교원문학회원이라면 누구나 수상 대상이지만 모두를 한꺼번에 시상할 수 없는 일이기에 그것이 죄송할 뿐이다.

교원문학회가 주최하는 또 하나 상인 고등학생 대상의 '제2회 전북고교생문학대전' 수상자에 대한 시상도 마쳤다. 전북이 고향인 타지역 고교생으로 응모자격을 확대한 제2회는 지난 해보다 응모작이 2배 이상 늘었다. 다른 문학회가 하지 않거나 못하는 '전북고교생문학대전'에 대한 흐뭇함과 함께 보람을 더 챙기게 되었다.

교원문학회가 제 몫을 다하라고 많은 분이 후원해주었다. 지난 해에 비해 두 배 이상 늘어난 후원이다. 덕분에 사재 출연액도 그만큼 줄어들었다. 감사한 마음이다. 우리 교원문학회가 제 몫을 다해 이 문화융성과 교권 추락이라는 아이러니한 시대에 빛과 소금이 되길 회원들, 모든 문인, 그리고 전·현직 교원들과 함께 기대해본다.

〈전북연합신문, 2018. 6. 7〉

## 2무 2유 시상식

얼마 전 제2회 교원문학상과 제2회 전북고교생문학대전 시상식을 시내 한 음식점 연회장에서 가졌다. 교원문학회원 등 문인, 수상자 및 가족과 지인 90여 명이 참석한 시상식을 '있었다'가 아니라 '가졌다'라고 말한 것은, 물론 그만한 까닭이 있어서다. 두 개의 상이 교원문학회 주관 시상식이었는데, 필자가 회장 자격으로 수여자의 위치에 있었기 때문이다.

'교원문학' 제3호 출판기념을 겸한 시상식은 작년 1회 때보다 더 큰 뿌듯함 속에서 치러졌다. 시상식에 전부 참석한 것은 아니지만, 지난 연초 신입회원이 무려 8명이나 새로 들어온 덕분이지 싶다. 신입회원 중에는 현직의 경기도 초등학교 교장과 경남의 중학교 교사도 있다. 명실공히 전국 단위 교원문학회라해도 손색 없게 된 셈이다.

먼저 교원문학상은 회원을 대상으로 한 상이다. 두 번째 교원문학상 수상자는 전 군산신흥초등학교 교장 황현택 아동문학가다. 황현택 아동문학가는 교장재임 시절은 그만두고 퇴임 후에도 학생 대상 독후감 대회를 여는 등 교원문학회 창립정신에 부합하는 활동이 돋보인다. 1년에 1권, 어떤 해엔 두 권씩 책을 펴내는 왕성한 활동을 했다. 상금은 200만 원이다.

제2회 전북고교생문학대전은 지난 3월 12일부터 작품을 모집했다. 17개 고교에서 시 134편, 수필 44편이 응모되었다. 1회 때에 비해 엄청나게 늘어난 응모작이다. 내심 흐뭇하고 기뻤지만, 응모작들을 일별하곤 솔직히 매우 실망스러웠다. 굳이 읽어볼 것도 없을 정도로 공모에 임하는 학생들의 기본기 없는 자세가 1회 때처럼 여전했기 때문이다.

특히 수필의 경우 실격 사유가 있는 것들이지만, 힘내라는 차원에서 뽑게 되었다. 내년 제3회부터는 제시된 규격이나 조건을 지키지 않은 글들은 아예 예심에서 걸러낼 생각이다. 아무튼 그렇게 14명의 수상 학생을 배출했다. 2명의 지도교사상까지 모두 16명에게 상이 주어졌다. 상금 규모는 200만 원이다.

이번 시상식은 지난 해 '3무 1유'에서 '2무 2유'로 진행되었다. 축사, 내빈소개, 부대행사가 없어 '3무'였다. 필자는 참석자 모두가 내빈이라고 생각한다. 특히 문학 행사에 타 직군 아닌 문인이 내빈으로 소개되는 것은 잘못된 관행이다. 축사 없는 시상식을 진행한 것도 참석자 모두가 축하객이라 생각해서다. 긴 시간의 부대행사 역시 시상식인지 헷갈려 넣지 않았다.

'2유'는 상금의 현금 수여와 축가 부르기 부대행사가 있어 붙여 본 것이다. 먼저 현금 수여는 문예지도 교사 시절 액수만 적힌 빈 봉투에 실망하는 학생들을 많이 봐온 때문인지도 모르겠다. 현금을 받았을 때 수상의 기쁨은 통장계좌로 들어오는 것의 2배, 아니 그 이상이다. 물론 필자 개인이 지출하는 돈이라 따로 정산 등 행정절차가 필요 없어 가능한 일이긴 하다.

작년에 없던 부대행사는 교원문학상 수상자의 요청에 의해 이루어진 것이다. 초등학교 제자가 소프라노인데, 시상식에서 은사님 수상 축하 노래를 불러드리고 싶다는 것이었다. 기특하고 대견한 일로 생각했다. 어느 시상식을 가보면 내빈소개에 이어 1시간쯤 부대행사가 이어지는 등 배보다 배꼽이 크다 할까, 그런 기분이 안 들게 축가 순서가 마련되었다.

시상식장 규모를 축소하는 등 지난 해 없던 홍역을 치른 시상식이기도 했다. 우리 시상식 날짜와 시간까지 겹친 원로 문인 출판기념회 소식이 전해졌기 때문이다. 대학교 주최 고교생 백일장들을 피하고, 다른 문학단체 행사가 겹치지 않도록 신경 써서 시상식 초대장을 3주 전 발송한 나름의 노력이 물거품이 되는 그런 소식이었다.

실제 교원문학상 시상식에선 회원을 빼곤 문인들 모습을 거의 볼 수 없었다. 그것이 우연의 일치인지 자세히 알 수 없지만, 아마 문인들은 정확히 겹친 두 행사에 하나뿐인 몸뚱이로 어디를 가야 할지 고민이 컸을 법하다. 시상식 1시간 전 열린 정기총회를 마치고 급하게 빠져나간 회원도 있었으니 직접 와준 문인들에게 더 고마운 마음이다.

〈전북연합신문, 2018. 5. 31〉

## 판문점 선언, 이후가 문제다

　어느새 문재인 대통령 취임 1년이 되었다. 그 1년 동안 우리는 이전 대통령에게서 볼 수 없었던 여러 장면을 보게 되었다. 5·18광주민주화운동 기념식에서 유가족을 안아주는 등 소통하며 국민에게 가까이 다가서는 문 대통령 모습은 인상적이었다. 상춘재에 미리 와서 야당 대표를 기다리고 있다 맞는 등 협치 행보도 그렇다.

　그 1년 동안 많은 일들이 있었다. 대개는 지난 정권에서 없었던 일이다. 드라마보다 더 극적인 일도 있었다. 4월 27일 판문점 평화의 집에서 열린 남북정상회담이 그것이다. 김대중·노무현 대통령에 이어 3번째 남북정상회담이다. 그런데도 드라마보다 더 극적인 일이라 말한 것은 북한의 김정은 국무위원장이 도보로 군사분계선을 넘어 한국에 왔기 때문이다.

　문재인 대통령과 김정은 국무위원장은 정상회담 후 공동으로

'판문점 선언'을 발표했다. 이 역시 처음 있는, 드라마보다 더 극적인 일이었다. 주요 내용은 다음과 같다. 이미 채택된 남북선언 철저 이행, 고위급회담 빠른 시일 내 개최, 개성에 남북공동연락사무소 설치, 8·15 이산가족 상봉 추진, 동해선·경의선 철도·도로 연결, 군사분계선 확성기 방송과 전단살포 중지, 서해 NLL 일대 평화수역 추진, 단계적 군축 실현, 완전한 비핵화를 통해 핵 없는 한반도 실현, 문 대통령 올가을 평양 답방, 종전선언 및 평화협정체결 등이다.

회담에 임한 남북 두 정상의 일거수일투족은 전 세계로 생중계됐다. 가령 김정은 국무위원장의 평양냉면을 직접 갖고 왔다는 말이 때아닌 평양냉면집 특수로 이어진 보도가 그렇다. 이후 재빠르게 후속 조치들이 이어졌다. 대북·대남 방송용 확성기가 남북 동시에 철거됐다. 판문점 선언에 없는 우리보다 30분 늦은 표준시를 한국에 맞춘 시간 통일이 이루어지기도 했다.

그야말로 이게 실화냐 할 정도의 반갑고 환영할만한 변화들이다. 국민 지지 역시 압도적이다. MBC가 코리아리서치센터에 의뢰해 4월 29~30일 실시한 여론조사에 따르면 88.7%가 남북정상회담 결과를 긍정 평가했다. 문재인 대통령 국정 지지율은 86.3%를 기록했다. 보수 성향 응답자의 74.8%도 지지를 택했다.

그러나 제1야당 자유한국당 홍준표 대표는 남북정상회담에서 도출된 판문점 선언을 '위장 평화 쇼'니 "북한 김정은과 우리 측 주사파들의 숨은 합의가 자리 잡고 있다" 커니 비판해댔다. 이에 대해 이계성 칼럼은 "눈앞 현실을 결코 인정하거나 받아들이고 싶지 않은 확증 편향적이고 인지부조화적인 심리 기제가 작용하는"(한국일보, 2018. 5. 8) 것이라 말하고 있다.

그런데 그것은 난데없는 '김성태 폭행 사건'의 빌미가 되기도 했다. 단식농성 중이던 자유한국당 김성태 원내대표를 폭행하고 구속된 김 모 씨의 경찰에서의 진술이 그렇다. 요컨대 홍 대표가 남북정상회담을 정치 쇼라 비방하는 걸 보고 울화가 치밀었다. 홍 대표를 때리려고 생각했지만, 소재를 파악할 수 없어 김성태 원내대표를 폭행했다는 것이다.

물론 그런다고 폭력이 정당화될 수는 없다. 김 모 씨를 두둔할 생각 역시 추호도 없다. 여론의 역풍에다 당내 반발이 일자 "폭주하던 북한의 독재자를 대화의 장에 끌어낸 것은 잘한 일"이라며 한 발 물러서는 모습을 보이기도 했지만, 오히려 주사파니 좌파니 하는 홍준표 대표의 시대에 뒤처진 비판과 공격이 안쓰러울 뿐이다.

그러기에 판문점 선언 이후가 문제라는 생각이 떠나지 않는다. 이미 알다시피 김대중·노무현 대통령의 남북정상회담을 통한 북한과의 친해지기를 갈아엎은 것이 이명박·박근혜 보수정권이다. 지금은 야당이 된 자유한국당이 특히 그렇다. 그들이 다시 정권을 잡기라도 하면? 지난 9년의 보수 정권에서 보듯 답은 이미 나와 있다.

"우리 사회의 보수 세력, 특히 60대 이상 연령층의 보수 인사들을 만나보면 불안과 두려움을 호소한다. 문재인이 주도하는 비핵화와 평화 체제가 정착되면 좌파세력은 더욱 강해지고 자신들의 설 자리가 없어진다고 보는 탓이다. 재산과 생명에 대한 불안까지 느끼는 것 같아 보인다. 무의식에 각인된 6·25의 집단 트라우

마 탓일 것이다."(앞의 한국일보)가 엄존해 문제다.

  문재인 대통령은 이제 임기 1년을 보냈을 뿐이다. 앞으로 남은 4년 동안 상전벽해와도 같은 변화를 이끌어낼 수 있지만, 그 사이 남북한 통일이 완성될 것으로 보이진 않는다. 이것저것 벌여놓고 4년 후 보수 세력으로 정권이 교체된다면 도로아미타불이 될 수도 있는 판문점 선언이다. 국회 비준도 오리무중이고 판문점 선언, 이후가 문제다.

〈전북연합신문, 2018. 5. 15〉

# 교육감 선거에 왜 시민단체들이 개입하는가

6·13지방선거에서 3선(選)에 도전하는 김승환 전북교육감을 추대하려던 전북 지역 진보 성향 시민단체들이 최근 '촛불정신 완수를 위한 진보 교육감 김승환 후보 지지연대'로 모임 명칭을 변경하고 본격 활동에 나섰다.

이에 앞서 '전북 교육의 새로운 변화를 위한 시민 선언' 참가자들은 "일부 단체가 진보 교육감 후보 선출 논의를 일방적으로 시작했다"며 "더 큰 진보, 더 큰 민주주의가 싹틀 수 있도록 아름답게 퇴임하라"고 김 교육감을 압박했다. 전북 지역의 진보 성향 시민단체들이 교육감 선거를 앞두고 정면충돌하는 모양새다.

지난 선거에서 시민단체들의 교육감 후보 추대는 많은 문제점을 드러냈다. 특히 2010년 지방선거에서 당선된 곽노현 서울교육감이 중도 하차한 것을 반면교사(反面敎師)로 삼아야 한다. 당시 진보 시민단체의 추대를 받은 곽 전 교육감은 진보 진영 후보로 출마한 박 모 후보에게 단일화 대가로 당선 이후 2억 원의 금품을 제공한 혐의로 기소됐고, 대법원에서 징역 1년이 확정돼 2년 6개월 만에 교육감에서 물러났다.

당시 보수·진보 진영이 치열한 대결을 벌이는 상황에서 후보 단일화가 되지 않을 경우 표가 분산돼 패배할 수 있다는 진보 진영의 우려 때문에 경쟁 후보에게 사퇴 조건으로 금품을 제공하는 일이 벌어진 것 아니냐는 해석이 나왔다. 만약 곽 전 교육감이 무슨 단체나 세력의 추대를 받지 않았더라면 이런 일은 일어나지 않았을지도 모른다.

일정한 정치 성향을 띤 시민단체들이 교육감 선거에 나서는 것은 옳지 않다. 이들의 선거 개입은 정치적 중립성을 지향하는 교육감 직선제를 크게 훼손하기 때문이다. 헌법(31조)도 교육의 정치적 중립성을 보장하고 있다.

2007년 여야 합의로 도입된 교육감 직선제는 정당 배제 원칙을 천명했다. '지방 교육자치에 관한 법률'에 따르면 각 정당은 교육감 후보를 추천할 수 없도록 규정하고 있다. 각 정당이 교육감 선거에 나설 수 없다면 정치화된 시민단체들도 그래야 하지 않나.

하지만 시민단체들이 교육감 선거판을 들었다 놨다 하는 행태는 이번 선거에도 여러 지역에서 재연(再演)되고 있다. 이들은 보수·진보로 편을 가르고 자신들이 지지하는 후보를 추대하고 있다. 정치색을 띤 시민단체들의 교육감 선거 개입이 중단되지 않으면 이로 인한 갈등과 분열이 교육의 발목을 잡는 일도 계속될 것이다.

〈조선일보, 2018. 5. 8.〉

## 짜증 나게 하는 문자 공해

 세월호 참사 4주기를 보내고 나니 6·13 지방선거가 두 달도 채 남지 않게 됐다. 중앙일간지에 비해 지면이 적은 지방신문의 경우 단체장이나 지방의회 의원, 교육감 예비 후보자들의 출마 선언 등 선거 관련 소식이 도배되다시피 하고 있다. 유감스럽게도 그런 현상은 지방선거가 끝날 때까지 한동안 계속될 것으로 보인다.
 지방신문의 그런 기사야 안 보면 그만이지만, 수시로 휴대폰에 꽂히는 빈번한 문자는 다르다. '스팸보다 더 하네… 선거 석 달 전부터 문자폭탄'(조선일보, 2018. 3. 21) 제하의 신문 보도가 있을 정도다. 이 기사에 의하면 "스마트폰이 익숙지 않은 나이가 든 유권자에겐 문자 홍보 효과가 가장 크다"나 어쨌다나.
 공직선거법에 따르면 문자 발송 자체는 합법적인 선거운동이다. 선거운동 기간에 20명 이상(수신 인원은 제한 없음) 대량 문자 발송을 총 8회까지 할 수 있다. 이런 걸 자세히 모르고 필자는

2008년 총선에 나선 가형의 국회의원 출마 사실을 지인들에게 편지로 우편 발송했다가 공직선거법 위반죄로 벌금형에 처해진 바 있다.

어쨌든 문자 발송이 합법적 선거운동이라지만, 그것을 받는 입장에선 공해나 다름없다. 특히 누군가로부터 문자가 오기로 되어 있을 때 그렇다. 반가운 마음으로 확인해보는데, 정작 '예비후보 ○○○'가 나타나는 그런 황당한 경험을 왜 해야 하는지 알 수 없다. 사람을 너무 짜증 나게 하는 문자 공해라 할까.

그나마 내가 뽑아야 할 예비후보들이 보낸 문자폭탄이라면 명분이라도 있다. 가령 교육감은 내 손으로 뽑으니 예비후보들의 문자가 유익할 수도 있다. 의아한 것은 7명의 예비후보 중 딱 한 명에게만 전화번호를 알려줬는데도 어떻게 알아냈는지 문자를 보내온다는 점이다. '○○○ 교육감 예비후보 선거운동 영상', '전북교육이 달라집니다.'는 포스터 전송 등 내용도 다양하다.

그들은 필자 전화번호를 어떻게 알아냈을까? "불법이지만 연락처를 사들이기도 한다"는 것이 신문 보도(앞의 조선일보)이다. 대전의 한 선거캠프 관계자는 "지역 인맥이 넓은 통장·반장, 보험설계사, 학습지 교사 등에게서 연락처를 넘겨받는다."고 했다. 그러고 보니 지지율 낮은 예비후보들의 문자폭탄이 없는 것도 그와 무관치 않은 듯하다.

도지사 여론경선조사 안내도 마찬가지다. 포스터를 보내오는가 하면 "꼭꼭 널리 알려서 ○○○을 선택해 주십시오."라는 전화 시지지 부탁도 있다. 그 외 국회의원이나 지방의회 의원들의 문자도 온다. 그중 필자가 사는 지역구 국회의원의 명절 인사나 방송

출연 안내 문자는 일리가 있어 보인다. 나름 지역구민에 대한 경과보고라는 의미를 부여할 수 있어서다.

 문제는 필자와 전혀 상관없는 문자가 빈번하게 오는 데 있다. 가령 필자가 한 표를 행사할 일 없는 타 지역 국회의원의 명절 인사나 방송 출연 안내가 도대체 무슨 소용인지 묻고 싶다. 심지어 당적 변경이나 현안추진 사업 등 시시콜콜 문자를 보내오니 미칠 지경이다. 짜증 팍팍 내며 삭제하기 바쁘니 그야말로 스팸과 같은 문자 공해라 할 수 있다.

 문자 공해를 일으키는 국회의원 측을 두둔할 생각은 추호도 없지만, 한편으론 의아하기도 하다. 2016년 총선 당시 잘못 수집한 명단을 2년이 지난 지금까지 그대로 쓰고 있음이 드러난 것이라 할 수 있어서다. 발송비가 만만치 않은 문자를 왜 유권자도 아닌 애먼 사람에게 날리는지, 표밭 관리의 허술함이 한심할 뿐이다.

〈전북연합신문, 2018. 4. 20〉

## 문예는 아무것도 아닌가

 2011년 12월 말 '문예 지도는 아무것도 아닌가'라는 원고지 9장짜리 칼럼을 써서 발표한 바 있다. 6년도 더 지난 케케묵은 글의 연도를 굳이 첫머리에 내세운 것은 혹 그 동안 내용에 어떤 변동이 있을지 몰라서다. 칼럼은 전북도교육청의 중등인사 규정에 적잖은 문제점이 있음을 지적한 내용으로 이루어져 있다.
 그 칼럼에서 적시한 중등인사 규정의 문제점은 우선 지도상 가산점이다. 지도상 가산점은 "각종 대회에서 지도상을 받은 자로 당해 학교 재직기간의 실적 중 유리한 것 1회에 한하여" 받을 수 있다. 지도상 가산점 대상의 각종 대회는 음악·미술·체육(무용 포함)과 영재교육(과학·정보올림피아·기능경기대회 등) 등이다.
 그러니까 백일장대회, 공모전 등에서 학생들이 수상하도록 문예 지도를 한 교사에 대한 지도상 가산점은 아예 없는 것이다. 그렇다면 교사들이 묵묵히 하는 초·중·고 학생들 글쓰기 지도를 통한 학생 수상은 아무것도 아니란 말인가? 대학의 문학 특기자 전형 등을 위해 절대 필요한 진학지도의 하나인데도 지도상 가산점과 상관없다는 말인가?

그런데 6년도 더 지난 지금엔 고교에서 '문예는 아무것도 아닌가' 하는 의구심을 지울 수 없다. 2년 전 퇴직한 필자는 전·현직 교원문인들 단체인 교원문학회 회장을 맡고 있다. 최근 지난 해에 이어 '제2회 전북고교생문학대전' 공문을 도내 133개 고교에 발송했다. 더러 이름을 적은 예외가 있지만, '문예담당 선생님'을 수신인으로 한 협조 공문이다.

그 과정에서 고교 홈페이지를 방문한 바 있다. 놀랍게도 각 고교 사무분장에 '문예'가 있는 학교는 극소수였다. 사무분장에 '문예'가 있는 학교는 전주여고·전주상업정보고·전주생명과학고·삼례공고 정도이다. 물론 도내 모든 고교 홈페이지를 방문한 전수조사가 아니므로 '우리 학교에도 문예담당 선생님이 있는데' 하는 고교도 있을 것이다.

일단 공문은 발송 3주가 다되도록 반송이 없는 걸 보면 각 학교에 잘 도착한 것으로 보인다. 과연 문예담당 교사가 없는 학교의 교무실무사들은 공문을 누구에게 전달했을까. 국어과 교사 중 누구에게라도 전해졌다면 그나마 다행이라 해야 할까. 그것도 아닌 경우 아예 임자를 만나지 못한 채 그냥 폐기 처분되어버렸을지 몰라서다.

비단 교원문학회의 '제2회 전북고교생문학대전' 공문만이 아니다. 각 학교에는 글쓰기 관련 많은 협조 공문이 쇄도한다. 특히 고교의 경우 대학교 백일장이며 정부 각 부처나 문학단체 공모전 등 전국적으로 많은 협조 공문이 학교로 온다. 필자가 문예담당 교사로 재직하면서 경험한 것이다. 지금이라고 그런 공문이 학교에 오지 않을리 없다.

물론 국어과 '3D업종'의 하나인 문예 지도를 절대 못 맡는다고 손사래 치는 교사들이 많은 게 또 다른 학교의 현실임을 알고 있다. 그렇다고 '문예지도'가 아닌 '문예담당' 교사조차 없는 고교의 사무분장은 좀 아니지 싶다. 뜻있는 학생들에겐 그 통로마저 아예 차단된 교육사각지대가 되기 때문이다. 그 지점에서 그것은 학교의 직무유기일 수도 있다.

그뿐이 아니다. 글쓰기는 시인이나 소설가가 되려는 학생만이 배우고 지녀야 할 특기가 아니다. 글쓰기는 자신의 느낌이나 의견을 정확하게 표현·전달하는 수단이다. 자신의 생각을 남에게 제대로 전달하는 글도 못 쓰는 학생이 일류대에 들어가기만 하면 되는 것이 교육의 전부처럼 되어선 안 된다. 매우 안타까운 일이지만, 그것이 부인할 수 없는 우리 교육의 현실이다.

대다수 학생들은 고교 3년을 멀쩡히 수학하고 졸업까지 했는데, 논리적인 글은커녕 편지 한 장 제대로 쓰지 못한다. 학교와 교사가 그런 현실을 타파하지 못하더라도 소질이나 재주 있는 학생들이 트이고 웅비할 수 있도록 최소한 가교 역할은 해줘야 교육 아닌가? 학교 아닌가? 무릇 고교에서 '문예'가 꼭 필요한 사무분장임을 인식·실천했으면 한다.

〈한교닷컴, 2018. 4. 5〉

# 제2부

## 또 구속된 전직 대통령

 또 한 명의 전직 대통령이 구속됐다. '또'라고 말한 것은 2017년 3월 10일 박근혜 대통령이 헌법재판소 탄핵에 이어 구속된 지 1년쯤 되어 이명박 전 대통령(이하 MB)이 서울 동부구치소에 수감되었기 때문이다. 110억 원 대 뇌물, 350억 원대 횡령, 탈세·직권남용·대통령기록물법 위반 등의 범죄 혐의가 많이 소명되고 증거인멸 우려가 있다는 법원의 구속영장 발부에 의해서다.
 지난 9년간 대한민국 대통령을 지낸 두 전직이 1년 사이 앞서거니 뒤서거니 감옥에 가게 된 '진풍경'을 생방송으로 보고 있는 셈이라 할까. MB는 전두환·노태우·노무현·박근혜에 이어 검찰 소환된 5번째 대통령이다. 전직 대통령으로서 구속된 것은 전두환·노태우·박근혜에 이어 4번째다. 국민의 한 사람으로서 쪽팔려 죽을 지경인 일이 또 벌어진 것이다.
 2007년 대선에서 이명박 후보를 압도적으로 찍은 국민들 '죄'

역시 가볍지 않지만, MB는 검찰 포토라인에서 "참담한 심정으로 이 자리에 섰습니다"라고 말문을 연 뒤 "국민들께 심려를 끼쳐 죄송합니다"고 밝혔다. 이어 그는 "하고 싶은 말은 많습니다만 말을 아껴야 한다고 스스로 다짐하고 있습니다. 역사에서 이번 일로 마지막이었으면 합니다"라고 말했다.

2017년 11월 12일 바레인 출국길에 밝힌 "적폐 청산을 보며 이것이 감정 풀이냐 정치보복이냐는 의심이 들기 시작했다"나 지난 1월 17일 기자회견서 말한 "보수 궤멸을 겨냥한 정치공작이자 노무현 전 대통령의 죽음에 대한 정치보복"보다 수위가 낮아지긴 했지만, 불만이나 불편한 심기를 내비친 검찰 소환 입장문이라 할 수 있다.

글쎄, 지금의 문재인 대통령이 노무현 전 대통령 서거 때 상주 격이었던 건 맞지만, MB에게 보복을 하는 것으로 보이진 않는다. 1년 사이에 두 전직 대통령이 수감된 현실이 아름다운 상황은 결코 아니지만, 그렇다고 그냥 묻어버리거나 덮어둘 일도 아니다. 범죄 혐의가 있다면 대통령 할아버지라도 법절차에 따른 벌을 받아야 마땅하기 때문이다.

아니나다를까 MB는 21시간에 걸친 밤샘 조사에서 18개 혐의 대부분을 부인한 것으로 알려졌다. 김희중 전 청와대 부속실장을 통해 원세훈 전 국가정보원장으로부터 10만 달러(약 1억 700만 원)의 특수활동비를 받은 것과 큰형 이상은 다스 회장 명의의 도곡동 땅을 판 대금 가운데 67억 원을 논현동 사저 건축 대금 등으로 사용한 사실 2개만 인정했을 뿐이다.

불현듯 궁금해 죽겠는 한 가지가 있다. MB는 왜 대통령이 되려고 했는가 하는 의문이 그것이다. 대통령 당선이야 경제 살리기에 목마른 눈먼 유권자 덕분이라 해도 과언이 아니다. 그런데 대통령이 된 MB가 한 일들은 이게 실화냐 반문하게 할 정도다. 가령 김대중 대통령이 수상한 노벨평화상 취소를 위해 세금을 썼다니 믿기지 않는다.

그뿐이 아니다. 국가기관의 댓글부대 여론조작, 문화예술인 블랙리스트, 방송장악, 박원순 제압문건 등이 검찰 조사에서 사실로 드러난 바 있다. 그렇듯 국정원이 선거 개입도 모자라 정권에 비판적 문화예술인들을 적으로 규정하고 공작한 범죄 혐의에 대해선 칼럼 '진짜로 대통령 잘 뽑아야'(전북연합신문, 2017. 10. 20)에서 이미 말한 바 있다.

더 큰 문제는 '정치보복이라는 말조차 민망하다'(한국일보, 2018. 3. 16)에서 보듯 MB가 "사익을 위해 이토록 낯뜨겁게 기업으로부터 삥을 뜯은" 혐의를 받는 전직 대통령이라는 점이다. 대통령 당선 전후로 빵집 사장에 스님과 비례대표 국회의원까지 받은 뇌물 액수가 110억 원이라니, 이게 실화냐 다시 묻고 싶다.

MB의 범죄 혐의는 이른바 '인마이 포켓'형(자기 재산 이득을 노린 범죄)이라는데 문제의 심각성이 있다. 전 재산을 사회에 환원하고 대통령 재임 시 월급조차 받지 않았던 MB 아닌가. 그랬던 MB가 저지른 범죄라곤 믿기지 않을 정도다. 다스 실소유주 논란이라든가 삼성의 소송비 대납 등 대통령 범죄 혐의가 유독 돈과 관련되어 있다는 것이 의아하여 미칠 지경이다.

혹 사업가 출신 대통령이라 그렇게 잇속에 집착한 게 아닐까. 개인의 자유에 속하는 문제이긴 하지만, 나는 사업가들의 정치

입문에 반대하는 사람 중 하나다. 그들은 기본적으로 자신의 사업을 보존하고 키우려고 정치를 방패막이로 삼는 경우가 많다. 대통령이 되든 국회의원을 하든 속된 말로 장삿꾼일 뿐인 속성을 벗어날 수 없게 되어 있다는 것이 나의 판단이다.

  MB는 최초의 사업가 출신 대통령이란 역사를 새로 썼다. 그것이 최초의 여자 대통령처럼 치명적 흉기로 작용한 게 아닐까. "사업가 출신이라 골수 지지자가 적다"는 분석이 있지만, 오죽했으면 MB 집사로 불린 김백준 전 청와대 총무기획관이 재판에서 "철저한 수사를 통해 모든 진실이 밝혀질 것으로 기대한다"고 말했을까?

〈전북연합신문, 2018. 3. 29〉

## 비리 사학 폐쇄가 답이지만…

지난 2월은 평창 동계 올림픽으로 세계의 시선이 쏠렸지만, 한국GM과 서남대학교 등 대학 폐쇄 소식이 전해진 달이기도 하다. 교육부에 따르면 2000년부터 2018년 2월 말 기준 폐교된 대학은 광주예술대·아시아대·명신대·건동대·선교청(성민)대·성화대·경북외국어대·한민학교·벽성대·인제대학원대·서남대·한중대·대구미래대 등 13곳이다.

이 가운데 건동대·경북외대·한민학교·인제대학원대·대구미래대는 자진 폐교했다. 나머지 8개 학교는 교육부로부터 강제 폐교 조치됐다. 이들 대학 폐교는 대체로 설립자나 이사장 비리가 도화선이 됐다. 명신대·선교청대·경북외대·벽성대는 학교 총장이나 부총장 등이 회계부정 따위 비리를 저지르면서 학교 붕괴를 촉발했다.

서남대학교 폐교의 경우 2000년 3월 교육부로부터 사상 최초로 폐쇄 명령을 받은 광주예술대와 관련해 호미로 막을 것을 가래로 막는다는 속담을 떠올리게 한다. 광주예술대는 이홍하 총장이 교비 400억 원을 가로챈 후 학내분규가 커지면서 2000년 3월 교육부로부터 사상 최초로 폐쇄 명령을 받았다. 그 이 씨가 서남대 이사장이기도 했기 때문이다.

이뿐만이 아니다. 전체 대학의 85%를 웃도는 사립 비중이라 그런지 잊을만하면 헌 바지에 무엇 불거지듯 사학비리가 보도되고 있다. 교비 횡령이 대표적인 대학에 국한된 이야기만도 아니다. 사립고등학교의 각종 비리도 만만치 않다. 채용비리·입학부정·성적조작·급식비리·공사비리·공익제보자 탄압 등 열거하기 쉽지 않을 정도다.

이런 비리가 끊이지 않는 것은 2005년 개정한 것을 2007년 한나라당의 극한투쟁으로 재개정한 사립학교법에도 그 원인이 있지 싶다. 가령 현행 사립학교법상 공익 제보자에 대한 보복성 징계를 막을 뾰족한 방법이 없다. 재단이 교육청의 정당한 징계 요구를 거부하거나 완화 처분해도 강제할 방법 역시 없다.

고작 할 수 있는 조치가 재정 지원을 끊거나 학급 수 감축 같은 행정·재정적 제재뿐이다. 사학에 대한 불이익 조치가 분명하지만, 이런 방법들은 실효성이 적다는 게 문제다. 애꿎은 학생들의 피해로 이어지기에 쉽게 발동할 수 없는 맹점이 있어서다. 이를테면 교육 당국의 비리 등 범죄자에 대한 징계권고가 재단에 의해 무력화되는 것도 사학 비리를 부추기는 꼴인 셈이다.

사학분쟁조정조정위원회(사분위)라는 것도 그렇다. 세종대나 상지대 사례에서 보듯 애써 퇴출시킨 비리 관련자들을 다시 재단에 오게 하는 등 "사학비리 관련자의 복귀 통로로 구실한다"는 지탄을 받는 사분위 손질이 시급하다. 적폐 청산 차원에서 타이완의 사학법처럼 아예 비리 연루자의 학교 복귀를 영구적으로 막는 규제가 어떨까.

그런데도 비리 사학의 잔여 재산을 국고로 환수하는 내용의 개정 사립학교법이 한국당의 강력한 반대로 국회 본회의 통과가 무산되었다. "과잉금지원칙에 위배 된다"나 어쩐다나 하며 수천 명을 피눈물 나게 한 죄인을 감싸는 태도를 취한 것이다. 안보 등 다른 건 다 떠나서 야당이 맞나 하는 의구심을 일으키는 한국당 행태라 할 수 있다.

상식적으로 수천 명을 피눈물 나게 한 죄인이 단죄되는 건 당연하다. 거기에 맞춰 학교도 폐쇄된 것이다. 말할 나위 없이 재산을 고스란히 죄인이나 그 일가에게 돌려주는 것은 이해가 안 되는 일이다. 학교의 잔여 재산 역시 교직원들의 체불임금 해결 후 국고로 환수돼야 맞다. 여차하면 재산 챙기기 꼼수로 자진 폐교하는 사학이 늘어날 우려도 국고 환수의 이유 중 하나다.

요컨대 비리 사학은 모든 걸 잃어야 마땅하다는 것이다. 수많은 애먼 피해자를 낳고, 지역경제 초토화의 흉기가 되는 부작용이 안타깝지만, 사학에 대해 폐쇄가 답인 건 그래서다. 그렇다고 오해는 없기 바란다. 비리 사학=학교 폐쇄라는 하나의 공식을 설립자나 이사장 등 학교 관련자들에게 각인시켜 그런 일이 일어나지 않도록 예방하자는 것이 그런 주장의 궁극적 이유니까.

〈전북연합신문, 2018. 3. 15〉

## 현실이 되어버린 서남대 폐교

 지난 2월 28일 결국 서남대학교가 폐쇄됐다. '결국'이라 말한 것은 그 동안 명지의료재단·예수병원컨소시엄·서울시립대·삼육대·부산온병원 등이 잇따라 정상화 계획서를 제출하는 등 회생 논의가 있었음에도 폐교라는 최악의 상황으로 이어졌기 때문이다. 학교 구성원과 지역주민들이 나서 시위와 소송 등을 벌이며 안간힘을 썼지만, 허사였다. 1991년 3월 개교한 서남대학교이니 27년 만에 오명을 뒤집어쓴 채 역사 속으로 사라져버린 것이다.

 서남대 폐교의 후유증은 이루 다 말할 수 없을 정도다. 휴학생을 포함한 학부 및 대학원생 2,000여 애먼 학생들은 의붓자식 취급받아가며 이웃 대학으로 옮겨가야 했다. 학생들과 달리 정부의 아무런 구제 대책이 없는 교수 등 교직원들은 실직자로 전락하고 말았다. 게다가 교직원들이 못 받은 체불임금은 200억 원을 웃도는 것으로 알려졌다.

인구 8만 5천 명 정도의 남원 지역도 직격탄을 맞았다. 무엇보다도 27년간 지역경제의 한 축으로 작동한 서남대학교였기에 폐교로 인해 생계의 터전을 잃은 주민들 고통이 가장 크다. 학생이나 교직원들이 겪는 고통보다 더 컸으면 컸지 결코 가볍지 않은 막막함이다. 일부에서 벌이고 있는 국립 공공보건의료대학 남원 유치 활동이 결실을 본다면 그나마 위안이 될까.

서남대가 폐쇄에까지 이르게 된 것은 설립자 이홍하 전 이사장(이하 이 씨) 비리 때문이다. 이 씨는 서남대 교비 333억 원을 포함해 본인이 설립한 4개 대학에서 1,000억 원 넘는 돈을 횡령한 죄 등으로 지금 감옥에 가 있다. 이 씨가 선고받은 형량은 9년이다. 1938년생 고령일망정 이 씨의 수감생활은 당연한 죗값 치르기라 재론의 여지가 없다.

서남대 폐쇄에는 판사와 정부도 한몫을 한 것으로 보인다. '서남대 사례로 본 비리 사학 흑역사'(시사인 524호, 2017. 10. 2)에 따르면 이 씨는 1997년 10월, 교비와 국고보조금 426억 원을 횡령한 혐의 등으로 징역 3년 2개월을 선고받았다. 1998년 2심에서 집행유예를 선고받아 풀려났고, 불과 2개월 만에 사면·복권되기까지 했다.

2007년 2월에도 서남대 교비 횡령 혐의로 기소됐지만, 집행유예 판결을 받았다. 2012년 교비 횡령 혐의로 또다시 구속됐지만, 2013년 2월 병보석으로 풀려났다. 이쯤 되면 이 씨의 교비 횡령은 거의 중독에 가까운 수준이라 할만하다. 관대한 처분의 판사와 관리·감독에 소홀한 정부 모두 서남대 폐교 참사로부터 자유로울 수 없는 이유다.

'사학비리의 달인'으로 불리는 이 씨가 세운 학교는 자그마치

고교 3개, 대학 6개다. 그중 광주예술대학교 2000년, 서울제일대학원대학교 2017년, 서남대학교가 2018년 2월 각각 폐교됐다. 그의 족적을 살펴보면 무슨 건학가치가 뚜렷하고 교육가적 신념이 있어 학교를 세운 게 아니다. 학교를 순전히 장사의 수단으로 악용하는 집념이 엿보일 뿐이다.

사실은 나도 서남대 폐쇄의 피해자다. 이 씨의 교비 횡령 범죄가 터지기 전이긴 하지만, 일반대학원을 졸업한 서남대 출신이어서다. 서남대 대학원 석사학위가 최종 학력인데, 이제 그 증명서를 발급받을 모교가 사라졌으니 이 황당함을 어떻게 감당해야 할지 모르겠다. 그것이 어찌 개인만의 일이겠는가. 27년 동안 서남대를 졸업한 수많은 동문이 모두 피해자인 것을.

죽은 아들 뭣 만지는 격이지만, '교비 횡령 등 범죄사실이 맨 처음 드러났을 때 단호하고 무겁게 처벌만 했어도 이 지경까지 이르진 않았을지도 몰라' 하는 아쉬움이 생겨난다. 물론 이 씨의 교비 횡령이 거의 중독에 가까운 수준이지만, 요컨대 사학 비리에 너무 관대한 사회가 아니냐는 것이다. 어설픈 법이 사학 비리의 상습화, 대형화를 부추기거나 돕는 꼴이라 할까.

설립자 개인 비리로 인해 학교가 폐쇄되고, 수많은 사람들이 고통당하는 현실의 실제상황이 벌어졌다. 그런데도 그것 못지않게 기가 막힐 일이 있다. 800억 원 이상으로 추정되는 학교의 잔여재산이 이 씨 일가에게 돌아갈 것이란 보도가 그것이다. 대한민국이 여러 가지로 미숙함을 드러내는 초보 국가도 아닌데, 무슨 그런 법이 다 있는지 도무지 알 수가 없다.

〈전북연합신문, 2018. 3. 7〉

## 유독 문학 홀대하는 지자체들

　전라북도의 '지역문화예술 육성지원사업' 접수가 마감된 가운데 최근 각 지자체의 문화예술진흥기금지원사업 내용이 잇따라 발표되었다. 가령 '2018 다이내믹 익산아티스트지원'이라든가 '2018년도 군산시문화예술진흥기금지원'을 들 수 있다. 전주문화재단과 완주문화재단도 2018년 사업목표 내지 세부사업을 확정해 앞서거니 뒤서거니 발표했다.

　그런데 지자체의 문화예술진흥기금지원사업 내용이 천차만별이다. 익산이나 군산은 문인 개인의 창작집 지원 사업이 있는 데 반해 전주와 완주는 그렇지 않은 것이다. 절로 전주시와 완주군엔 문인이 없나 하는 의문을 갖게 한다. 보통 문화예술을 말할 때 첫 손에 꼽히는 문학이 유독 전주시와 완주군에는 없다는 말인가?

　완주문화재단의 경우 이미 2년여 전 문인 개인의 창작집 지원

사업이 없음을 지적한 바 있는데도 여전히 그 모양이다. 또한 전주시는 도내 기초 지자체에서 가장 많은 회원 수를 보유한 전주문인협회가 무색할 정도로 문인들의 시집·수필집·소설집·평론집 등 저서 발간을 지원하는 사업이 빠진 문화예술진흥기금지원사업임을 알 수 있다.

되돌아보면 전주시는 2000년부터 문화예술창작 활동 지원 사업을 한 바 있다. 문학의 경우 저서를 구입, 공공도서관과 기관단체 등에 배포했다. 문인 개인의 기발간 작품집을 구입해줌으로써 열악한 현실의 출판사와 작가들에게 실질적 도움이 되게 한 사업이었다. 작가들이 크게 반가워하고, 창작 의욕을 불태우는 등 크게 고무되었음은 물론이다.

4년 정도 계속되던 전주시의 문예창작활동지원사업이 중단된 것은 과별 풀 예산제 도입 때문으로 알려졌었다. 예산편성 시 우선순위 밖으로 밀리면서 문예창작활동지원사업이 자연스레 퇴출되어 버린 것이다. 이후 전주시의 문화예술지원은 전주문화재단을 통한 '전주문화예술마케팅지원사업'뿐이었다. 그나마 전주를 주제로 한 내용이라야 선정될 수 있었다.

그런 경직된 기준과 편협한 지원이 또 어디에 있는지 묻고 싶은 그것마저도 지금은 아예 없어져 버렸다. 전주문화재단이 여러 문화예술진흥사업을 하고 있지만, 문인에게 실질적 혜택이 주어지는 개인 창작집 지원이나 저서구매 사업과는 거리가 먼 것들 일색이다. 아예 작정하고 문학을 블랙리스트 삼은 듯한 홀대요 배척이다.

매년 수억 원에서 10억 넘는 돈을 쏟아붓는 전주국제영화제 등 전주시의 영화 지원과 비교해보면 문인에 대한 엄청난 차별임도 알 수 있다. 1966년부터 50년 넘게 살아온 토박이인 셈이지만, 아예 전주를 떠나 익산이나 군산으로 가서 살까 하는 유혹이 생길 만큼이다. 유독 문학 홀대하는 전주시에서 35년 가까이 평론가로 살고 있다는 사실이 너무 싫을 정도다.

새삼스럽지만, 시나 수필을 써서 한 권의 책을 펴내는 일이 쉬운 일이 아니다. 어찌어찌 일반 대중의 입맛에 맞는 기획출판의 저자가 되어도 고작 인세 몇 푼만 손에 쥘 뿐이다. 대부분은 자비출판 하는 것이 지역 문인의 부인할 수 없는 현실이다. 지자체의 문인 지원이 단비 같은 존재인 이유가 거기에 있다. 그것이 창작 활성화로 이어지는 것임은 말할 나위 없다.

최근 열린 전주문인협회 정기총회에서 뜻밖의 좋은 소식을 들었다. 전주문인협회가 추진하는 가칭 '전주시민문학제' 예산 3,000만 원을 전주시가 지원한다는 내용이다. 전주문인협회의 의욕과 전주시의 문화예술, 특히 문학에 대해 열려 있는 사고(思考)와 관심이 만들어낸 합작품이라 할 수 있다. 적극적으로 환영하고 높게 평가한다.

전주시는 '문인창작집 지원 사업'에도 적극적으로 나서기 바란다. 매년 전주문인협회 소속 문인 1인당 200만 원씩 10~20명 정도로 저서 발간비 지원을 한다면 지자체 예산 대비 그야말로 '껌값' 수준의 적은 돈으로도 문화융성의 촉매제가 될 수 있다. 완주군 등 '문인창작집 지원 사업'을 하지 않는 다른 지자체도 마찬가지다. 지자체장들의 깊은 관심과 신속한 결단을 기대한다.

〈전북연합신문, 2018. 2. 28〉

# 주연배우의 드라마 중도하차

평창 올림픽 개막 하루 전인 2월 8일 '리턴'의 주연배우 고현정 (최자혜 역)의 중도하차 소식을 접했다. 주영진 앵커가 평일 오후 2시부터 4시까지 진행하는 SBS '뉴스브리핑'을 보고 있는데, 뜻밖의 소식이 전해진 것. 처음엔 자사 드라마의 홍보성 기사려니 했는데, 그게 아니었다. 다음 날 중앙일간지에 고현정의 드라마 중도하차 소식이 일제히 보도되었다.

드라마 주연배우가 제작진과의 불화로 중도에 하차한 것은 매우 이례적인 일이다. 2016년 8월부터 2017년 4월까지 방송한 SBS '우리 갑순이'에서 김규리가 중도에 하차했지만, 딱히 주연배우는 아니었다. 그 이유도 연장방송에 맞지 않는 김규리 스케줄 때문으로 알려졌었다. 지난 해 MBC '당신은 너무합니다' 6회까지 출연한 구혜선이 중도에 하차했지만, 건강상 문제였다.

2011년에도 KBS '스파이 명월'의 주연배우 한예슬이 드라마 촬영을 거부하며 미국으로 출국하는 등 소동을 겪었지만, 중도하차로 이어지지는 않았다. 다만, 주연배우 한예슬의 촬영거부로 인해 거의 사상 초유의 결방 사태를 빚긴 했다. '리턴'의 경우 8일과 15일 결방됐지만, 평창 올림픽 특집방송 때문인 것으로 알려졌다.

'리턴'은 SBS가 매주 수·목요일 밤 10시에 방송하고 있는 32부작(옛 16부작) 드라마다. 1월 17일 '이판, 사판' 후속으로 방송을 시작했다. '또 법정이냐' 하는 생각이 들어 망설였으나 이내 시청하기로 작정해버렸다. 아니나다를까 '리턴'은 5회부터 시청률이 두 자리 수에 오르는 등 전작 '이판, 사판'의 두 배나 되는 인기 드라마가 되었다.

주연배우 고현정의 촬영 거부 소식이 전해진 7일 밤 방송된 '리턴'의 시청률은 17.4%(닐슨코리아, 전국 기준)로 집계됐다. 높은 시청률 영향인지 SBS '리턴' 시청자 게시판은 누리꾼들의 항의, 성난 목소리로 북적이고 있다는 보도가 있었지만, 고현정 하차가 기정사실이 된 후인 14일 밤 시청률도 17.0%를 기록하는 등 큰 변동이 없었다.

"스타 연예인의 권력화가 문제… 고현정은 방송사도 제어 못해"와 "열악한 제작환경이 빚은 참사… 고현정쯤 됐으니 맞선 것 아니냐" 같은 의견이 충돌하고 있지만, 여러 보도를 종합해 봐도 확실한 이유나 누구의 잘못인지 정확하게 알 수는 없다. 방송사나 고현정 소속사 어느 쪽도 제대로 알리지 않는 등 말을 아끼고 있어서다.

분명한 사실은 SBS의 고현정에 대한 톱스타 대접이다. 고현정이 MBC '여왕의 교실' 이후 지상파방송에 복귀한 것은 5년 만이다. SBS는 그런 고현정에게 여자배우 최고 수준인 1회당 출연료 8,000만 원 등 톱스타 대접을 한 것으로 알려졌다. 물론 SBS는 '고현정 마케팅'에 힘입어 드라마 광고 선판매에서 좋은 성과를 거둔 것으로 알려지기도 했다.

그렇게 고현정을 '모셔왔다면' 제대로 '써 먹어야' 맞는데, 적어도 초반엔 그게 아닌 것처럼 보인다. 가령 'TV 법정쇼 리턴'을 내세우면서도 막상 전개된 내용은 그렇지 않아서다. TV프로라는 생각이 전혀 들지 않는 내용 및 형식의 전개다. 단적으로 지금까지의 전개에서 'TV 법정쇼 리턴'의 사회자인 고현정 역할이 크지 않은 편이었다.

이를테면 애초부터 좀 삐끗한 출발을 한 셈이다. 그런 점을 감안하면 "잦은 대본 수정과 이에 따른 역할 축소 등으로 고현정과 제작진의 감정의 골이 깊어졌을 것이라는 게 방송가의 분석이"(한국일보, 2018. 2. 9)라는 보도가 설득력 있어 보인다. 결국 시청률에 목매는 방송사를 대리한 연출자 지시에 고분고분 따르지 않은 톱스타의 반격이 빚은 볼썽사나운 '참사'라 할까.

그러나 누가 갑이고 피해자냐는 사실은 중요하지 않다. 방송사와 배우 모두 시청자와의 약속을 깨버린 것이니까. 비록 SBS가 공영방송은 아니더라도 공기(公器)인 TV 시청자들을 우롱한 셈이니까. 공인(公人)이 분명한 배우 고현정도 예외가 아니지만, 특히 그런 걸 포용하지 못한 SBS는 옹졸해 보인다. 시청자에 대한 사과가 울림이 없어 보이는 이유다.

한편 또 다른 주연배우 이진욱의 마음이 착잡했을 법하다. 이진욱은 2016년 7월 성폭행 사건 의혹이 불거진 이래 자숙의 시간을 가져왔다. 무혐의 판결을 받고 1년 6개월 만에 복귀한 터라 감회가 남달랐을 것이다. 그런데 하필 주연배우가 중도에 하차한 드라마 '리턴'이 복귀작이니 그렇지 않겠는가! 그것도 2011년 한예슬 촬영거부 소동의 '스파이 명월'에 이어 두 번째다.

〈전북연합신문, 2018. 2. 21〉

## 정치인의 출판기념회

얼마 전 열린 전북문학상 시상식장에서 친구같이 지내던 G고 재직 때 동료를 만났다. 문인 행사장에서 비문인을 만난 게 너무 뜻밖이라 되게 반가웠다. 한편으론 나의 수상 때 그가 오지 않은 사실이 떠올랐다. 묻지도 않았는데, 그는 오후엔 어느 출판기념회에 가봐야 한다고 말했다. 그 말을 듣고 보니 나의 회갑을 겸한 출판기념회에도 그가 오지 않은 사실이 떠올랐다.

그의 애경사에 빠짐없이 조문하거나 축하해주었던 나로선 좀 의아스러운 불참이었다. 내심 서운하고 괘씸했지만, 딴은 교원들이 보기에 출판기념회는 애경사에 들어가지 않는 것일지도 모르겠다. 애경사는 결국 품앗이인데 같은 내용으로 그럴 일이 거의 없을 테니까. 그래서 서운하고 괘씸한 생각은 지워버렸다. 이후 만나 밥도 먹었다.

하긴 동료 얘기를 할 것도 없다. 고3부터 친구였던 K는 나의 회갑을 겸한 출판기념회에 무단으로 오지 않았다. 그런데 그 다음 해 가형이 출마한 20대 국회의원 선거 때는 연락이 왔다. 후원금 좀 낼 테니 선거사무실에 같이 가자는 것이었다. 1년 전 일이라지만, K는 내 출판기념회 불참에 대해선 미안하다커니 따위 일언반구도 없었다.

어쨌든 친구같이 지내던 G고 동료가 간다고 한 출판기념회 주인공은 이후 교육감 출마를 선언한 전 대학교 총장이다. 정동영·유성엽·김광수 국회의원 등 3,000여 명이 그 출판기념회에 참석한 것으로 전해졌다. 글쎄, 국회의원이나 지방선거처럼 정당 소속이 아니고 지원을 받지도 못하는 교육감 선거 후보자에 그 정도 인파가 운집했다면 그야말로 세 과시는 된 셈이라 할까.

그뿐이 아니다. 보도(경향신문, 2018. 1. 26)에 따르면 재선 출신인 민주당 민형배 광주 광산구청장이 지난 달 연 출판기념회에는 5,000여 명이 참석한 것으로 알려졌다. 1인당 책값 명목으로 낸 돈을 2만 원만 잡아도 1억 원이다. 그런데 달랑 2만 원 책값만 내는 정치인의 출판기념회는 없는 것으로 알고 있다.

문인들 출판기념회도 그렇다. 최하가 3만 원, 보통 내는 돈이 5만 원이다. 그러나 정치인의 출판기념회와 달리 식사를 대접하기 때문에 5만 원이 결코 많은 액수는 아니다. 어쨌든 "자치단체장이 출판기념회 한 번 하면 억대를 번다는 소문이 파다하다. 공무원이 30년 이상 근무하고 받는 퇴직수당보다 많은 돈을 하루에 번다."는 공무원의 볼멘소리가 나오는 이유다.

바야흐로 정치인의 출판기념회가 봇물이 터지듯 한다. 말할 나위 없이 6월 지방선거를 겨냥한 출판기념회다. 앞의 경향신문에 따르면 경기 고양시의 경우 단체장을 포함해 같은 당 소속 전·현직 지방의원 5명이 3개월 새 줄지어 출판기념회를 열면서 고양지역 공무원과 지역 업자들은 속앓이가 심하다는 보도이다.

특히 최 시장은 이번이 2010년 7월 취임 이후 임기 7년여 만에 여섯 번째다. 민 구청장의 출판기념회는 이번이 임기 중 세 번째라는 보도이다. 불빛을 보고 나방이 떼로 달려드는 것이야 어쩔 수 없다 해도 정치인의 출판기념회는 문인들의 그것과 다른 문제를 안고 있다. 문인들 출판기념회처럼 거의 품앗이가 되지 않는다는 점이다.

당선된다면 정치발전을 위한 헌금이 될 수 있지만, 낙선의 경우 헛지랄하고 헛돈을 쓴 셈이 되고 만다. 그런 정치인의 출판기념회 참석이 오래 전 맺은 인간관계를 앞지를 수 있는지 나로선 의문이다. 참고로 회갑을 겸한 나의 출판기념회 축하객은 100여 명이었다. 680만 원쯤 축의금이 들어왔는데, 지금도 열심히 품앗이하고 있다.

무릇 출판기념회가 그러한 것인데, 정치인이 개입하면서 '돈 봉투 청구서'의 장(場)이 되어버린 느낌이다. 그런데도 현행법상 출판기념회는 선거일 90일 전까지라면 횟수 등 아무런 제재 없이 개최할 수 있다. 출판기념회에서 책값 명목으로 내는 돈은 정치자금에 해당하지 않기 때문에 중앙선거관리위원회의 규제도 불가능하다.

2016년 10월 국회의원 특권 내려놓기 추진위원회는 정치인 출판기념회에서 금품 제공을 금지하고 출판사가 정가로 책을 판매하는 것만 허용하는 방식의 개선방안을 냈지만, 그렇게 시행되지 않고 있다는 것이 앞의 경향신문 보도이다. 적폐라는 생각이 드는 이유이다. 문인의 한 사람으로서 변질된 출판기념회가 씁쓰름할 따름이다.

〈전북연합신문, 2018. 2. 2〉

## 교장 공모제 악몽

지난 세밑 교육부는 '교장 공모제 개선방안'을 발표했다. 2018년 9월 임용부터 내부형 교장 공모제를 운영하려는 학교 중 15%까지만 교장 자격증 미소지자가 지원할 수 있도록 제한하는 규정을 없애겠다는 것이 핵심 내용이다. 일반 독자들을 위해 부언하면 2011년 9월 내부형 교장공모 확대를 뼈대로 한 초·중등교육법과 교육공무원법 개정안이 여야 합의하에 통과되었다.

그러나 당시 교과부가 마련한 시행령이 발목을 잡았다. 내부형 교장공모의 경우 공모를 실시하는 학교의 15% 이내로 제한하는 시행령이 2011년 말 국무회의를 통과, 지금까지 그대로 시행되고 있어서다. 그 결과 이명박·박근혜 정권에서의 내부형 교장공모는 전국적으로 씨가 마르다시피 했다. 정권교체와 함께 김상곤 교육부 장관이 취임하면서 그걸 없애겠다는 것이 개선방안이다.

역시 일반 독자들을 위해 잠깐 부언하면 교장 공모제엔 3가지가 있다. 교장 자격증 소지자끼리 경합하는 초빙형과 교장 자격증 없이도 응모 가능한 내부형, 개방형 교장공모가 그것이다. 2007년 노무현 정부 때 처음 도입된 교장 공모제 근본 취지는 바로 내부형과 개방형을 통한 젊고 유능한 인재 영입이었다. 기존 승진제도의 폐단을 막고, 교장 임용방법의 다양화가 핵심이었다.

도입 당시부터 강력히 반발해온 국내 최대 교원단체인 한국교총은 "공모제 확대는 착실히 교육·연구 경험을 쌓아온 수많은 교사를 무시하는 것"이라며 "교육감과의 친분 관계에 의해 교장이 될 수 있는 내부형 교장 공모제 확대에 반대한다."고 밝혔다. "그동안 시행 과정에서 드러난 무자격 교장 공모제의 폐단을 고려할 때 부작용이 더 크다는 것"이다.

그런 소식을 접하고 보니 필자는 악몽이 떠오른다. 실제로 그것과 또 다른 교장 공모제 폐단을 경험한 바 있어서다. 필자는 2009년부터 2012년까지 여기저기 교장공모 학교에 지원했다. 어느 중학교는 내부형, 또 어떤 고등학교는 개방형 공모에 지원했지만, 모두 탈락했다. 애들 말로 쪽팔릴 일에 휘말렸던 것이다.

어느 중학교 교장 공모제에 지원한 경우다. 교장 공모제 실시 학교 교사가 지원하는 바람에 해보나 마나 한 경합을 벌여야 했다. 교장 공모 실시 학교의 교사 지원은 심사위원인 학교운영위원들과 평소 자연스럽게 접촉, 사전선거운동을 하게 독려하는 꼴이나 다름없었다. 나는 학교운영위원이 누군지도 알지 못하는데, 이미 두터운 교분을 쌓은 해당 학교 교사와 경합한 것이다.

그렇듯 원천적으로 공정하고 객관적인 게임을 할 수 없게 되어 있는 내부형 교장 공모제였다. 내부형 교장 공모제 진행 과정이 그렇다면 승진에 목매 오로지 예스맨으로서의 길을 걷는 승진제도와 다를 게 뭐 있겠는가! 그런 폐해를 줄이거나 없애보고자 도입한 교장 공모제의 의미를 상실한 것이라면 무자격교장 논란과 상관없이 폐기하는 것이 옳다.

다음은 어느 고등학교 개방형 공모에 지원한 경우다. 나는 심사위원인 학교운영위원들을 만나러 다니면서 노골적인 돈 요구를 듣고 경악을 금할 수 없었다. "200만 원씩 5명만 잡으면 된다. 1,000만 원 내면 3배수 안에 들게 해주겠다.", "돈 안 쓰면 안 된다." 등 실로 귀를 씻어버리고 싶은 얘기들이었다. 나는 당연히 거절했다.

남들이 걸어 다니는 중소기업이라고 하는 부부 교사인데, 돈이 없어 못 쓴 건 아니다. 검은돈, 신성해야 할 학교를 부패의 온상으로 만들고, 나아가 사회를 혼탁하게 하는 검은돈이기에 애써 안 쓴 것이다. 제자들과 자식 앞에 떳떳한 선생님이고 아빠이기 위하여 검은돈의 유혹을 뿌리친 것이다. 아무리 선거판이 진흙탕이고 사회가 썩었어도 교육계만큼은 그래선 안 된다는 것이 교사로서의 소신이기도 했다.

퇴직한 지금도 그 생각엔 변함이 없지만, 그러나 학교운영위원들의 1차 심사(6명 중 3명 뽑음)에서 탈락하는 대가(代價)가 뒤따랐다. 청와대 탄원까지 한 끝에 알게 된 나의 순위는, 맙소사! 6명 중 6위였다. 내 학교경영계획서를 표절한 지원자가 있어 경찰에 고소까지 하는 소동을 겪었는데, 그보다 순위가 낮은 꼴찌라니! 누가 봐도 공정하고 절차상 하자가 없는 심사는 아니었다.

두 건의 사례에서 보듯 무슨 활동경력이나 교육철학, 경영능력 등 실력은 겨룰 짬도 없는 교장 공모제임을 알 수 있다. 교장 자격증 소지자를 대상으로 한 초빙형도 문제다. 시골의 경우 지원자가 없거나 한 명에 그쳐 기본적으로 재공고에 들어가기 일쑤인 초빙형 교장공모가 행정, 시간 낭비는 물론 탈락자들에게 상대적 박탈감까지 안겨 주는 등 실익이 없는 거로 나타나서다.

교육부 개선안에 "학교심사위원회 및 교육청심사위원회의 위원 명단을 공개하도록 한다."든가 "심사위원 중 학운위 위원은 전체 위원의 50%를 초과할 수 없음"이라는 내용이 있긴 하지만, 글쎄 필자가 겪은 교장 공모제 폐단의 악몽이 완전히 제거될지는 의문이다. 무엇보다도 정권에 따라 바뀌는 교장임용제도의 현실이 참 씁쓰름하다.

〈조선일보(2018. . 18) '내가 겪은 교장 공모제는 악몽이었다.'의 원문임. 전북연합신문, 2018. 1. 11〉

## 교원문학회 새해 소망

며칠 전 내가 회장을 맡고 있는 교원문학회 동인지 '교원문학'을 잡지로 정식 등록했다. 2016년 창간호에 이어 지난 5월 '교원문학' 제2호를 발간한 걸 생각하면 좀 더딘 행보라 할 수 있다. 이것저것 서류 구비하는 것도 번거로웠지만, 어차피 만만찮은 교원문학회 운영비를 감당할 요량으로 창립하고 회장도 맡아서 그런지 굳이 등록의 필요성을 느끼지 못했다.

그랬던 내가 '교원문학'을 잡지로 애써 정식 등록한 것은 도의 지역문화예술육성지원사업에 신청하기 위해서다. 시에 잡지 등록이 되어 있어야 신청 자격이 주어지는 것을 비로소 알게 된 것이라 할까. 교원문학상은 그렇다 쳐도 '전북고교생문학대전'같이 이런저런 문학회보다 한 발 나아간 활동을 하고 있는데, 탈락할 이유가 없다는 은근한 자신감도 작용했지 싶다.

이를테면 곧 있을 2018 지역문화예술육성지원사업 신청 준비를 나름 마친 셈이다. 이제 진인사대천명이라고 사업 신청 후 결과를 기다릴 일만 남게 되었지만, 다른 문학회에 대해 부러움이랄까 하는 생각이 떠나질 않는다. 그것은 동시에 교원문학회에 대한 아쉬움이기도 하다. 다름이 아니다. 교원문학회 회원 수가 다른 문학회에 비해 너무 적음을 새삼 깨닫게 된 것이다.

속된 말로 '쪽수'가 중요한 게 아니라고 말할지도 모르겠지만, 여기저기 문학상 시상식을 참석하거나 이런저런 동인지들을 받아보면서 절로 드는 생각이다. 가령 시인들은 전북시인협회 회원들이다. 회지 말미에 실린 회원 주소록을 보니 230명이 넘는다. 수필가들은 전북수필문학회 회원들이다. 나 같은 평론가나 시인들도 회원으로 있지만, 그 수가 150명이다.

장르 불문한 '한국미래문화' 회원은 타지 116명을 포함해 250명이 넘는다. 그것은 많은 걸 생각하게 한다. '한국미래문화' 제28집은 기존 '한국미래문학'에서 제호를 바꿔 새롭게 출간된 회지다. 제호뿐 아니다. (사)한국미래문화연구원은 회원 가입 유무를 물어 회원제 문화예술단체로 새롭게 출발했다. 이전에 없었던 회비납부의 의무가 회원들에게 지워졌음은 물론이다.

나 역시 가입을 희망해 회원이 되었는데, 그 주소록을 꼼꼼히 살펴보니 일종의 의문이 생긴다. 내가 교원문학회 가입을 권했을 때 거절했던 교원문인들이 상당수 있어서다. 그 의문엔 두 가지 답이 가능할 수 있다. 먼저 회비다. '한국미래문화' 일반 회원 회비는 1만 원이다. 반면 교원문학회 연회비는 5만 원이다. 입회비도 따로 5만 원을 내야 한다.

다른 하나는 회장에 대한 불신이나 비호감일 수 있다. 지난 해 교원문학회 창립 당시 회원은 20명이었다. 아쉬워하면서도 회원 수가 증가하길 고대(苦待)했던 발간사와 달리 제2호를 펴낼 때는 오히려 1명이 줄어든 19명이었다. 3명이 탈퇴하고 2명이 새로 들어온 결과다. 정기총회 안건 중 하나로 심도 있게 회원 배가 논의를 했을 정도다.

온전한 파악이라 생각하진 않지만, 전·현직 교원 문인은 도내에만 100명이 훨씬 넘는 것으로 추정된다. 100명만 잡아도 그중 20%가 채 안 되게 참여한 교원문학회다. 이건 문제가 좀 있지 않나? 시인이면 자연스럽게 전북시인협회 소속이듯 전·현직 교원은 자동으로 교원문학회 회원이 될 것이란 아전인수적 착각에 빠져 있었던 셈이다. 그것을 깨닫는 지금 참 서글프다.

그럴망정 최근 저서나 회장으로 있는 동인지를 보내준 교원문인들에게 감사 인사와 함께 교원문학회 가입 안내문을 보냈다. 설마 전·현직 교원임을 밝히기 꺼려 교원문학회 입회를 안 하는지 너무 '쎈' 회비 때문에 망설이는지 알 수 없지만, 이대로 안 된다는 생각이 떠나지 않는다. 그렇다. 교원문학회 새해 소망은 회원 수가 많이많이 늘어나는 것이다.

교원문학회는 여느 문학회와 다르다. 선생님으로서의 자부심을 뿌듯하게 가진 채 문학 활동하는 교원만 회원으로 참여할 수 있는 문학회여서다. 입회는 입회원서 없이 입회비 납부로 완료된다. 회지 '교원문학'이 필요하거나 입회 뜻이 있는 분은 연락 바란다. 연락처는 '전북문단'이나 '전북수필'과 '문맥' 회원 주소록을 참조하면 된다.

〈전북연합신문, 2017. 12. 28〉

## 문학상 시상식 풍경

　바야흐로 수상 또는 시상의 계절이다. 어느새 한 해가 저물어가고 있다. 올해도 어김없이 이런저런 시상식에 얼굴을 비쳤다. 아무래도 문인인지라 내가 참석한 것은 대부분 문학상 시상식이다. 우선 내가 회장으로 있는 교원문학회 회원들이 상을 받거나 주는 문학상 시상식에 가서 축하했다. 지난 5월 치른 교원문학상 시상식에 온 문인이 상을 받는 경우도 마찬가지다.

　결혼 축하나 초상집 조문이 그렇듯 품앗이 내지 인간의 도리 차원에서 그리 한 것이다. 바꿔 말하면 교원문학상 시상식 때 오지 않은 문인이 상을 받는 경우 초대장을 받고도 가지 않았다는 의미이다. 물론 그것을 무시해도 좋을 만큼의 특별한 인연이 있거나 개인적 친분이 각별한 경우엔 애써 참석하기도 했다.

　무릇 문학상 시상식은 상패와 함께 소정의 상금을 수여한다. 그렇지 않은 문학상 시상식도 있다. 가령 어떤 문학회는 제1회 대상과 신인상을 시상하면서도 달랑 상패만 안겨주고 있다. 조례 제정 등 상금을 줄 수 있는데도 공직선거법에 저촉된다나 어쩐다나 하며 상패만 주는 성의 없는 지자체와 다를 바 없다. 혹 점잖게 돈보다 명예라고 말할지 모르겠지만, 과연 그럴까.

하긴 스폰서가 없다면 무상금이어도 시상식 비용이 만만치 않을 것이다. 회비라고 해봐야 동인지 인쇄비에도 턱없이 모자랄 것이기에 그것은 온전히 회장의 자부담으로 남게 된다. 그런 사정을 이해한다 해도 상금 없는 문학상 시상식은 좀 아니지 싶다. 그런데도 무릇 수상자들이 이발한 모습이나 한복 차림으로 수상대에 서는 걸 보면 참 이상한 일이다.

상금이 있는 시상식이어도 문제는 남는다. 가령 교원문학상 시상식에 온 시인이 수상하는 어느 시상식을 갔더니 주관한 문학회는 지도교수를 모시고 배우는 회원들 모임이었다. 서로 격려 차원에서 회원들끼리 조용한 가운데 주고받는 것이라면 모를까 신문에 보도자료까지 내면서 떠들썩하게 벌일 시상식은 아니지 싶다.

최근 어느 문예대학은 시와 수필부문 작가상을 선정·시상한다고 밝혔다. 각 부문 수상자에게 200만 원씩 수여하는 상이다. 그런데 수상자들은 문예대학에서 정기적으로 강의를 들으며 공부하는 예비 문인, 그러니까 학생들이다. 상 제정과 시상이 자유인 데다가 등록률을 높이기 위한 일종의 당근책으로 이해되긴 하지만, 이런 문학상은 좀 아니지 싶다.

앞에서 말한 지도교수가 있는 문학회 주관 문학상 상금은 무려 3백만 원이다. '무려'라고 말한 것은 기존 시인이나 수필가가 회원인 전북시인협회 전북시인상이나 전북수필문학회 전북수필문학상, 전북의 작가회의를 뺀 모든 문인이 회원인 전북문인협회 전북문학상조차 100~200만 원인 것과 비교해보면 많은 액수라 할 수 있어서다.

　상금 3백만 원의 문학상이 또 있다. 다행히 이 상은 이미 등단하여 나름으로 열심히 활동해온 회원 문인에게 주는 것이다. 두 개 문학상의 공통점은 어느 출판사 사장이 상금을 후원한다는 점이다. 메세나까지는 아니더라도 출판사의 그런 상금 지원은 반갑고 환영할만한 일이다. 그런데 그 액수로 상의 권위가 정해지는 건 아니라 해도 뭔가 좀 찝찝한 뒷맛이 남는 건 왜일까.

　공모 절차 없이 '찾아주는 상'을 표방한 어느 문학상은 몇 년째 계속 깜이 안 되는 수상자를 내고 있다. 미간을 찌푸리게 할뿐더러 문학상의 전통 및 권위 상실을 자초하는 모양새다. 귀한 돈 써가면서 욕먹을 짓을 하고 있는 셈이라 할까. 하긴 도무지 수상자로 깜 안 되는 사람들이 상 받는 일이 어제오늘의 일일까마는.

　당연히 나는 깜냥이 안 되는 사람의 문학상 시상식에 가지 않고 있다. 필연 악수를 하고 축하한다는 말도 해야 하는데, 마음이 그게 아니어서다. 연기 잘하는 영화배우나 무슨 사업가·정치인도 아닌데, 억지춘향이 노릇을 왜 해야지 하는 반감이 생겨서다. 그런데도 시상식장은 사람들로 꽉 채워진다니 알다가도 모를 일이다.

　어느 시상식이랄 것 없이 이른바 식전행사가 있는데, 이것도 좀 아니지 싶다. 어느 경우 판소리·가곡·시낭송·색소폰연주 등 다양한 프로그램을 마련하여 1시간 넘기도 한다. 글쎄, 무슨 공연인지 시상식인지 헷갈리고 짜증이 날 정도라면 식전행사에 문제가 있는 게 아닌가. 엊그제 참석한 전북수필문학상 시상식만 제대로였다. 정기총회와 함께 시상식이 곧장 열려서다.

내친김에 대부분의 문학상 시상식 식순에 있는 내빈 소개도 생각해보자. 가령 주관 문학회의 회원은 내빈이 아니다. 문학회원 아닌 외부 인사만 내빈으로 소개해야 맞는데, 가보면 그게 아니다. 아예 회원 유무와 관계없이 내빈 소개 단골이 있을 정도다. 그런 생각을 옆 좌석 선배에게 귓속말로 하고 있는데, 나를 소개하는 회장의 멘트가 들려왔다.

"다음은 장세진 교원문학 회장님 오셨습니다."

시상식 주관 문학회 회원인 나는 엉겁결에 벌떡 일어나 좌중을 향해 고갤 숙여 인사하고 말았다. 허, 그것참! 나는 지금도 회원인 내가 왜 내빈으로 소개되었는지 알지 못한다.

〈전북연합신문, 2017. 12. 20〉

## 시끄러운 국민의당을 보며

　국민의당이 연일 시끄럽다. 바른정당과의 연대·통합을 두고 안철수 대표와 호남중진 의원들의 의견이 찬성과 반대로 극명하게 갈리고 있어서다. 호남중진 의원들은 "정체성이 다른 바른정당과는 통합할 수 없다"며 안 대표와 맞서고 있다. 어떻게 그들이 국민의당이란 한솥밥 식구가 되었는지 버럭 의구심이 생겨날 정도이다.
　일단 안 대표의 바른정당과의 연대·통합 시도는 우클릭 행보로 보인다. 내년 지방선거보다 다음 대통령선거를 염두에 둔 장기 포석으로 읽히기도 한다. 정치가 생물인 만큼 언제든 변할 가능성은 있지만, 지금 죽을 쑤고 있는 한국당 지지층과 부동층을 내 편으로 만들어야 대선에서 승산이 있다는 계산일지도 모른다.
　그 점은 안 대표가 문재인 대통령의 적폐 청산을 강도 높게 비판한 데서도 확인된다. 안 대표는 독일 방문 중 "이전 정권을 때

려잡느라 정신이 없다. 국가의 미래가 없다. 나라를 잘되게 해야지 무슨 복수를 하려고 정권을 잡나"라며 문재인 대통령에 날을 세웠다. 적폐 청산이 정치보복이란 궤변을 늘어놓으며 반발하는 한국당 행태와 같은 인식을 드러낸 것이다.

유성엽 의원은 적폐 청산을 정치보복이라 한 안 대표에게 중대한 결단(사퇴)을 촉구했다. 이에 대해 안 대표는 "끝까지 같이 못하는 분이 있더라도 갈 길을 가겠다"는 말로 응수했다. 유의원은 "국민의당이 안철수 사당이냐. 어떻게 당대표가 현역 의원에게 불편하면 당을 나가라고 하는 말을 하느냐, 경악했다"고 말했다.

다른 건 몰라도 적폐 청산=정치보복이란 인식은 적절치 않아 보인다. 국민 10명 중 7명이 적폐 청산을 잘하는 일이라며 지지하는 것은 나라의 잘못된 과거를 털어내야 진정한 미래를 열 수 있다고 믿기 때문이다. 단적인 예로 친일파 청산에 실패해 대한민국이 겪은 온갖 불협화음과 폐해를 들 수 있다. 그것은 연인원 1,700만 명의 촛불시위가 정치권에 안긴 숙제이기도 하다.

하긴 애당초 잘못된 만남인지도 모른다. 국민의당은 민주당을 탈당한 안 대표와 호남의 반문(反文)계가 주축이 돼 2016년 1월 창당했다. 그 해 4·13총선에서 국민의당은 호남 28석 중 23석 당선의 돌풍을 일으키며 제3당으로 우뚝 섰다. 호남의 반문재인 정서는, 그러나 조기 대선을 거치며 언제 그런 게 있었나, 할 정도로 확 돌아서 버렸다.

사실 총선 때 국민의당을 밀어준 호남 민심이 민주당 지지와 함께 문재인 후보 대통령 당선으로 나타난 것은 이상한 일이다. 이런저런 분석이 나올 수 있겠지만, 중도를 표방하면서도 우클릭에 방점을 찍는 안 대표의 정체성이 가장 큰 이유가 되지 않을까 싶다. 그렇게 돌아선 민심대로라면 호남 중진들은 오히려 민주당과 함께해야 맞지 않나.

아예 쪼개진 바른정당은 코미디도 그런 코미디가 없을 만큼 그야말로 '장관'을 연출했다. 박근혜 탄핵정국에서 새누리당을 탈당한 일군의 의원들이 바른정당을 창당한 것은 지난 1월 24일이다. 그런데 4개월이 채 되지 못한 대선 직전 13명이 바른정당을 탈당, 한국당으로 돌아갔다. 그리고 11월 9일 다시 9명이 바른정당을 탈당, 한국당으로 돌아갔다.

바른정당은 애들 장난도 아닌 그런 일이 벌어지는 바람에 교섭단체 지위를 상실했다. '내가 이러려고 새누리당을 탈당했나' 후회할지도 모르겠지만, 특히 바른정당 대표로 선출된 유승민 의원이 다소 짠하게 된 모양새다. 아마 그런 것이 국민의당 안 대표의 구미를 당겼을 법하다. 안 대표와 바른정당의 합당 가능성이 더 커진 셈이라 할까.

분명히 말하지만, 당의 정체성 문제로 티격태격하라고 지난 총선에서 국민의당에 표를 준 것이 아니다. 칼로 두부 자르듯 쉬운 일이 아닐 수 있지만, 한국당이나 바른정당의 탈·복당 의원들을 보니 꼭 그렇지도 않다. 국민은 안중에도 없는 쌈질로 서로 내분을 일으키지 말고 국민의당은 이참에 깨끗이 갈라서는 게 어떤가?

〈전북연합신문, 2017. 11. 30〉

## 공짜 밥 달라는 기자회견

강원도의 고교 무상급식 소식이 전해진 건 지난 달 11일이다. 한겨레 보도에 따르면 내년부터 강원도 내 72개 고교생 4만여 명이 공짜 밥 혜택을 받게 된다는 것. 경기 하남·광명시와 전남 광양시 등 기초지방자치단체에서 고교 무상급식을 시행하고 있지만, 광역지방자치단체론 강원도가 처음이란 소식이다. 그 기사엔 없지만, 전북 정읍시도 고교 무상급식을 시행하고 있다.

최문순 강원지사와 민병희 강원 교육감이 2011년 8월 '강원교육 발전을 위한 업무협약'을 체결한 지 6년 남짓만의 결실이다. 최 지사는 "무상급식이 진보와 보수 간의 이념 대결로 왜곡돼 시행이 늦어졌으나 시간이 흐르면서 친환경 급식을 중심으로 공감대가 형성됐다"고 말했다. 민 교육감은 "7년에 걸친 급식 논란이 끝났다. 학생·학부모·농어민 모두가 만족하는 행복 급식을 하겠다."고 밝혔다.

나아가 신문은 유정복 인천시장이 고교 무상급식 확대를 위해 인천시 교육청과 군·구와 협의하겠다고 밝힌 기자회견 등 다른 광역지방자치단체로 확산하는 소식을 전하기도 했다. 2011년 공짜 밥 문제로 오세훈 서울시장이 사퇴하는 등 보수와 진보의 대립이 첨예했던 걸 떠올려보면 격세지감(隔世之感)이 느껴지는 소식이라 할만하다.

　그로부터 한 달쯤 지나 '제주, 내년부터 전국 첫 고교 무상교육' 소식이 전해졌다. 공짜 밥에 이어 아예 수업료도 내지 않고 고등학교에 다닐 수 있게 된 것이다. 제주도 교육청은 고교 무상교육이 선심성 정책 아니냐는 지적에 대해 "무상교육 시행을 위한 재정여건이 마련된 데다 국정과제로 선정됐기 때문에 전면 실시를 결정했다"(한겨레, 2017. 11. 9)고 말했다.

　고교 무상교육은 문재인 대통령의 후보 때 공약이다. 박 전 대통령 대선 공약이기도 했지만, 이전 정부에선 예산 등의 이유로 후순위에 머물다 결국 좌초되고 말았다. 그것을 문재인 정부가 국정과제로 선정하고 거침없이 밀어붙일 기세다. 바야흐로 고등학교까지 공짜로 다니는 시대가 코앞에 와있는 형국이라 할까.

　그 영향인지 전주·군산·익산·남원·김제 지역의 초·중·고 학부모들이 고교의무급식운동본부를 결성하고 고교 전면 무상급식 시행촉구 기자회견을 열었다. 이들은 "학부모 부담 완화를 위해 도시지역 고교까지 무상급식이 이뤄져야 한다."고 주장했다. 한마디로 공짜 밥을 달라는 것인데 당사자 격인 학부모들이 기자회견까지 하다니, 되게 놀랍고 당황스럽다.

　또 그들은 "내년 지방선거를 맞아 단체장 입후보자들을 상대로 고교 무상급식에 대한 정책과 입장을 묻고, 이를 공개하는 강력한 유권자 운동을 펼치겠다."고 말했다. 내년 지방선거에서 공짜 밥 주는 후보를 찍겠다는 속내도 '유권자 운동'이란 이름으로 내비친 것이다. 남원·김제 지역 학부모로 구성된 고교의무급식운동본부가 연달아 공짜로 밥 달라는 기자회견을 하기도 했다.

전북도의회 박재만·이상현 도의원들도 가세했다. 그에 화답이라도 하듯 남원지역 고등학교도 내년부터 무상급식이 이뤄질 전망이라는 소식이 속보로 전해졌다. 그런데 의문이 생긴다. 과연 학생들에게 밥을 공짜로 주는 것이 복지인지, 만약 그렇다면 대한민국이 그럴만한 나라가 되었는지 하는 의문이 그것이다.

의무교육인 만큼 장차 그렇게 가야 맞지만, 아직은 때가 아닌 것 같다. 벌써 오래 전 재임 학교에서 있었던 일이다. 학교예산으로만 교지를 제작해 학생들에게 나눠주었다. 학생들은 펼쳐보기는커녕 화장실에 버리는 등 '주인의식'이 별로였다. 바로 공짜였기 때문이다. 공짜란 원래 그런 것이다. 그것이 국민 혈세로 이루어진 재원(財源)이라면 당연히 엄청난 낭비인 셈이다.

이듬해 나는 '학생들에게 내 것'이란 인식과 참여 정신을 갖게 하고자 일반고의 절반도 안 되는 소액 납부로 전환하여 수익자 부담이 되게 했다. 물론 학교운영위원회 심의를 거쳐서 그리했다. 배고픈 자에게 밥을 주면 당장 끼니는 때울 수 있을지 모르지만, 자립은 그만큼 멀어지거나 어려워진다. 일하거나 노력하는 만큼 보상받는 세상 이치를 망각하지 않을지 걱정도 된다.

공짜 수업료도 마찬가지다. 이미 오래 전부터 공짜인 특성화고의 방과 후 학교 수업도 예외가 아니다. 국가는 공짜 밥보다 그들이 가난을 털고 장차 뻗어 나갈 환경과 기반 구축을 해줘야 한다. 그것이 국가의 책무요 몫이다. 세상에 공짜는 없는 법이다. 이 말을 오랫동안 만고(萬古)의 진리로 여기며 살아왔기에 이렇듯 공짜 밥 기자회견 소식이 씁쓰름한 것인지도 모르겠다.

〈전북연합신문, 2017. 11. 17〉

## 새삼 분노 자아내는 특수활동비

 박근혜 대통령 시절 문고리 3인방이라 불리며 사실상 실세였던 이재만·안봉근 전 비서관이 국정원에서 뇌물을 받은 혐의로 구속됐다. 그들은 수감되어 재판을 받고 있는 정호성 전 비서관과 달리 최순실 국정농단사건을 피해간 상태였다. 매우 의아스러웠는데, 2013년부터 매월 1억 원씩 총 40억 원을 받은 것으로 드러나 구속되었다.

 이 씨가 박 전 대통령 지시로 한 것이라는 진술을 했다는데, 그 돈은 국정원의 이른바 특수활동비로 밝혀져 새삼 분노를 자아내고 있다. '새삼'이라 말한 것은 지난 4월 법무부와 검찰 간부들의 돈 봉투 만찬사건에서도 특수활동비가 도마 위에 올라서다. 좀 더 거슬러 올라가면 2013년 2월 이동흡 헌법재판소장 후보자 자진사퇴 때 특수활동비(특정업무경비) 횡령 의혹이 있었다.

 감사원은 돈 봉투 만찬사건이 터지자 7월 19일부터 특수활동비

점검에 들어갔다. 20일 넘게 2016년 1월부터 2017년 6월 30일까지의 '특수활동비 집행실태'를 점검한 결과 19개 기관은 집행내용확인서조차 아예 없었다. 또 각 기관이 사용한 전체 특수활동비의 50.3%만 집행내용확인서가 있을 뿐이었다. 그야말로 깜깜히 예산에 눈먼 돈인 것이 드러난 셈이다.

문제의 심각성을 인식했는지 문재인 대통령은 취임 후 가진 첫 수석비서관·보좌관회의에서 특수활동비 절감 방안을 언급했다. 내년 예산안에서 18.6% 줄어든 특수활동비는 그와 무관치 않아 보인다. 그런데 국정원 특수활동비는 아예 빠져 있다. 올해 특수활동비 예산은 20개 기관 8,938억 원에 이른다. 그중 국정원 특수활동비가 4,930억 원으로 55%를 차지한다.

특수활동비란 정부 각 기관이 "기밀 유지가 요구되는 정보수집이나 사건 수사, 국정 수행 활동 등에 쓸 수 있게 책정된 예산"이다. 일견 그럴듯해 보이지만, 사실은 눈먼 돈의 다른 이름이라 할 수 있다. 가령 국정원이 해외 및 대북 정보활동에 써야 할 특수활동비를 청와대에 상납한 자체가 천인공노할 짓이라 솟구친 분노는 쉽게 가라앉지 않을 것으로 보인다.

한편으론 입법부가 앞장서 그런 범죄를 조장해놓은 측면도 있지 싶다. 국민 세금으로 이루어지는 국가 예산을 그렇듯 비밀리에 쓸 수 있도록 법제화·제도화해놓았기 때문이다. 김동연 부총리가 국정감사에서 영수증 없이 사용할 수 있는 특수활동비에 대해 "관행적으로 해왔다고 하더라도 잘못된 것은 시정돼야 한다."고 말했지만, 그러나 폐지 기미는 보이지 않아 유감이다.

정부와 정치권이 원점에서 재검토해야 할 적폐로 보이는데, 다시 불거진 특수활동비 논란은 문예지도 교사 시절을 새삼 떠오르게 한다. 예산집행의 엄정함에 한껏 초라해지고 행정실 하수인 쯤으로 전락해버린 것 같은 매우 불쾌하고 씁쓰름했던 기억이다. 가령 3만 원일 경우 학생들이 쓴 교통비·식비·간식비 등에 대한 영수증을 일일이 첨부하여 정산하는 식이다.

특히 영수증 주기를 꺼리거나 정착되지 않은 짜장면 집에서의 간이영수증 챙기기는 여간 고역(苦役)이 아니었다. 고작 3만 원의 학생여비 정산 절차도 그처럼 추상같이 이루어졌다. 당연히 나는 국민의 세금으로 조성된 학교 예산을 쓰는데 한 치의 빈틈이나 소홀함이 있어선 안 되겠기에 불만이 있어도 하라는 대로 했다.

이동흡 헌법재판소장 후보자의 특정업무경비 횡령 의혹사건이 불거졌을 때 깊은 허탈함에 빠져든 건 그래서다. 심지어 어떤 배신감까지 느꼈던 기억이 난다. 특정업무경비가 특수활동비와 다르게 공적 업무를 위해서만 사용해야 하며, 영수증 등 증빙 서류를 반드시 제출해 공무 관련성을 입증해야 하는 것이라 그랬는지도 모른다.

그런데도 높은 분들 쓰는 국가 예산은 그렇지 않다니 너무 잘못되었다. 영수증 따위 정산 처리 없이 쓰는 그런 눈먼 돈이 올해만 총 8,938억 원이라니 다시 배신감도 생긴다. 투명하게 꼬박꼬박 세금 내는 월급쟁이 등 서민들이 이런 위화감을 언제까지 느끼며 살아야 하는지, 과연 '나라다운 나라'가 맞는지 온갖 생각이 떠나지 않는다.

국정원 게이트니 박 전 대통령 비자금이니 하는 말들이 난무하지만, 확실한 것은 특수활동비로 인해 대다수 국민이 느낄 상실감과 위화감이 더 큰 문제라는 점이다. 또 그것을 치유할 책임자나 세력도 없다는 점이다. 다른 뇌물 사건과 다르게 국정원 특수활동비 청와대 상납 사건이 분노와 함께 더 분통을 터지게 하는 이유이다.

〈전북연합신문, 2017. 11. 10〉

## 한국형 블록버스터의 흥행부진

추석·설·한여름·연말은 영화시장의 4대 성수기로 꼽힌다. 이를테면 최대 대목인 셈이다. 경쟁이 어느 때보다도 치열해진다. 10일간의 연휴가 이어진 지난 추석(10월 4일) 대목에도 '남한산성'·'범죄도시'·'킹스맨-골든 서클'·'아이 캔 스피크'가 격돌했다. '남한산성'·'범죄도시'는 10월 3일, '킹스맨-골든 서클'·'아이 캔 스피크'는 각각 9월 27일, 9월 21일 개봉했다.

그런 이유로 사실상 '남한산성'과 '범죄도시'의 대결이란 분위기가 지배적이었다. 그리고 '남한산성'의 우세를 점치는 분위기가 대세였다. '남한산성'이 150억 원을 들인 한국형 블록버스터인 데다가 사극이 추석 대목 극장가를 접수해왔기 때문이다. 최근 5년간 추석 흥행작은 '광해, 왕이 된 남자'(2012)·'관상'(2013)·'타짜: 신의 손'(2014)·'사도'(2015)·'밀정'(2016) 등이다.

물론 일제 침략기가 배경인 '밀정'을 사극이라 하기는 좀 그렇다. 2014년 추석 대목엔 흥행작이 현대물임을 알 수 있기도 하지만, 추석 하면 사극이 하나의 공식처럼 대중 일반에 각인되었음 직한 통계로 보이긴 한다. 신기하게도 그 예상은 개봉 초반 5일간 적중했다. '남한산성'이 263만 2,151명인데 비해 '범죄도시'는 고작 138만 1,496명 동원에 불과했으니까.

반전이 일어난 것은 개봉 6일째인 10월 8일부터다. 이날 '범죄도시'는 42만 5,342명을 동원, '남한산성'의 36만 5,582명을 제치고 1위에 올랐다. 이후 '범죄도시'는 승승장구, 10월 29일 현재 584만 3,599명을 기록하고 있다. 10월 25일 개봉한 할리우드 블록버스터 '토르: 라그나로크'에 밀려 1위 자리를 내줬지만, 기세가 여전해 600만 명도 거뜬할 것으로 보인다.

반면 '남한산성'은 10월 29일 현재 382만 5,928명에 그쳤다. 손익분기점인 500만 명은커녕 400만 명도 힘든 흥행 실패의 대작으로 남게 된 것이다. 이보다 앞선 여름 대목에서도 우리는 그런 한국형 블록버스터를 만난 바 있다. 바로 7월 26일 개봉한 '군함도'다. '군함도'는 한 주 늦게 개봉, 1,218만 6,202명을 동원한 '택시운전사'보다 더 올여름 최고 기대작으로 꼽혔다.

하지만 '군함도'의 관객 수는 659만 2,170명에 그쳤다. '그쳤다'고 말한 것은 '군함도'가 순제작비 220억 원(총제작비는 260억 원)에 손익분기점이 700만 명인 한국형 블록버스터여서다. 이를테면 손익분기점도 달성하지 못한 흥행 실패의 한국형 블록버스터를 만난 지 두 달 남짓 만에 다시 '남한산성'을 만나게 된 셈이다.

흥행 실패한 대표적 한국형 블록버스터는 2011년 12월 21일 개봉한 '마이웨이'가 아닐까 한다. 순제작비만 280억 원을 투입한, 그때까지만 해도 한국영화 사상 가장 많은 제작비를 쏟아부은 대작이었지만 관객 수는, 맙소사 고작 214만 2,670명에 불과했다. 그야말로 쌍코피가 터져도 왕창 터진 흥행 참패의 끝판왕이라 할까.

2013년 7월 17일 개봉한 '미스터 고'도 실패한 한국형 블록버스터다. '미스터 고'는 순제작비 225억 원으로 700만 명 이상 모아야 손익분기점을 달성하는 영화였다. 그때까지 '설국열차'·'마이웨이'에 이은 제작비 규모 3위의 대작이었지만, 관객 수는 오 마이 갓! 132만 8,888명에 그쳤다. 그야말로 더 이상의 참패가 있을 수 없는 안타까운 일이었다.

그 영화들과 무슨 연고나 인연이 있어서 안타까워하는 것이 아니다. 내가 한국형 블록버스터의 흥행 부진을 안타까워하는 것은 그로 인해 빚어질 투자 위축 때문이다. 엄청난 돈을 쏟아부은 한국형 블록버스터가 시장에서 통하지 않으면 더 이상 큰 손들이 영화제작에 투자하지 않으려 할 것은 불을 보듯 뻔한 일이어서다.

가령 '남한산성'의 경우다. 제작사 싸이런픽처스 대표는 '남한산성'의 원작자인 김훈 소설가의 딸로 알려져 화제를 모았다. 영화사 싸이더스에서 홍보 일을 하다 2008년 독립해 회사를 차렸고, 2009년 '10억'을 제작·개봉했다. 야심차게 제작에 나섰을 대작 '남한산성'이 손익분기점을 넘기지 못했으니 이후 차기작이 순탄할지 장담할 수 없게 되었다. 그게 안타까운 것이다.

〈전북연합신문, 2017. 11. 3〉

## 청소년 범죄 이대로 안 된다

지난 달 1일 부산에서 여중생 4명이 다른 중학교 학생 1명을 피투성이가 되도록 마구 두들겨 팬 집단폭행 사건이 발생했다. 동영상이 공개되고 뉴스로 방송되면서 생긴 부산여중생 집단폭행에 대한 시민들의 경악과 분노가 채 가라앉기도 전 강릉·천안·아산 등지에서도 비슷한 사건 소식이 연달아 전해졌다.

그뿐이 아니다. 지난 3월 인천에서는 여고 자퇴생 등 10대 소녀들의 합작에 의한 8살 초등학생 유괴·살해사건이 발생했다. 그 이전에도 '친구 살해, 잔인하게 시신 유기'라든가 '초등생들이 장애 여학생 성추행' 따위 기사들이 신문 사회면을 장식했다. 그야말로 '듣보잡'의 잔인무도한 10대 청소년 범죄가 잇따르고 있는 것이다.

여기서 벌어진 입을 다물지 못하게 하는 것은 크게 두 가지다. 먼저 고등학생보다 중학생 범죄자가 더 많다는 점이다. 또 하나는 반인륜의 흉악 범죄를 저지르고도 아이들이 죄의식을 느끼지 못해 경찰관들이 오히려 당황할 정도라는 점이다. 점점 낮아지는 연령층, 흉포화에 죄의식조차 없는 10대 범죄는 오늘날 심각한 사회문제가 되었다 해도 과언이 아니다.

이에 대해 서울신문(2017. 9. 12)은 전문가의 말을 빌려 "미디어가 끊임없이 만들어 내는 자극적인 것을 청소년들이 아무런 죄책감 없이 그대로 행동으로 옮기는 행태가 나타난다."고 지적했다. 또 "우리 사회에 학생들이 보고 배울 수 있는 롤모델이 없어진 것이 문제"라고 말했다. "아이들에 대한 근본적인 책임은 기성세대에게 있으며, 가정과 학교에 있기 때문에 사회적인 중재 노력이 병행돼야 한다."고 조언하기도 한다.

그 원인 분석이나 처방이 틀린 것은 아니지만, 그것은 근본적 시스템 개선에서 접근해야 할 문제이다. 개인적·부분적 문제가 아니라는 얘기이다. 그만큼 10대 청소년 범죄는 학교 교육에서의 원천적·구조적 문제를 안고 있는 셈이다. 특히 범죄 청소년들이 죄의식을 느끼지 못하는 도덕적 불감증에 이르러선 오늘 우리의 학교 교육을 되돌아보게 한다.

가령 아무리 폭력물에 노출되어 있다 하더라도 학교에서 가치관 교육만 제대로 이뤄진다면 학생들은 달라질 것이다. 상상 못할 그런 범죄를 저지른 학생이라도 최소한 죄책감은 가질 터이다. 공교육이 불신 받는 것은 좋은 고교나 대학을 많이 못 보내서가 아니어야 한다. 사람다운 사람으로 살아가게 하는 인성교육·전인교육을 제대로 하지 못하고 있기에 무너진 학교인 것이다.

그런데도 학부모들은 학교가 학원이 되기를 바라고 있다. 정부 역시 지난 10여 년 동안 국가수준학업성취도평가(일명 일제고사)니 방과후학교니 뭐니 하며 학교의 학원화에만 정성을 다하는 모습을 보여 왔다. 학교는 아주 자연스럽게 '찍히지' 않기 위해 학생들 성적 올리기 따위에만 매달린다. 초·중학교는 물론 심지어 국·영·수 보충수업을 하는 특성화고까지 있을 정도이다.

 학교는 상급학교 진학이나 사회 진출을 위한 전진기지이기도 하지만, 원래 사람다운 사람을 길러내는 곳이어야 한다. 마침 문재인 정부가 새로 출범했다. 성적 올리기 등 입시에만 올인하는 학교 교육 시스템이 가히 혁명적으로 개편되길 기대한다. 바야흐로 사람다운 사람을 길러내는 학교의 본래 기능이 복구되도록 만전을 기해야 할 때다.

 물론 범죄 학생들을 비호하려는 생각은 추호도 없다. 또 10대 청소년 범죄는 극히 일부일 수도 있다. 처벌이 능사는 아닐 수도 있지만, 10대 청소년 범죄에 대해선 지금 공론화가 뜨거운 소년법 폐지를 비롯해 보다 강력한 처벌 병행도 필요해 보인다. 한번 삐끗하면 일생을 망칠 수 있다는 경각심을 갖게 해줄 법의 엄중함 역시 학교에서의 인성교육 못지않게 중요하다.

〈전북연합신문, 2017. 10. 26〉

## 열린 혼불문학상 시상식 돼야

지난 20일 전북대학교 박물관 앞 야외무대에서 열린 제7회 혼불문학상 시상식은 장하고 대견해 보이기까지 했다. MBC 노조원들의 총파업으로 방송 파행이 심화된 가운데 열린 행사여서다. 참고로 혼불문학상은 전주 출신으로 요절한 '혼불'의 작가 최명희의 문학정신을 기리기 위해 전주 MBC가 2011년 제정·시상해 오고 있는 상이다. 당선작 상금이 자그마치 5,000만 원이다.

그래서 그런지 자세히 알 수는 없지만, 올해 역대 최고인 282편의 장편소설이 응모되었다고 한다. 지방 방송사로선 선뜻 나서기 쉽지 않은 대형 프로젝트를 전주 MBC가 벌써 7년째 해오고 있다. 수상작은 단행본으로 발간, 광고와 함께 판매도 하는데 출판사가 방송사에 얼마를 후원하는지는 자세히 알지 못한다.

전주 MBC는 혼불학생문학상도 주최하고 있다. 2011년 첫 공모전에서 내가 지도한 군산여상 제자가 장원을 수상해 나름 인연이

닿은 상이기도 하다. 지금은 따로 하지만, 그때만 해도 혼불문학상과 혼불학생문학상 시상식이 같이 열렸다. 응당 시상식에 초대 받았지만, 참석이 여의치 않아 학생만 보냈던 기억이 난다.

사실 나는 초대장을 보내와도 이런저런 시상식장에 잘 가지 않는 편이다. 여기저기 얼굴 드러내길 일상으로 하는 정치인이 아니고 작가는 오로지 글로 말한다는 신념 때문이다. 그런 나라면 초대장을 받지 않았으니 당연히 갈 일이 없어야 했다. 그런데도 제7회 혼불문학상 시상식에 가보고 싶었다. 시상식 소식을 신문에서 처음 접하고 여러 번 고민 끝에 내린 결론이다.

내가 제7회 혼불문학상 시상식에 굳이 간 것은 "군침이 저절로 흐르는 수작(秀作)이다"는 수상작 '칼과 혀'의 작가가 누군지 궁금했고, 평론가를 떠나 시민이나 시청자의 한 사람으로 나름 축하하기 위해서였다. 마침 문순태 소설가가 심사위원장이어서 오랜만에 만나 뵙는 게 좋을 듯한 또 하나 큰 이유가 있기도 했다.

그런데 웬걸 시작 20분 전쯤 도착한 전북대 삼성문화회관 야외무대 시상식장엔 아무도 없었다. 장소가 변경된 것이었다. 그곳에 시상식장 변경 내용이 안내되었더라면 아마 그럴 수도 있지 하며 덜 황당했을 것이다. 주변엔 나처럼 황당해하는 몇 사람이 더 있었다. 결국 방송사로 전화를 걸어 변경된 시상식장으로 가니 막 전주 MBC 사장 환영사가 진행되고 있었다.

도지사를 대신한 정무부지사·전주시장·남원시장·전북대학교 총장의 축사 등이 이어졌다. 오케스트라 연주와 판소리합창단의 노래, 춤사위 들이 심사평과 시상 앞뒤로 펼쳐지는 등 음악제를 겸한 시상식은 1시간 20분이나 계속되었다. 야외무대인 데다가

방송사 주관이라 그런지 여느 시상식에서 보지 못한 뭔가 장중함이 느껴졌다.

그러나 외형적인 그런 느낌과 다른 어떤 불쾌감이 시상식 내내 떠나지 않았다. 뭔가 닫힌 듯한 축하객 맞이가 그랬다. 우선 방명록이 없어 좀 의아했다. 그거야 그럴 수도 있지 하며 이해하려는데, 안내석에 앉은 관계자가 "어디서 왔냐?"고 물어왔다. "어서 오세요. 와주셔서 감사합니다."라는 인사 대신 들은 말이어서 순간 나도 모르게 당황했다.

초대장 없이 왔다는 나의 대답에 그는 더 이상 관심을 두지 않는 태도였다. 축하객들을 친절하면서도 자세하게 환대해주는 시상식은 아니었다. 시상식장을 바라보니 그런 생각이 확실해졌다. 의자들이 둘러싼 탁자에 놓인 종이 명패가 대표적이다. 수상자와 심사위원, 축사할 기관장 정도만 이름을 적어놓으면 될 것을 탁자가 놓인 모든 자리가 그랬다.

빈자리가 듬성듬성했지만, 그 자리에 앉을 수 없었다. 고작 60명 남짓한 시상식 참석자들이 수상작 소설집이나 기념품 에코백을 받은 축하객과 그렇지 못한 사람으로 나뉘거나 갈린 모습이었다. 그것은 자연스럽게 구분이 되었고, 차별이란 느낌을 주기에 충분했다. 아무것도 받지 못한 나는, 그러니까 제7회 혼불문학상 시상식 불청객이었다.

'초대합니다'라는 안내장만 보고 시민의 한 사람으로서 축하하고자 시상식장에 간 나의 잘못일까? 그럴망정 그 어떤 데서도 보지 못하고 겪지 않은 아주 희한한 풍경이었다. 전주에서 열린 전국적 행사인데도 시민들과 함께하기는커녕 지역의 대표급 문화예술인들조차 없는, 그야말로 그들만의 제7회 혼불문학상 시상식이었던 셈이다.

앞으로는 열린 혼불문학상 시상식이 되었으면 한다. 기관장들의 축사보다 오히려 더 많은 지역민들이 찾아와 축하하고 "그렇지 우리 고장엔 '혼불'의 작가 최명희가 있었지" 하는 깨달음과 동시 자부심도 가질 수 있는 그런 혼불문학상 시상식 말이다. 하객 모두를 차별하지 않는 혼불문학상 시상식이 되길 기대한다.

〈한교닷컴, 2017. 10. 25〉

## 진짜로 대통령 잘 뽑아야

　이명박 대통령 5년 동안 펴낸 산문집만 '너희가 선생님이냐'·'인간의 도리'·'깜도 안 되는 것들이' 3권이다. 그중 2013년 1월 펴낸 '깜도 안 되는 것들이'의 '저자의 말'엔 "10년 만에 정권을 교체한 감격에 겨워 진짜 열심히 해볼 생각이었겠지만, 그러나 이명박 정부 5년은 한 마디로 역주행시대였다"는 대목이 있다.
　모든 걸 30년 전쯤으로 역주행하던 이명박 정권이 잘한 것은 딱 한 가지다. 글쎄, 내가 여상교사여서 그랬는지 모르겠지만, 특성화고 학생들이 은행 등 금융권이나 공기업 사무직에 고졸만으로 들어갈 수 있게 문턱을 대폭 낮춘 정책이 그것이다. 실제로 여상 제자들은 반도체나 디스플레이 오퍼레이터가 아닌 신의 직장에 거뜬히 취업하곤 했다.
　전직 대통령 5년 차를 다 채워가는 자연인 이명박을 새삼 떠올리는 것은, 그러나 그 때문이 아니다. 국정원 개혁발전위원회에서 속속 밝히고 있는 국가기관의 댓글부대 여론조작, 문화예술인 블랙리스트, 방송장악, 박원순 제압문건 등이 사실로 드러나고 있어서다. 국정원이 선거 개입도 모자라 정권에 비판적 문화예술인들을 적으로 규정하고 공작했다니, 전율할 지경이다.

내가 '블랙리스트'라는 제목의 칼럼을 처음 쓴 것은 이미 4년 전이다. 이명박 정권 초창기 방송인 김제동과 김미화 퇴출, 배우 김여진의 방송사 2곳 출연 금지 사례를 통해 당시 소문만 무성했던 블랙리스트 실체에 다가간 칼럼이었다. 그 블랙리스트가 국정원 공작에 의해 자행되었고, VIP에게도 보고되었다니, 수감 중인 박근혜 전 대통령으로선 '왜 나만 갖고 그러냐.' 항변이 나올 법하다.

특히 2011년 5월 보수 성향 인터넷 카페에 게시한 '공화국 인민배우 문성근·김여진 주연, 육체관계'는 그 저열함이 절정을 치닫고 있다. 배우 문성근과 김여진이 나체로 누워있는 합성사진은 그 자체만으로도 '헛지랄'이라 치명적인데, 거기에 더해 인민배우라니! 그러고도 그들이 국민의 직접선거로 뽑힌 대통령이고, 그 수하들인지 의구심이 가시지 않는다.

가만 직접선거는커녕 탱크를 앞세워 스스로 권좌에 오른 전두환 전 대통령 시절에도 '공화국 인민배우 문성근·김여진 주연, 육체관계' 같은 그런 공작이 있었단 얘기는 들어본 적이 없지 않나? 물론 5·18광주민주화운동을 폭동으로 몰고, 결국 정권을 잡은 신군부세력의 '오야붕'을 두둔하려는 건 아니다. 당시 헬기 사격과 발포명령자 등이 이제라도 밝혀지기 바랄 뿐이다.

따지고 보면 어느새 달포째인 공영방송 노조원들의 총파업도 이명박 정권의 방송장악에서 비롯된 불상사라 할 수 있다. 국민들은 왜 높고 푸른 가을 하늘 아래 그런 일을 겪거나 목격해야 하는지 지난 해 10월 29일부터 20회에 걸쳐 연인원 1,600만 명이 들고 일어난 촛불 정국을 떠올리게 된다. 이제 보니 대통령을 잘못 뽑아 당하는 국민의 고통은 그때만이 아니었다.

무엇보다도 이명박 정권의 정치보복의 쪼잔함은 박 전 대통령이 서러워할 정도로 차라리 한심할 지경이다. 왜 국민들은 그런 후보를 대통령이 되게 했나? 이명박·박근혜 전 대통령 모두 애먼 국민들 둘로 갈라 온갖 진로 방해의 탄압을 일삼았으니 그게 '보수 본색'인가. 그리고 보면 500만 표 이상 차이로 정권을 빼앗긴 대통합민주신당 대통령 후보와 당의 책임도 크지 싶다.

그런데도 저들은 "무슨 법적 근거로 특정 정권의 국가기밀을 뒤져 공개하는 건지 의문"이라고 말한다. 그렇다면 저들은 법적 근거가 있어 블랙리스트를 만들어 공작한 것인가? 또한 저들은 "대응할 가치가 없다"커니 "노 전 대통령의 한을 풀기 위해 정치보복을 한다."커니 신선놀음을 하거나 진실마저 호도하고 있다. 진짜로 대통령 잘 뽑아야 한다는 생각이 간절해진다.

〈전북연합신문, 2017. 10. 20〉

## 그 입 다물라

 민족의 대명절 추석을 맞아 긴 연휴가 이어졌지만, 결코 즐겁거나 행복하지 못했다. 연휴 직전 연일 쏟아진 이명박(MB) 정권의 적폐 사실 공방이 추석 내내 잔상(殘像)으로 이어져서다. 정치권의 이른바 추석 밥상 민심을 노린 공방은 가히 머리가 지끈거릴 정도이다. 전임 대통령이 파면에 이어 재판을 받는 등 적폐 청산이 일단락되는 줄 알았는데, 이제 보니 그게 아니다.
 이명박 정권의 각종 불법행위는 오히려 박근혜 전 대통령 때보다 더 극악한 모습이다. 국가정보기관인 국정원이 아주 업(業) 삼아 조직적으로 치밀하게 댓글부대 여론조작과 선거 개입, 문화예술인 블랙리스트, 공영방송장악, 박원순 제압문건 등을 공작해온 것으로 밝혀져서다. 거기에 더해 국군사이버사령부의 댓글공작 내용이 청와대에 보고되고, 국군기무사령부까지 댓글부대를 운영한 사실이 드러났다.

지금까지 드러난 것만으로도 국기문란이요 헌정질서 유린 범죄인데, 이후 전개된 MB 측과 자유한국당 등 보수 야당 행태를 보면 참 어이가 없다. 가령 정진석 의원은 박원순 서울시장이 MB를 고소·고발하자 "부부 싸움 끝에 부인 권양숙 씨가 가출하고 혼자 남은 노 대통령이 스스로 목숨을 끊은 사건"이라는 막말로 7주기가 지난 노 전 대통령을 걸고넘어졌다.

한국당도 노 전 대통령 뇌물수수 사건 재수사를 촉구했다. "논란의 본질은 문재인 정부가 자행하고 있는 정치보복"이라는 대변인 성명도 내놓았다. 바른정당 하태경 의원은 "박원순 서울시장이 이명박 전 대통령을 선거전에 이용하려 한다."고 비판한 후 "고인을 상대로 무슨 재수사란 말인가. 한국당이 떠들면 떠들수록 적폐 청산 구호만 더 요란해질 것."이라며 "추한 입을 다물라."고 주장했다.

9월 28일 마침내 MB가 자신의 페이스북에 글을 올렸다. "안보가 엄중하고 민생 경제가 어려워 살기 힘든 시기에 전전 정부를 둘러싸고 적폐 청산이라는 미명 하에 일어나고 있는 사태를 지켜보고 있습니다. 이러한 퇴행적 시도는 국익을 해칠 뿐 아니라 결국 성공하지도 못합니다."라는 것이 핵심 내용이다.

온갖 역주행으로 민주주의를 30년 전쯤으로 되돌린 퇴행의 당사자가 그런 말을 하다니, 아직도 MB는 국민의 정치의식 수준을 제대로 읽지 못하는 듯하다. 그렇다면 "안보가 엄중하고 민생 경제가 어려워 살기 힘든 시기."이니 공작정치의 불법행위가 명백한 사실인데도 그냥 넘어가자는 말인가. 그때는 안보가 엄중하지 않고, 민생경제가 좋아 그딴 일들을 자행했단 말인가?

박근혜 전 대통령과 함께 이미 한 차례 탄핵당한 것이나 다름없는 한국당도 그렇다. 이명박 정권이 저지른 온갖 잘못을 바로잡으려는 적폐 청산을 사자(死者)까지 끌어들여 정치보복이라고 우기니 할 말을 잃는다. 그래도 "어제의 범죄를 벌하지 않는 것은 내일의 범죄에 용기를 주는 것과 똑같이 어리석은 짓"이라는 알베르 카뮈의 말을 들려주고 싶다.

"권력을 잡았다는 이유로 없는 적폐를 기획하거나 인민재판 하듯이 정치 보복하는 적폐 청산은 또 다른 적폐."라고 주장한 이재오 늘푸른한국당 대표는 또 어떤가. 이명박 정권의 2인자로 불렸던 사람이 "없는 적폐를 기획하거나."라고 한 말은 충격적이다. 그렇다면 속속 드러나고 있는 이명박 정권의 온갖 불법 사실을 검찰이 조작이라도 했다는 말인가?

참으로 요상한 것은 똑같은 하나의 사실이 보수냐 진보냐에 따라 범죄 유무가 갈린다는 점이다. 새삼스러운 말이지만, 국정원이나 군(軍)의 정치적 중립이 헌법적 가치로 엄존한다. 그들이 댓글부대를 운영한 것은 보수든 진보든 명백한 범죄여야 하지 않나. 적폐 청산의 본질을 흐리고 대중 일반의 정치 혐오증을 부추기려는 저들의 뻔한 속내에 넘어가선 안 된다.

답답한 것은, 이미 지난 겨울 촛불 정국에서 목격했듯 저들이 잘못을 깔끔하게 인정하지 않는다는 점이다. 경향신문이 한국리서치에 의뢰해 실시한 여론조사에서 국민 77.9%가 '이 전 대통령을 수사해야 한다.'고, 70.7%가 '규명해야 할 사건에 대한 정당한 수사'라고 하는데, 저들만 그 모양이다. 제발 그 입 다물라.

〈전북연합신문, 2017. 10. 12〉

## 로또 수준의 우수출판콘텐츠 제작지원

 최근 한겨레(2017. 7. 5) 보도에 따르면 출판계를 대표하는 두 단체 대한출판문화협회(회장 윤철호)와 한국출판인회의(회장 강맑실)가 공동성명서를 발표했다. "이기성 한국출판문화산업진흥원장은 즉각 퇴진하고, 문화체육관광부(문체부)는 진흥원을 정상화하라"는 내용이다.

 한국출판문화산업진흥원(이하 진흥원) 이기성 원장은 지난 정권에서 임명된 인사다. "출판을 진흥이 아닌 통제의 대상으로 간주하던 박근혜 정부 시절 '출판 통제'의 일환으로 임명된 인사", 구 인물이란 얘기이다. 문화계 블랙리스트 등으로 문제가 됐던 한국문화예술위원회, 영화진흥위원회 위원장의 사표는 도종환 문체부 장관 취임 직후 수리된 바 있다.

 두 단체는 공동성명서에서 이 진흥원장이 "출판진흥기금 조성, 공공도서관 도서구입비 증액, 저작권법 개정과 판면권 문제, 도서

구입비 세제 혜택, 송인서적 문제 등 시급한 출판 현안에 대해 아무런 문제의식도 활동도 의지도 보여주지 못하고 있다"고 비판했다.

또 "각종 예산 낭비, 원장과 특수 관계에 있는 사업에 대한 편파적 지원 등으로 하는 일마다 구설에 오르고 있다."고 비판했다. "정부 예산 집행권을 바탕으로 민간 출판단체들이 벌여온 출판교육사업을 무력화하는 등 진흥원이 출판 발전에 걸림돌이 되고 있다"고 주장하기도 했다.

두 단체의 공동성명서에 나오는 내용을 시시콜콜 다 알 수 없지만, 진흥원의 주요사업 중 하나인 '우수출판콘텐츠 제작지원(이하 '제작지원')'에 대해선 자세히 들여다볼 필요가 있다. 한국문화예술위원회의 '아르코문학창작기금'이 오리무중인 데다가 진흥원의 각 분야 저자 및 출판사에 대한 제작지원 사업이 그야말로 로또 수준으로 전락해버렸다는 느낌을 받아서다.

지난 달 말 진흥원이 발표한 2017년 제작지원 선정 작품은 63편이다. 응모작은 선정 작품의 40배쯤인 2,508편으로 알려졌다. 이를테면 응모작의 고작 2.5%쯤만 선정하는 제작지원인 셈이다. 말이 좋아 지원이지 그것은 신춘문예 및 문학상 등에서 당선작을 뽑는 것이나 다름없는 공모전이라 해도 무리가 아닐 성싶다.

제작지원 사업 목적은 '우수한 출판콘텐츠 발굴'과 '출판 내수 진작'이다. 일단 2,508편 응모작 중 고작 63편 선정이 '우수한 출판콘텐츠 발굴'은 될지 몰라도 '출판 내수 진작'과는 거리가 멀어 보인다. 고작 63편 발간이 얼어붙은 출판시장에 아연 활기를 띠게 하리라 생각하는 출판인이나 저술가도 없을 것으로 보인다.

제작지원은 인문교양·사회과학·과학·문학·아동 등 5개 분야의 미발간 원고를 응모 받아 선정 작에 각 1천만 원(출판사 7백만 원, 저자 3백만 원)을 지급한다. 그러니까 고작 63편 선정은 예산이 6억 3천만 원에 불과함을 의미한다. 어느 한 분야만도 아니고 인문교양·사회과학·과학·문학·아동 등 출판 전반에 대한 정부 주도의 활성화 사업이 그 정도라면 대기업 메세나보다 못하지 않나?

더 의아한 것은 올해의 확 줄어든 예산이다. '우수출판콘텐츠 제작지원'이란 이름으로 사업을 실시한 2014년부터 2016년까지 3년 동안 해마다 예산은 14억 원으로 140편씩 선정했다. 블랙리스트 여파로 예산이 반 토막 이하가 되었는지 자세히 알 수 없지만, 그만큼 제작지원이 로또 수준으로 전락한 것은 분명하다.

무엇보다도 큰 문제는 선정에서 탈락한 2,445편의 저자들이 가질 자괴감 내지 상실감이다. 탈락을 계기로 더 분발할 저자도 있겠지만, 그보다 '내 글은 아무것도 아니란 말인가' 따위 자괴감 내지 상실감으로 술깨나 마신다면 그것이 정부가 할 일은 아니다. 그야말로 로또 수준으로 전락한 제작지원의 예산 확대와 지원방식이나 규모 등 전체적 개선책이 시급하다.

〈경향신문, 2017. 9. 29〉

## 동성결혼은 미친 짓이다

"김명수 후보자의 대법원장 임명을 단호히 반대한다!"

이것은 9월 15일 자 조선일보·동아일보 등 유력 일간지에 전면 컬러로 실린 광고의 제목이다. 9월 25일 6년의 임기가 시작된 김명수 대법원장은 이틀간 국회 청문회를 거쳤지만, '편향적 코드인사'라는 자유한국당과 바른정당 등 야당의 반대로 심사경과 보고서 채택이 무산된 바 있다. 그런 시점에 나온 유력 일간지 전면광고라 눈길을 끈다.

반대한다는 광고와 달리 김명수 후보자가 대법원장이 되었지만, 그 내용은 더 예사롭지 않다. 전면광고의 큼지막한 제목 앞에 "군대 동성애 허용, 동성결혼 합법화, 동성애 교육을 요구하는 학술대회를 개최하였음에도 국회 청문회에서 동성애 등을 특별히 공부하거나 생각한 바 없다고 거짓 답변을 한"이란 꽤 긴 수식어가 붙어 있어서다.

전면광고를 낸 주체는 '김명수 대법원장 임명에 반대하는 단체 일동'이다. 단체 일동은 '동성애 동성혼 개헌반대 국민연합'(동반연) 등 247개 시민단체라 되어 있다. 동반연은 국회 개헌특위에서 동성애 동성결혼을 합법화하려는 움직임에 강력하게 반대하기 위하여 개신교계가 앞장서서 지난 7월 27일 결성한 단체이다.

동반연 태동은 지난 해 12월 구성된 국회 개헌특위의 의견수렴 과정에서 예고됐다. 헌법 36조 1항의 "혼인과 가족생활은 개인의 존엄과 양성의 평등을 기초로 성립되고…"에서 "'양성'이란 표현을 빼거나 '성 평등'으로 바꾸자"는 주장(김은주 한국여성정치연구소장)이 제기되어서다. "동성결혼 불허요건으로 해석된다."는 이유에서다.

광고의 핵심은 12명 대법관 전원의 임명제청권과 헌법재판소 재판관 3명을 지명하는 막강한 권한의 자리이기에 김명수 후보자가 대법원장이 되어선 안 된다는 것이다. '국제인권법연구회' 초대 회장 경력을 근거로 김명수 후보자가 대법원장이 되면 대법원 대법관과 헌법재판소 재판관 3명이 동성애 동성결혼 찬성론자로 채워질 것이란 우려가 깔려 있기도 하다.

동성애 동성결혼 합법화로의 헌법 개정을 기정사실화 한 대응임을 알 수 있다. 일국의 사법부 수장 임명을 반대하는 이유가 그런 것이어서 좀 슬프지만, 동성애 동성결혼 합법화가 보수니 진보니 하는 정당 간 충돌의 문제는 아니라 생각한다. 결론부터 말한다면 인류가 생긴 이래 동성결혼은 미친 짓이기 때문이다.

우선 동성결혼 그 말은 자연의 섭리에 정면 배치되는 궤변일 뿐이다. 좀 속된 표현이지만, 여자도 남자처럼 서서 소변을 볼 수 있다고 우기는 것이나 다름없는 말이다. 좀 심각하게 말하면 지구 멸망을 자초하는 외계인 같은 소리이기도 하다. 그들 주장대로 전 인류가 동성결혼을 해 부부가 되면 어찌 되나. 아이는 시험관에서 가져와 대(代)를 이어나갈 것인가?

남자에겐 월경이 없다. 애당초 남자가 아이를 낳을 수 없게 만들어진 것이다. 그게 대자연의 법칙, 즉 순리(順理)이다. 소수자의 인권이니 권리니 해대며 순리를 거스르면 안 된다. 대자연은 인간의 환경파괴 등 인류에게 재앙이란 대가(代價)를 치르게 했다. 남자는 남자이고 여자는 여자인 것이 조물주의 뜻이다. 2세를 직접 낳아 기르지 못하는 동성결혼이 미친 짓인 이유이다.

무엇보다도 결혼생활이 말의 성찬만으로 이루어지는 건 아니다. 섹스가 결혼생활의 필수과정 중 하나이다. 동성 부부는 그냥 뽀뽀 정도로 만족하며 '하니'를 찾고 '달링'을 속삭이나! 성욕이 끓어 넘치면 이성지합(異性之合)을 할 수 없는 그들은 그 동물적 본능을 어떻게 감당하나. 야한 영화에서처럼 온갖 변태 행위가 난무해도 결과는 이미 정해져 있음인데….

초등학교부터 대학교까지 모든 교사·교수들에겐 또 하나 난제(難題)가 있음도 간과할 일이 아니다. 학생들에게 남자가 남자를 사랑해서 결혼하는 것도 기본권이니 괜찮다고 가르쳐야 하느냐는 것이다. 여자끼리 사랑을 해도 그 결실인 아기를 갖지 못할 게 뻔한데 "동성 부부도 이질적인 집단이 아니라 이성 부부와 다르지 않다."고 가르쳐야 하는가?

〈전북연합신문, 2017. 9. 28〉

# 힘내라, KBS·MBC 총파업!

지난 4일 공영방송 노조원들의 총파업이 시작되었다. 문재인 대통령이 취임 100일 기자회견에서 "저는 공영방송을 정권의 목적으로 장악하려 했던 정권도 나쁘지만, 그렇게 장악당한 언론에도 많은 책임이 있다고 생각한다."고 말하였기 때문만은 아니겠지만, KBS와 MBC 두 공영방송 노조 총파업에 하나의 동력으로 작용했을 법하다.

그런데 그 이전 MBC 김장겸 사장에게는 부당노동행위 혐의로 법원의 체포영장이 발부되었다. MBC 노조가 고발한 부당노동행위 혐의에 대해 조사할 것이 있으니 나오라는 검찰의 몇 차례 소환에 불응하자 나온 조치였다. 참고로 부당노동행위는 사용자가 노동자의 단결권·단체교섭권·단체행동권 행사를 방해하는 걸 말한다. 가령 파업 참여자에게 주는 인사 불이익이 그것이다.

이에 사 측은 "공영방송 MBC를 장악하기 위한 정권의 탄압이

사장 체포영장 발부로 노골화됐다. 자기편이 아닌 언론인들을 싹 쓸이 대청소하겠다는 것은 명백한 언론 탄압"이라며 강하게 반발했다. 그렇다면 전국 18개 지부를 포함한 MBC 노조원 1,500여 명은 결방이나 시간 단축 등 방송 파행을 무릅쓴 채 지금 '뻘짓'을 하고 있다는 말인가?

검찰에 마지못해 출석해 혐의를 전면 부인한 것으로 알려진 김장겸 사장은 "공영방송이 무너졌는지는 대통령과 정치인이 판단할 문제라고 보지 않는다."(경향신문, 2017. 8. 24)는 주장까지 했다. 그런 주장을 이명박 정권의 방송 장악 시절에 펼치고 소신대로 했다면 2012년 공영방송 노조의 총파업은 일어나지 않을 수도 있었을 텐데….

그런데 느닷없이 자유한국당은 1주일 만에 복귀하긴 했지만, 김장겸 체포영장 발부에 항의해 정기국회 보이콧과 장외 투쟁을 벌였다. 자유한국당 전신인 새누리당이 집권당으로써 이명박 대통령 이후 9년간 정권의 방송 장악을 실현한 사실이 다 알려져 있는데, 그런 적반하장이 있을 수 없다. 그야말로 똥 묻은 개가 겨 묻은 개 나무라는 격이다.

이명박 대통령 때처럼 정권이 자기 입맛에 맞는 사장을 임명하여 방송을 장악하는 일이 다시 벌어져서는 안 되지만, MBC 사 측이나 자유한국당 주장처럼 일련의 공영방송 사태가 언론 탄압으론 보이지 않는다. 거기서 중요한 것은 지난 촛불혁명에서도 드러났듯 국민들로부터 외면받은 공영방송 구성원들이 5년 만에 다시 총파업을 벌이는 이유이다.

그들의 주장처럼 대통령이나 정치권이 나선 것이 아니다. 공영방송 노동자들이 대거 나서 파업을 벌이고 있다. 심지어 MBC에선 구내식당 직원들까지 파업에 동참했다는 소식이 전해졌다. 더이상 파업의 엄중함이 있을 수 없다. 그런 시시비비를 떠나서도 프로그램 결방 등 방송 파행이 빚어지고 있다면 응당 그 책임은 사장이 지는 게 아닌가?

게다가 KBS와 MBC 간부들까지 보직을 줄사퇴하고 있단다. '동시 파업 임박한 KBS·MBC, 경영진 퇴진만이 해법이다.', '공정방송을 위한 KBS·MBC 총파업을 지지한다.', '국민의 방송 전환점 돼야 할 KBS·MBC 총파업' 같은 신문 사설도 볼 수 있다. 그 사설에는 "양대 공영방송 사장 퇴진에 찬성한 사람이 60%를 넘었다"는 '미디어오늘'과 ㈜에스티아이의 여론조사 내용도 있다.

현직 대통령이 탄핵과 함께 구속 기소되고, 조기 대선에 의해 정권교체가 이루어졌다. 세상이 확 바뀌었는데, 유독 공영방송만은 5년 전 총파업을 다시 재현하는 지경이 되었다. 깨어있는 국민이라면 누구 잘못인지, 무엇이 문제인지 명확히 드러나 있는데도 유독 방송사 사장이나 이사진만 모르고 있는 것 같다.

MBC는 '이브닝뉴스' 자막 등 알림을 통해 파행 방송에 대한 사과와 함께 "프로그램이 조속히 정상화될 수 있도록 노력하겠습니다."고 밝히고 있다. 파업한 수만큼은 아니더라도 2012년처럼 대체 인력을 새로 뽑아 정상화하려는지, 무슨 노력을 하겠다는 것인지 자세히 알 수 없지만, 노조에 따르면 사장 퇴진만이 해법의 길이다. 국민 10명 중 6명 이상이 동의하는 길이기도 하다.

사람이 잘못을 할 수는 있다. 중요한 것은 그것을 깨닫고 반성하는 일이다. 그래야 사람이다. 범죄 혐의로 검찰에 소환되면서도 잘못한 것이 없다고 강변하는 사람들이 많지만, 포토라인에 선 김장겸 사장이 "정권 편에 선 무소불위 노조를 상대로 부당노동행위를 했겠습니까."라고 말하는 걸 보니 5년 전보다 더한 총파업이 되지 않을까 걱정된다. 그래도 힘내라, KBS·MBC 총파업!

〈전북연합신문, 2017 .9. 21〉

# 제3부

## 공영방송 총파업을 지지하는 이유

지난 4일 KBS와 MBC 두 공영방송 노조가 동시 총파업에 들어갔다. 전국언론노조 MBC 본부(MBC노조)는 이날 오후 2시 전국 18개 지부 조합원 약 1500명이 서울 마포구 상암동 사옥에 모여 파업 출정식을 가졌다. 이들은 '김장겸 사장 사퇴'와 함께 "김장겸 체제를 떠받친 지역 문화방송 경영진도 함께 사퇴하라."고 목소리를 높였다.

전국언론노조 KBS 본부(KBS 새 노조) 조합원들은 같은 날 오후 3시 서울 여의도에서 파업 출정식을 열었다. 1,000여 명의 조합원들은 "새 노조 총파업으로 고대영 체제 청산하자!" 등의 구호를 외치며 경영진 사퇴를 촉구했다. 7일 KBS 노동조합(1노조)까지 파업에 돌입, 전체 참여 인원은 3700여 명에 이르렀다는 보도이다.

성재호 KBS 새 노조위원장은 "고대영(사장)과 이인호(한국방송 이사장)는 독선적인 정책과 인사로 조직을 망쳤고, 정권에 부역하며 국민을 속였다"며 "신뢰를 잃은 공영방송에서 생존을 위해 싸우려 한다."고 말했다. 김연국 MBC 노조위원장은 "MBC는 이미 철저하게 파괴되고 폐허가 됐다. 방송을 잠시 멈추고, 완전한 승리로 국민에게 최고의 공영방송을 돌려드리겠다는 각오로 파업에 임할 것"이라고 말했다.

KBS와 MBC 노조가 총파업에 돌입한 것은 5년 만의 일이다. 2012년 당시 파업은 각각 이명박 대통령 후보 캠프 MBC 김재철, 특보 출신 KBS 김인규 사장에 대한 퇴진운동이었다. 1월과 3월 각각 파업을 시작한 MBC 노조는 170일, KBS 노조원들은 93일 만에 업무에 복귀했다. 핵심 요구 조건인 김재철·김인규 사장 퇴진을 이끌어내지 못한 채였다.

이를테면 그때 실패한 파업을 5년 만에 재개한 셈이다. 이번에도 그들의 파업 이유는 한 마디로 사장 퇴진과 공영방송 정상화다. 현직 대통령이 탄핵과 함께 구속 기소되고, 조기 대선에 의해 정권교체가 이루어지는 등 그야말로 세상이 확 바뀌었는데, 유독 공영방송만은 5년 전 총파업을 벌이던 때와 다름이 없다는 반증이다. 정권교체의 무풍지대란 생각이 떠나지 않는다.

다른 점이 있다면 "고대영·김장겸 퇴진은 돌이킬 수 없는 시대의 흐름이다. 이 싸움은 이길 수밖에 없는 싸움"이라는 노조원들의 총파업에 대한 인식과 확신이다. 가령 MBC의 경우 93.2%가 총파업에 찬성하는 사상 초유의 찬성률을 보였다. 또한 한국방송학회·한국언론학회·한국언론정보학회 등 3대 언론학회 소속 언론·방송학자 467명도 이날 공동성명을 내고 "MBC·KBS 사장 및 이사장 등은 즉시 물러나야 한다."고 밝혔다.

그뿐이 아니다. MBC노조와 KBS 새 노조는 총파업 이틀째인 5일 오후 2시 200여 개 시민단체로 구성된 'KBS·MBC 정상화시민행동'과 함께 정부과천청사 앞에서 "공영방송을 망친 책임을 두 방송사의 사장들에게만 묻는 것으로 그쳐서는 안 된다. 지난 정부 시절 공영방송이 정권홍보 방송으로 전락한 이유는 국민 일반 상식과 너무 동떨어진 편향된 사고를 하는 인사들이 공영방송의 주요 의사결정을 해왔기 때문"이라는 기자회견을 열었다.

기자회견 후 양사 노조는 '적폐 이사'로 규정한 방송문화진흥회(방문진) 고영주 이사장·김광동 이사, KBS 이인호 이사장·조우석 이사에 대한 파면 요청을 시민 10만 4,004명의 청원서와 함께 방송통신위원회 관계자에게 전달했다. 6일엔 참여연대, 민주언론시민연합 등 500여 개 시민단체가 모인 시민사회단체연대회의가 서울 광화문 세월호 광장에서 공영방송 정상화를 위한 파업 지지 기자회견을 열었다.

같은 날 부산환경운동연합 등 57개 단체, 89개 단체로 구성된 국민주권실현 적폐 청산 대전운동본부, 60여 개 시민단체가 모인 KBS·MBC 정상화를 위한 전북지역 시민사회단체 등 지방에서도 파업지지 기자회견이 잇따라 열렸다. 그럼에도 방문진의 유의선 이사가 사퇴했다는 소식이 전해졌을 뿐이다. 두 공영방송 사장이나 이사장의 자진 사퇴 소식은 들리지 않고 있다. 현재로선 총파업이 언제까지 갈지 암담하고 답답한 지경이다.

파업 2주를 넘기면서 프로그램 결방이나 축소 방송 등 파행이 불가피해졌지만, 공영방송 정상화를 위해서라면 감내할 수 있어야 한다. KBS와 MBC 노조원 총파업이 그들만을 위한 생존투쟁이 아니기 때문이다. KBS와 MBC는 그냥 회사가 아닌, 국민이 주인인 공영방송이어서다. 두 공영방송 노조의 총파업을 지지하는 건 주권을 찾기 위해서다.

〈경향신문, 2017. 9. 20〉

## 너희가 교수님이냐

'너희가 선생님이냐'·'너희가 교장 선생님이냐'에 이어 '너희가 교수님이냐'를 다시 쓴다. '너희가 교수님이냐'를 처음 쓴 것은 1999년 12월 30일이다. 연세대학교 음대 강 모 교수의 입시부정 사건이 일파만파로 번지던 시기였다. 아니나다를까 입시비리는 연세대만이 아니었다. 서울대·이화여대 등 10여 개 대학교수 16명이 입시 비리에 연루된 보도가 이어졌다.

그뿐이 아니다. 공대 교수들의 금품수수, 10여 개 대학교 총장과 병원장, 교수 27명이 고가 의료장비 도입 때 뇌물을 챙긴 범죄도 있다. 필자는 그런 교수 비리에 대해 개탄한다. "재단 측은 교수시켜준다며 거액의 금품을 요구하고, 교수는 교수대로 돈을 밝히는 데 혈안이 되어있는 게 이 땅의 대학교라면 너무 슬프다. 그런 대학을 가기 위해 아등바등하는 학생들은 더 슬프다"고.

그렇다면 지금은? 17년쯤 흘렀지만 별로 나아진 게 없다. 우선 최순실 국정농단사건과 블랙리스트 등에 연관된 일탈(逸脫) 교수들을 들 수 있다. 멀쩡히 교수를 하다 관료가 된 그들은 너무 많이 언론에 오르내려 이름을 일일이 열거할 필요가 없을 정도이다. 대학교수로서 학자적 양심이나 합리적 지성 따위는 찾아볼 수 없는 민망한 모습이다.

응당 '대통령탄핵 유발자'라 할 정유라의 이화여대 입학·학사 비리에 가담한 범죄자 교수들도 빼놓을 수 없다. 그들 교수 9명은 이미 징역 2년에서 벌금형까지 소정의 처분을 받은 바 있다. 호가호위(狐假虎威) 권력에 대학교 총장을 비롯한 교수란 자들이 납작 엎드려 일사불란하게 움직였다니, 이 민주시대에 여전히 믿기지 않는다.

그뿐이 아니다. 동아일보(2016. 8. 10)에 따르면 고려대 A 교수는 술에 취한 대학원생 여제자를 연구실로 데려가 성폭행했다. A 교수는 경찰 조사에서 처음엔 성관계 자체를 부인하다 DNA 증거 등이 나오자 "합의해 성관계를 맺었다"고 진술을 바꿨다. 제자가 서울 해바라기센터에 성폭행 사실을 알리고 경찰에 고소장까지 내 입건됐는데 그 모양이다.

전북도민일보(2016. 10. 12)에 따르면 군산의 한 대학교수는 노래방에서 같은 학과 여조교의 신체 일부를 더듬고 유사성행위를 강요한 혐의로 불구속 입건됐다. 또 익산 어느 대학 C 교수는 개강파티에 참석해 여학생들의 허벅지를 만지는가 하면 강의 중 "향락에 빠져 사창가에서 몸을 파는 사람들과 다를 바 없다. 다음 생에는 개, 돼지로 태어날 것이다" 같은 거친 언행은 물론 편파적인 방법으로 학점을 매긴다는 글이 SNS에 익명 제보되기도 했다.

한겨레(2017. 6. 16)에 따르면 서울대 국문과 박 아무개 교수는 대학원생 제자의 논문을 표절한 것으로 밝혀졌다. 국문과 교수 18명은 박 아무개 교수에게 '공개사직권고' 결정을 내렸다. 표절 혐의와 관련해 특정 학과 교수들이 동료 교수에게 공개적으로 학교를 그만두라고 한 것은 이번이 처음이다. 한편 박 아무개 교수는 학부생 리포트 표절 의혹도 제기되었다.

한국일보(2017. 6. 19)에 따르면 서울 J대 대학원 A 교수는 2008년부터 2016년까지 정부 지원 42개 연구 과제를 진행하면서 연구원으로 등록된 제자 20여 명의 인건비 3억 7,400만 원을 꿀꺽했다. 강원 지역의 어느 사립대 B 교수 역시 2012년부터 4년간 14개 정부 지원 연구개발과제를 수행하면서 연구에 참여한 학생들에게 지급된 인건비 1억 6,800만 원을 빼돌렸다.

연합뉴스(2017. 8. 28)에 따르면 강원도 모 국립대 A 교수는 2011년 11월부터 2015년 2월까지 석·박사 논문 관련 대학원생 31명으로부터 논문 심사비와 실습비 명목으로 5천 890여 만 원을 챙겼다. 또 2010년 1월 중순부터 2014년 9월 중순까지 연구 과제에 참여한 대학원생의 인건비 등 5천 500여 만 원을 가로챈 것으로 드러났다.

이상은 최근 1년 동안 언론에 보도된 각종 몹쓸 짓을 한 교수들 모습이다. 비리 교수 퇴출은 당연한 귀결이다. 교수사회는 초·중·고 교단과 함께 우리 사회의 양심이 살아있어야 하는 곳이어야 하기 때문이다. 아무리 세상이 시궁창이라 해도 교수는 지성의 상징이고 양심의 보루여야 한다. 그러지 못하니 '너희가 교수님이냐'를 반문하지 않을 수 없는 것이다.

〈전북연합신문, 2017. 9. 8〉

# 너희가 교장 선생님이냐

교사로 있으면서 '너희가 교장 선생님이냐'는 다소 도발적 제목의 칼럼을 처음 쓴 것은 2010년 4월이다. 그전에도 '뭐, 저런 교장이 다 있나'·'제왕적 교장을 경계한다.'·'교장 선생님들 왜 이러나'를 썼다. 그 후엔 '그러고도 교장선생님이냐'는 비판적 칼럼을 쓰기도 했다. 그것들이 신문에 발표되었을 때 이런저런 전화를 받았다. 후련하다는 교사들도 있었지만, 대개는 교장들 항의 전화였다.

교장을 주인공으로 하거나 관련된 글이 여러 편인 이유는 단 하나다. 잊을만하면 그들의 비리가 세상에 알려지곤 해서다. 그때마다, 그러니까 도저히 그냥 묵과하고 넘어갈 수 없을 때마다 환기 차원에서 칼럼을 쓰곤 했다. '너희가 교장 선생님이냐'를 쓰던 당시는 국민권익위원회가 국·공립 학교장의 재산등록 의무화를 추진하던 시기였다.

대다수 교장 입장에선 일견 억울하다는 반응을 보일 법했지만,

얼마나 금품수수의 개인 비리가 자심했으면 그랬을까 싶기도 했다. 어쨌든 본인은 물론 배우자, 자녀의 재산 형성과 내역을 낱낱이 신고해야 하는 재산등록 의무화는 교장들을 잠재적 범죄자로 보고 취한 비리 근절책이라 할 수 있다. 새삼 각 학교 교장들의 비리를 떠올리지 않을 수 없게 만드는 조치였다.

극히 일부라는 점이 그나마 다행이지만, 교장 비리의 대표적 유형은 금품수수이다. 가령 일단 승진 대가(代價)로 윗선에 검은돈을 쓴다. 소위 '물 좋은' 자리를 위해서도 검은돈을 아낌없이 쓴다. 교장이 되어선 이미 써버린 그 돈을 벌충하기 위해 시설공사, 방과 후 학교, 근무평가 부과 등 영역을 가리지 않고 마구 거둬들이는 식이다.

언론에 보도가 되지 않아 말할 사람이 있을지 모르지만, 그러나 이후 교장의 금품수수 비리는 어느 정도 잦아든 것으로 보인다. 대신 다른 구설로 교장들이 언론에 오르내리고 있다. 2년 전 세상을 떠들썩하게 한 서울의 어느 공립고 성추문 사건에서 보듯 '또라이' 교장도 그중 하나이다. "교무부장이 노래방서 더듬는데… 교장은 보고도 놔둬."라는 제목의 신문 기사가 있을 정도였으니까.

이른바 갑질도 교장의 새로운 비리로 부각되고 있다. 언론 보도(전북일보, 2017. 8. 2.)에 따르면 전북 어느 고등학교 A 교장은 교원 인사와 관련해 교사들에게 부당한 압력을 가하고, 인격 모독성 폭언도 서슴지 않았다. 또 A 교장은 동료 교사들이 보는 앞에서 교감에게 서류뭉치를 던지거나 "교감은 뭐 하는 사람이냐"고 질책했다.

이 때문에 일부 교사들은 정신적 피해와 스트레스를 호소하며 병가·휴직에 들어가거나 다른 학교로 옮겨간 것으로 나타났다.

교장 갑질은 사실 나의 명예퇴직에도 일정량 빌미를 주었다. 33년째 선생을 하며 처음으로 근태상황, 심지어 시험문제 출제까지 체크를 당한 건 신문에 발표한 칼럼 '참 나쁜 담임 업무배제'에 따른 보복의 갑질이었다.

할 만큼 한 나야 교단을 떠나면 그만이지만, 아직 창창한 교사들은 그게 아니라 문제다. 왜 그런 말도 안 되는 고통에 시달리며 교직을 수행해야 하는지 속된 말로 미치고 팔짝 뛸 일이다. 그런 교사들이 학생들을 제대로, 그리고 온전히 가르칠지 의문이라 또 문제다. 최근 불거진 육군 대장이나 기업체 회장 갑질과 함께 적폐 청산 차원에서의 접근이 필요해 보인다.

교장의 역할은 크고 막중하다. 교장이 어떤 교육관과 무슨 사고방식을 가졌느냐에 따라 학교가 달라진다. 열린 학교인지 닫힌 학교인지, 교장의 가치관에 직접 노출된 학생과 교사들은 금방 알아챈다. 물론 그들의 교장이 되기까지 남다른 노력을 폄하할 생각은 없다. 일신상 출세를 위해서였든 무엇이었든 그들이 난 사람인 건 분명하다. 그야말로 교장은 아무나 하는 것이 아니다. 그래서 비리 교장을 대하는 마음이 더 착잡한지도 모른다.

세상이 시궁창 같다고 하여 그곳에 빠지는 걸 예사로 여기고 당연시한다면 하나의 인간이긴 할망정 이 시대가 요구하는 교장은 아니다. 교장은 범죄에 쉽게 빠져드는 보통의 필부(匹夫)여선 안 된다. 적어도 '너희가 교장 선생님이냐'는 세간의 비난을 들어선 안 된다. 말할 나위 없이 우리 아이들의 미래가, 대한민국 교육의 청사진이 교장 선생님 그들에게 달려있기 때문이다.

〈전북연합신문, 2017. 8. 30〉

## 걱정된다, 고교학점제

최근 정부가 발표한 교육 분야 국정과제를 보면 문재인 대통령 5년간 고교 교육이 크게 바뀔 것으로 보인다. 학생들이 원하는 과목을 골라서 듣는 고교학점제와 가정 형편과 상관없이 모든 학생들에게 입학금·수업료·교과서비 등을 지원하는 고교 무상교육이 실시될 예정이어서다. 그 외 대학 입시에서는 고교명을 드러내지 않는 '고교 블라인드 면접'이 도입되기도 한다.

문재인 대통령의 제1호 교육공약인 고교학점제는 내년 시범학교 도입에 이어 2022년 전국 고교에서 전면 시행된다. 1학년은 반드시 이수해야 하는 필수과목을 수강하고, 2~3학년 때 대학생처럼 본인이 원하는 과목을 선택해 강의 받는 것이 핵심 내용이다. 이때 시간표는 당연히 학생들마다 제각각이 된다.

교육부는 "고교학점제 전면 적용을 위해 현재 상대평가인 고교 내신 산출 방식을 절대평가로 바꾸는 방안도 함께 추진하겠다."고 밝혔다. 또 "고교학점제 전면 적용 대상인 현 초등학교 5학년생들이 대학 진학 때 고교학점제에 맞춘 대입 전형을 치를 수 있도록 중장기 대입제도 개선 방안을 마련하겠다."고 밝히기도 했다.

고교학점제는 '과목 전면(全面) 선택제 교육과정'을 운영한다는 점에서 가히 혁명적인 제도라 할 만하다. 학교가 짜놓은 시간표대로 학생들이 수업을 받는 지금과 완전히 다른 시스템이기 때문이다. 그만큼 더 많은 교실과 교사 확보가 과제로 대두되고 있음은 말할 나위 없다. 교사의 경우 지금보다 훨씬 복잡한 업무가 예상되기도 한다.

보도(경향신문, 2017. 7. 20)에 따르면 이 제도를 먼저 경험한 학교들은 "과도한 입시 부담을 덜고 진로와 적성에 따른 수업을 할 수 있어 학생들이 흥미를 가지고 수업에 참여한다."고 입을 모은다. 선영규 도봉고등학교 교무부장은 지난 달 국정기획위와의 간담회에서 "학생들의 실질적 선택권을 보장할 수 있는 게 가장 큰 장점"이라며 "학생들의 만족도가 올라갔고, 학급 단위로 발생하는 따돌림 같은 문제도 줄었다"고 말했다.

그러나 입시에 유리한 과목으로 선택이 몰릴 것이라는 우려도 따른다. 교사들이 자신의 전공과목 아닌 교과목을 가르쳐야 할 수도 있다. 학생 수가 적은 학교들은 운영하기 어렵다는 점도 문제다. 한국교원단체총연합회가 지난 6월 말 전국 초·중·고 교원 2,077명에게 물었을 때 고교학점제에 부정적이라는 응답은 47.4%였다. 긍정적이라는 응답 42.3%보다 조금 많았다.

그런 우려 외에도 걱정되는 것도 있다. 2009년 갓 부임한 어느 특성화고등학교에서 근무할 때 직접 겪은 일이다. 나는 1학년 국어와 3학년 문학 수업을 했다. 그런데 3학년 수업은 출석조차 부르기 힘들 정도였다. 자는 것을 넘어 아예 의자에 누워버리는 학생도 있었다. 한 마디로 무너진 교실 그 자체였다. 속된 말로 미치고 팔짝 뛸 일이었다.

3학년들의 그런 태도를 의아해한 또 다른 이유가 있었다. 학교마다 조금씩 운영방식이 다르지만, 그때 문학 수업은 학생 선택이었다. 대학에서처럼 본인 선택으로 여러 반 학생들이 문학 수업을 받았던 것. 예컨대 7~10반의 문학과목 선택 학생들이 지정된 교실에 모여 강의를 듣는 식이었다. 그런 문학 수업인지라 학생들 태도를 더더욱 이해할 수 없었다.

더구나 나로선 훌륭한 전통의 특성화고등학교라는 명성을 익히 들었고 그 토양과 학생들 자질을 믿고 자원하다시피하여 간 학교였기에 배신감이 들기까지 했다. 일단 큰소리를 쳐보고, 뒤로 나가 손 들고 있게 하는 벌도 주었다. 나중엔 전 학생이 책상 위로 올라가 무릎 꿇게 하고, 심지어 도대체 왜 그러는지 반성문까지 써보게 했다.

알고 보니 반강제적 선택 영향이 컸다. '문학' 외 '국어 생활'이 또 다른 선택과목이었는데, 많은 학생들이 본인 의사와 상관없이 억지춘향 식으로 문학 수업을 받게 된 것이었다. 다음 해 바뀐 교육과정에 의해 학생 아닌 학교가 선택한 문학 과목만 수업했을 때 놀랍게도 무너진 교실은 온데간데없이 사라져버렸다.

결국 학생들의 실질적 선택권을 보장해주는 것만이 속된 말로 장땡이거나 전부는 아니라는 얘기다. 교실과 교사 확보 등 외형적 기반 조성은 더 말할 나위 없이 당연한 일이다. 위 사례에서 보듯 그로 인한 부작용이나 문제점을 충분히 천착하고 보완해 '차라리 하지 않음만 못하다'는 비판이 쏟아지지 않는 고교학점제가 되길 기대한다.

〈전북연합신문, 2017. 8. 23〉

## 너희가 선생님이냐

　내가 '너희가 선생님이냐'는 제목의 칼럼을 처음 쓴 것은 18년 전 한별고등학교 교사 시절이다. 나는 1999년 8월 나의 18번째 책 '교단을 떠날 각오를 하고 쓴 교육 개혁비판'이 메이저 출판사에서 발행돼 MBC TV 시사프로그램 출연 등 제법 유명세를 타던 중이었다. 바로 그 책에 '너희가 선생님이냐'는 제목의 글이 실려 있다.

　'너희가 선생님이냐'는 글을 다시 쓴 것은 2008년 1월이다. 같은 해 8월엔 아예 '너희가 선생님이냐'를 제목으로 300쪽의 산문집을 펴낸 바 있다. 책이 출간되자 선배 문인과 동료 교사 등 너무 도발적인 제목이라는 반응을 보인 독자들도 있었다. 나 역시 교사의 한 사람인지라 다소 난처해했던 기억이 난다.

　그로부터 2년이 흐른 2010년 1월과 2월 '너희가 선생님이냐'와 '너희가 선생님이냐 2'를 연달아 썼다. "지금 같은 제목으로 글을 쓰려니 개탄스럽기 그지없다. 교사도 하나의 인간이기 때문에 완벽할 수야 없겠지만, 사표(辭表)와는 너무 거리가 먼 짓들을 저질러 언론에 오르내리고 있으니 말이다. 사회 일반의 지탄을 받아도 할 말이 없게 되었다"는 것이 글의 한 대목이다.

그로부터 7년이 흐른 지금은? 먼저 지난 해 최순실 국정농단사건의 도화선이 된 정유라의 청담고등학교 비리 사건을 들 수 있다. 정유라의 졸업이 무효화된 청담고등학교 비리 사건은 교사들의 성적조작, 학교생활기록부 허위기재, 금품수수 등 하도 많이 그리고 널리 알려져 새삼 시시콜콜 재론할 필요성을 느끼지 못할 정도다.

2015년 7월 언론에 대대적으로 보도된 서울 서대문구의 ㄱ고등학교는 교사 성범죄 끝판 왕이었다. "교장·교사가 여학생·교사 20명 성추행, 이걸 학교랄 수 있나"라는 신문 사설(조선일보, 2015. 8. 1)이 등장할 정도였다. 학교가 아니라 성범죄자 소굴이었던 셈이다. 지금까지도 공립학교에서 어떻게 여학생·교사 130여 명 피해자가 생기는 그런 참담한 일이 벌어질 수 있었는지 미스터리다.

올여름 또다시 불거진 전북 부안여고와 경기도 여주 농업계 ㅇ고등학교 교사들의 여학생 성추행사건은 서울 ㄱ고에 이어 입이 다물어지지 않을 정도이다. 현재 학생 성추행 혐의를 받고 있는 부안여고 교사는 모두 3명이다. 이 중 이번 사건의 발단이 된 체육 교사는 성추행과 함께 일부 학생에 대한 수행평가에서 실기 배점 기준과 다른 점수를 매긴 것으로 드러났다.

또 성추행에 연루된 교사 외에 학생에게 욕설 등 폭언을 하고,

금품을 요구한 교사 7명이 추가로 확인됐다. 이 중 어떤 교사는 각종 기념일에 학생들에게 선물을 요구한 것으로 나타났다. 부안여고 재직 교사 44명 중 10명이 성추행과 금품 요구 등 각종 비위 행위에 가담했다는 것이 신문을 통해 보도된 전북교육청 감사 내용이다.

방송과 신문 보도를 종합해보면 경기도 여주 ㅇ고등학교의 경우 전체 여학생 210명 중 34%에 해당하는 72명이 두 명의 교사에게 성추행당한 것으로 알려졌다. 이는 여주경찰서가 이 학교 여학생들을 대상으로 전수조사 한 결과이다. 이들은 여학생들에게 안마를 해달라고 하고, 엉덩이를 만지게 하거나 만진 혐의를 받고 있다.

그뿐이 아니다. 동아일보(2016. 5. 27)에 따르면 서울의 한 고교 B 교사는 2015년 8월 여학생 제자에게 시험문제를 내 틀린 개수만큼 옷을 벗게 했다. 같은 해 10월까지 총 43회에 걸쳐 추행하거나 유사성행위를 했다. B 교사는 일부 행위를 촬영하기도 했다. B 교사는 2심 재판에서 징역 6년과 성폭력프로그램 80시간 이수를 선고받았다.

서울신문(2017. 6. 30)에 따르면 경남 하동 소재 기숙형 대안학교의 40대 A 교사는 자신이 가르치는 여중생 3명을 모텔로 불러내 성폭행하거나 숙직실로 불러 가슴 등 신체 부위를 만진 것으로 알려졌다. A 교사는 "성폭행·성추행 사실을 외부에 알리면 나랑 같이 있었던 것을 교장에게 말하겠다." 협박하며 여중생들의 입을 막은 것으로 전해졌다.

한국일보(2017. 2. 9)에 따르면 지난 해 4월 전남 나주 어느 초등학교 교과전담교사는 학생들에게 "(나가 놀다) 쳐 죽어라", "이 음치 새끼야", "이 형편없는 아이들, 너희들은 대학교도 못 간다.", "꿈은 이루지 못할 것이다." 등 입에 담기 어려운 폭언을 한 사실이 드러났다.

조선일보(2017. 2. 10)에 따르면 제주 시내 어느 초등학교 담임 C 교사는 '1일 왕따(집단 따돌림)'제도를 운영했다. 왕따가 된 학생은 쉬는 시간에도 자리에 앉아 있어야 했다. 수업을 마치고 집으로 돌아가기 전까지 다른 학생들과 대화를 하거나 어울려 놀지 못했다. '1일 왕따'에게 말을 건 학생도 왕따로 만들었다.

언론에 보도된 이와 같은 교사들의 범죄 내지 사건은, 우선 '너희가 선생님이냐'는 비난에 아무런 답도 할 수 없게 만든다. 퇴직하여 이제 그들과 같은 교사가 아니라는 사실이 다행스러울 정도라면 너무 참담한 교단 현실 아닌가. 다시는 '너희가 선생님이냐' 따위 글은 쓰지 않는 교단이었으면 좋겠다.

〈전북연합신문, 2017. 8. 2〉

## 또 한 분 스승을 잃으며

지난 8일 세상을 달리 한 천이두(1929~2017, 호적은 1930년생) 문학평론가 빈소에 다녀왔다. 또 한 명의 문인이 우리 곁을 떠난 것이다. '또'라고 말한 것은 2013년 라대곤 수필가 겸 소설가를 시작으로 김정웅, 노진선 시인, 2015년 이기반, 정희수 시인, 2016년 박만기 시인, 정주환 수필가 등 이런저런 인연을 맺어 온 문인들이 거의 해마다 세상을 떠나고 있어서다.

특히 천이두 평론가는 내게 대학 은사이다. 전북대에 있다가 무슨 사정인지 원광대 국어교육과로 옮겨온 1978년 이듬해 나는 인문계열 늦깎이 입학생이었다. 이후 국문과 학생으로 천 교수 강의를 들었다. 1958년 월간 '현대문학'에 조연현 추천 평론으로 데뷔한 천 교수는 평론집에서 보듯 달변인 글과 달리 말은 다소 눌변이었던 기억이 난다.

대학졸업 후 나는 전남으로 교사 발령을 받았다. 나는 객지에서의 교편생활로 인해 어느 해인가 천이두 교수 장남 결혼식에 참석했을 뿐이었다. 그렇게 그냥 대학 은사의 한 분으로 남는 듯했지만, 결정적 계기가 생겼다. 천이두 문학평론가가 회장으로 있는 '표현'지 신인문학상에 응모한 평론 황석영 론의 당선 소식을 들었다.

1989년 1월 심사평과 함께 당선작이 실린 '표현' 제16호가 나왔다. 3인의 심사위원은 김교선, 천이두, 이상비 교수 겸 평론가였다. "논증의 방법이 단순하다는 것이 결함이랄 수가 있지만, 문장이나 비평적 안목이 섬세하고 간명한 점은 높이 살만해 당선작으로 선정키로 합의를 보았다"는 내용의 심사평이었다.

이듬해 염무웅 평론가가 심사위원으로 참여한 무등일보 신춘문예를 한 번 더 거치긴 했지만, 사실상 천이두 표현문학회장은 나를 문학평론가의 길로 나아가게 해준 스승이자 멘토였다. 김교선, 이상비 교수 겸 평론가가 각각 2006년과 2008년 세상을 달리했으니 이를테면 심사위원 세 분 모두 고인이 된 셈이다.

내가 문학평론가 걸음마를 떼기 시작한 1989년 천이두 교수는 회갑을 맞았다. 화갑기념논문 봉정식에 참석한 것은 너무 당연한 일이었다. 그냥 사제 간이더라도 참석하고 축하해야 마땅한데, 하물며 나를 문학평론가가 되게 해준 심사위원으로서의 스승이니 일러 무엇 하겠는가. 그 후 교수임용 지원 서류 제출에 필요한 추천서를 받기 위해 자택으로 뵈러 간 적도 있다.

천이두 문학평론가가 남긴 평론집 등 저서는 모두 10권이다. 〈한국현대소설론〉(1969), 〈종합에의 의지〉(1974), 〈한국소설의 관점〉(1980), 〈문학과 시대〉(1982), 〈한국문학과 한〉(1985), 〈판소리명창 임방울〉(1986, 평전), 〈삶과 꿈 사이에서〉(1989, 에세이), 〈한의 구조 연구〉(1993), 〈한국소설의 흐름〉(1998), 〈우리 시대의 문학〉(1998) 등이다. 그 외 〈하남천이두선생화갑기념논총〉(1989)이 있다.

내가 집필자로 참여한 〈전북문단 70년사- 평론문단사〉(2016)에 따르면 "그의 비평은 예리한 분석으로 정확하게 작가와 작품을 해석 비판할 뿐만 아니라, 세련된 문장으로 평론의 문학성에 대하여 매우 엄격했다. 소설과 시는 물론이고 판소리 계통의 한국적 한(恨)의 정서에 천착함으로써 한국문학에서는 독보적인 위치를 점유하고 있는 평론가"이다.

한편 천이두 문학평론가는 현대문학상(1965)·전북문화상(1975)·월탄문학상(1983)·모악문학상(1994)·동리문학대상(2001) 등을 수상했다. 수상내역을 보면 활동이나 존재감에 비해 평단 나아가 문단이 그에 대한 대접을 소홀히 하지 않았나 하는 생각이다. 유명 평론문학상이나 목정문화상 수상자로는 이름을 올리지 못해서다. 상복(賞福)은 없었던 것인가?

이제 천이두 스승은 내 앨범 속 사진으로만 살아계실 뿐이지만, 그나마 위안 삼는 것이 있다. 1970대 초반에 세상을 달리한 여러 문인들과 다르게 88세로 우리 곁을 떠난 점이다. 10년 넘게 견디신 병상 생활의 그 고단함을 훌훌 털어버린 점이다. 스승이 남긴 비평은 필자뿐 아니라 많은 평론가, 학자와 연구자들 글에서 부분적으로 오롯이 살아날 것이다.

〈전북연합신문, 2017. 7. 20〉

## 돈도 실력이야

 지난 달 23일 서울중앙지법 형사합의29부(김수정 부장판사)는 업무방해 등의 혐의로 구속 기소 된 '이화여대 입학·학사 비리' 관련자 9명에 대해 형량을 선고했다. 최순실 전 비선실세 징역 3년, 최경희 전 총장 징역 2년, 김경숙 전 신산업융합 대학장 징역 2년, 남궁곤 전 입학처장은 징역 1년 6개월의 실형을 각각 선고받았다.
 또 정유라에게 학사 특혜를 준 혐의로 구속 기소 된 이인성·류철균 교수 각 징역 1년에 집행유예 2년, 이원준 교수 징역 10개월에 집행유예 2년, 이경옥 교수 벌금 800만 원, 하정희 순천향대 교수에겐 벌금 500만 원이 각각 선고됐다. 지난 해 10월 국정농단 수사 착수 이후 8개월 만에 나온 최순실·박근혜 게이트 사건 첫 판결이라 할 수 있다.
 이제 겨우 1심 재판이라 피고인들의 항소 여부에 따라 형량이 지금보다 줄어들 수 있겠지만, 일단 최순실과 함께 관련 교수들의 혐의를 모두 유죄로 인정한 판결이란 의미가 있다. 오히려 당사자라 할 정유라는 덴마크에서 돌아온 후 2차례나 구속영장 자체가 기각돼 자유로운 몸이라는 게 얼떨떨하거나 의아할 지경이다.

사실 정유라가 2014년 12월 사회관계망 서비스(SNS) 계정에 남긴 "능력 없으면 너네 부모를 원망해. 있는 우리 부모 갖고 감 놔라 배 놔라 하지 말고. 돈도 실력이야."이란 글이 지난 해 10월 알려지면서 국민적 공분(公憤)과 함께 이른바 최순실·박근혜 게이트에 대한 관심이 증폭했다. 각종 의혹들이 쏟아져 나오면서 결국 박근혜 전 대통령 탄핵 및 구속으로 이어졌다.

그런데도 정작 '대통령탄핵 유발자' 정유라는 대로를 활보하고 다니니 너무 어색하다. 정유라는 덴마크 도피 생활을 끝내고 귀국하던 5월 31일 "저는 전공이 뭔지도 사실 잘 모르고, 한 번도 대학교에 가고 싶어 한 적이 없다."고 말하는 등 이대 입학 및 학사비리는 모친 최순실이 꾸민 것으로 자신은 모르는 일이라고 잡아뗐다.

오죽했으면 필명 이인화로 널리 알려진 류철균 교수가 "저는 (이 사건으로) 30년 쌓은 작가와 교수로서의 인생을 모두 잃었는데, 저 애(정유라)는 참 뻔뻔스럽게 얘기하고 있네요."라며 한탄했을까. 류 교수는 "나한테 학점을 부탁한 게 정 씨 아니면 누구겠냐."며 정유라의 모르쇠 작전을 질타하기도 했다. 물론 비선 실세에 놀아난 소설가 이인화를 옹호할 생각은 추호도 없다.

간단히 정리해보면 2014년 8월 말 비선 실세 최순실이 김종 전 문화체육관광부 2차관에게 딸 정유라의 대학 입학을 도와달라고 청탁했다. 김종 전 차관이 평소 알고 있던 이화여대 김경숙 전 신산업융합대학장을 만났다. 정유라의 이대 지원 사실은 남궁곤 전 입학처장을 통해 최경희 전 총장에게 보고됐다. 최 전 총장은 교수들에게 "무조건 뽑으라."고 지시했다.

그러나 입학 비리에서 끝나지 않았다. 비선 실세 최순실은 최 전 총장을 만나 정유라가 강의에 출석하지 않아도 학점을 받을 수 있게 해달라고 청탁했다. 교수들은 정유라가 수업에 참여한 것처럼 꾸며 성적을 줬다. 류 교수는 지난 해 10월 교육부의 특별 감사를 받게 되자 조교를 시켜 정유라 이름으로 가짜 시험지를 만들게 하기도 했다.

새삼스러운 말이지만, 정유라의 이화여대 입학·학사 비리는 자유당 독재 시절에나 있었을 법한 지극히 원시적인 사건이다. 무소불위의 독재 권력자 박정희도 하지 않았던(또는 할 수 없었던) 희대의 대학 입학·학사 비리 사건이기 때문이다. 호가호위 권력에 대학교 총장을 비롯한 교수란 자들이 납작 엎드려 일사불란하게 움직였다는 것이 이 민주시대에 믿기지 않을 정도이다.

그들의 형량이 너무 낮은 게 아닌지 되돌아보게 되는 이유이다. 특히 항소 등으로 지금보다 낮아질 게 분명한 그들 범죄자들의 형량이 그렇다. 집행유예로 풀려나거나 벌금형을 선고받은 교수들이 죗값을 다 치렀는지도 의문이다. 이제는 돈도 실력이라던 정유라 차례다. 판결문에 공범으로 적시된 만큼 정유라의 대로 활보가 언제까지 이어질지 지켜볼 대목이다.

〈전북연합신문, 2017. 7. 6〉

## 베끼기는 도둑질

　문재인 대통령 취임 달포를 넘겼지만 새 내각 구성이 순탄치 않아 보인다. 딴죽 거는 야당을 탓하기에 앞서 지명한 장관 후보자들이 각종 의혹을 안고 있는 인사들이어서 그런 것이라고 해야 맞다. 대부분 국정농단사건과 무관하거나 그 반대편에 있던 인사들인데도 위장전입, 논문표절, 고액 자문료, 음주운전 등 각종 흠으로 점철된 후보자라는 게 오히려 의아할 정도다.

　결국 위장 혼인신고 등의 팩트가 보도된 안경환 법무부 장관 후보자는 자진해서 사퇴했다. 문재인 대통령은 졸지에 '인사 참사'의 직격탄을 맞은 셈이 됐다. 더 큰 문제는 이걸로 끝날 것 같지 않아 보인다는 점이다. 특히 김상곤 사회부총리 겸 교육부 장관 후보자의 석·박사학위논문 및 자기표절 문제가 심각해 보인다.

　예컨대 1992년 김상곤 후보자의 경영학박사 학위논문은 "국내 4개 문헌 20부분과 일본 5개 문헌 24부분이 정확한 출처 표시 없이 사용"되었지만, 명백한 표절에 해당하는 '연구 부정행위'가 아닌 '연구 부적절행위'라는 것이 지난 해 10월 서울대 연구진실성위원회 심사 결과이다. 아무리 25년 전 일이라 해도 논문작성의 ABC라 할 출처 표기 없는 인용은 그냥 베끼기의 도둑질일 뿐이다.

학계 역시 '표절 교수'를 중징계하기 위해 사표를 수리하지 않을 정도로 논문 표절에 엄격하게 대처하고 있다. 서울대가 논문 여러 편에서 표절을 한 사실이 드러나 동료 교수들로부터 사직 권고를 받은 국어국문학과 박 모(54) 교수의 사표를 수리하지 않기로 한 것. 최근 학계의 태도와 맞물려 관심이 집중되는 이유이다.

지난 정권에서도 김명수 교육부 장관 후보자가 지명을 철회 당한 바 있다. 청문회 등에서 변명이나 부인으로 일관하다가 대통령으로부터 지명 철회를 당했는데, '표절 범죄'로 낙마한 것이다. 2006년 참여정부에선 김병준 교육부총리가 교수 시절 발표한 논문의 표절 의혹으로 취임 18일 만에 낙마하기도 했다.

재미있는 건 김병준 교육부총리(현 국민대 교수) 낙마 당시 김상곤 후보자가 전국 교수노동조합 위원장으로서 "논문표절 장관은 하루빨리 물러나라"는 압박을 가했다는 사실이다. 김 교수는 '내로남불'(내가 하면 로맨스, 남이 하면 불륜)과 함께 청문회 증인 출석 의향을 내비치며 "표절한 사람은 교육부 장관이 돼서는 안 된다"는 입장을 밝혔다. 쇼도 그런 쇼가 없지 싶은 엄연한 팩트다.

사실은 그런 의혹이나 사실이 불거지는 자체만으로도 장관감으론 이미 자격상실 아닌가? 그러고 보면 대한민국은 그깟 자리에 연연해하는 '인재'들로 넘쳐나는 나라이지 싶다. 야당의 김상

곧 후보자 자진사퇴 요구엔 또 다른 속내가 읽히기도 하지만, 그러나 교육부 장관 등 소위 지도층 인사들의 표절 범죄는 단순히 거기서만 그치지 않는다는 데 문제의 심각성이 있다

더 심각한 것은 학생들을 가르치는 교수나 교사가 그런 범죄를 예사로 저지른다는 점이다. 그것은 무엇보다 어린 학생들의 베끼기 도둑질이 극성을 부리는데도 그들을 훈계하기 어렵게 한다. 윗물이 맑지 않으니 아무리 훈계를 해도 먹혀들지 않는다. 학생들에게 그 빌미를 제공한다는 점에서 특히 교육부 장관 후보자의 표절이 심각한 문제인 것이다.

필자 역시 8년 전 어이없게도 공모 교장 지원 시 직접 표절을 당해보았다. 경찰 고소 소동과 함께 애써 준비한 학교경영계획서 등 모든 제출서류가 무용지물이 되고 말았다. 3명을 뽑는 1차 심사에서 표절 지원자와 함께 나란히 탈락하고 만 것이다. 이때 표절은 타인에게까지 치명적 상처를 입히는 범죄가 되기도 한다.

학생들과 항상 만나며 그들의 가치관이나 인생관 형성에 결정적 역할을 한다는 점에서 교수와 교사의 표절은 결코 용납되어선 안 된다. 하물며 교육 수장인 교육부 장관의 베끼기 도둑질이야 말해 무엇하랴. 인수위원회 없이 대통령 당선과 함께 출범했다지만, 베끼기 도둑질로부터 자유로운 교육부 장관 후보가 그렇게 없는지 답답할 뿐이다.

〈전북연합신문, 2017. 6. 30〉

## 언론사 블랙리스트

지난 19일 도종환 문화체육관광부 장관이 취임했다. 도 장관은 문화예술계 블랙리스트 청산과 재발 방지에 대한 강한 의지를 내비쳤다. "문체부 자체 진상조사위원회를 15명 규모로 구성해 3개월 정도 운영하고 필요하면 1개월 정도 연장할 생각"이라고 말한 것.

도 장관은 "핵심은 다시는 이런 일이 일어나지 않도록 하는 것"이라며 "책임져야 할 사람들은 책임을 지는 것이 당연하다"고 강조했다. 앞으로 "지원하되 간섭하지 않는다는 원칙(팔걸이 원칙)을 지키겠다."는 다짐도 했다. 박근혜 정부가 참 쪼잔한 정권임을 만천하에 드러낸 블랙리스트 사건이 관련자들의 재판과 상관없이 일단락된 모양새다.

블랙리스트는, 그러나 참 쪼잔한 정권인 박근혜 정부에만 있던 것이 아니다. 블랙리스트는 방송과 신문 등 언론사에서도 그 추악한 모습을 드러낸 바 있다. 예컨대 박근혜 당선인 시절인 2013년 1월 19대 대선에서 문재인 후보를 지지한 배우 김여진의 방송출연금지가 그것이다. 방송사의 정권 눈치 보기 행태라고 할까.

이명박 정권에서도 그런 일이 벌어졌다. 일례로 2009년 10월 9일 노무현 전 대통령 국민장 때 서울시청 앞 노제(路祭)의 사회를 보고 노무현재단 출범 기념콘서트에 자원봉사자로 참여한 개그맨 김제동 퇴출 사건을 들 수 있다. 4년 동안 진행하면서 시청률 11~12%로 같은 시간대 1~2위 오락프로그램인 '스타 골든벨' 사회자 김제동을 KBS가 교체해버린 것이다.

방송인 김미화는 2010년 10월 6일 KBS에 블랙리스트가 존재한다고 자신의 트위터에 글을 올렸다. 파문을 일으킨 김미화 블랙리스트 사건은 KBS의 고소취하로 일단락되었는데, 엉뚱하게도 MBC에서 불똥이 튀었다. 2011년 4월 MBC 라디오 시사프로그램 '김미화의 세계는, 그리고 우리는' 사회자에서 물러나게 된 것.

2003년 10월부터 프로를 진행해온 김미화의 중도하차 역시 블랙리스트 논란과 닿아있다. 2002년 대선 당시 노무현 후보 지지, 참여정부 시절 '대통령과의 대화' 행사에서의 사회 등이 이명박 정권의 눈치를 보며 알아서 기는 방송사 행태와 맞물려 퇴출로 이어진 것이라 할 수 있다.

편 가르기의 절정처럼 보여 씁쓸함이 가시지 않지만, 블랙리스트는 방송사에만 있는 건 아니다. 방송과 함께 언론의 중요한 한 축인 신문사에도 블랙리스트가 엄연히 존재한다. 어느 유력 중앙 일간지에서 왕성한 필력의 저술가로 잘 알려진 전북대학교 강준만 교수의 출간 소식을 한 번도 본 적이 없는 걸 예로 들 수 있다.

필자 역시 연전에 어느 지방신문사의 블랙리스트가 되었다. 도교육청 내지 교육감 비판 칼럼 게재 후 보낸 어떤 글도 그 신문에 실리지 못한 경험을 했다. 통상 한 달, 길어도 두 달 만에 칼럼을 실어온 터라 필자는 의아할 수밖에 없었다. 메일로 물은즉 "앞으로 실을 수 없으니 글을 보내지 말라"는 답만이 돌아왔다.

지금도 필자는 신문사의 블랙리스트에 들어있다. 10여 년간 고정적으로 칼럼을 싣던 두 군데 신문사가 어느 날 갑자기 필자의 글을 싣지 않기 시작한 것. 필자는 지금도 그 이유를 명확히 알 수 없다. 다만 A 신문에 실은 출판기념회의 5단통광고 때문이 아닌가 짐작해볼 뿐이다. 아마도 광고를 주지 않은 B 신문과 C 일보의 '괘씸죄'에 걸린 게 아닌가 싶다.

유력 중앙 일간지의 경우도 예외가 아니다. 오랜만에 한 번씩 투고한 글이 약간 편집돼 실리곤 했는데 어느 때부터 그게 없어졌다. 의아해하다가 그 신문사 오피니언팀의 모니터 위촉에 완곡한 거절 의사를 밝힌 적이 있음이 떠올랐다. 설마 그런 이유로 찍히고 블랙리스트까지 되었는가. 그런 의문이 냉큼 떠나지 않는다.

그럴망정 그게 모두 벌써 2년 전 일인데 지금까지도 게재 불가라는 '보복'을 당하고 있으니 너무 어이가 없다. 특히 독자로부터 "왜 요즘은 통 칼럼을 못 보겠다."는 이야길 들을 때 대답하기가 난감하다. 정권교체와 도종환 장관 취임으로 정부의 블랙리스트는 없어질 것으로 보이지만, 언론사의 그런 '갑질'은 어떻게 해야 하나?

칼럼 원고료도 주지 못하는 등 지방신문의 열악한 재정환경을 이해 못하는 바는 아니지만, 그런 이유로 정기구독자이자 고정

필자를 블랙리스트 삼아 내친 것이라면 참 쪼잔한 박근혜 정권과 다른 게 무엇인지 궁금해진다. 언론사들은 과연 언론의 사명이 무엇인지, 본분은 또 어떠해야 하는지 되돌아보았으면 한다.

〈한교닷컴, 2017. 6. 26〉

## 교육감 선거비용 대폭 낮춰야

2007년 부산에서 처음 실시되었으니 직선 교육감 시대가 열린 지 어느새 10년이 되었다. 2010년 전국 확대 실시로 따지면 내년 6·13 지방선거 때 함께 치르는 교육감 뽑기는 세 번째 직접선거가 된다. 직선 교육감 10년을 돌아보면 그야말로 바람 잘 날이 없었다고 해도 과언이 아니다.

이른바 진보 교육감들이 주로 구설에 오르내렸다. 진보 교육감들이 유독 언론에 자주 등장한 것은, 기본적으로 보수 정권이라는 환경 때문인지도 모른다. 예컨대 진보 교육감들이 교과(육)부의 지침이나 명령을 따르지 않아 '충돌', '대립각' 어쩌고 하며 침소봉대되는 식이다.

그에 뒤질세라 비진보라 할 부산시 교육감이 '쪼잔하게도' 180만 원어치 옷을 받은 혐의로 불구속 입건된 바 있지만, 진보 교육감 구설은 당연히 과거엔 없던 일이다. 지금은, 이를테면 개인 비리 따위로 교육감들이 뉴스에 등장하던 과거와 확연히 다른 교육감 직선제 시대인 셈이다. 그렇다면 과거 임명제나 간선제에 비해 지금은 과연 무엇이 달라졌는가?

오히려 후보 매수와 선거비용 부풀리기 공모 혐의, 교과(육)부 고발 따위로 중도에 하차하거나 검찰 소환 등 수사 및 재판을 받고 있는 교육감들 모습이 언론에 보도되곤 했다. 위인설관식 무리한 측근 심기 등 인사 전횡 따위도 그렇다. 유권자들이 교육감들에게 그런 구설에 오르내리라고 표를 준 것은 아닐 텐데도 말이다.

또한 소위 묻지마 투표로 민심의 왜곡 현상이 빚어져 교육감 직선제 자체가 도마 위에 오르기도 했다. 그 대안으로 '교육 관련 종사자들이 참여하는 축소된 직선제'가 제시되었다. 교육감 후보와 광역단체장 러닝메이트 방식으로의 전환 주장도 이미 제기된 상태다.

이대로 안 된다는 공감대가 널리 퍼져 있음은 분명하지만, 문재인 대통령 취임과 함께 교육감 직선제엔 변함이 없을 것으로 보인다. 그것이 어찌 되든 꼭 개선되어야 할 것이 있다. 바로 엄청난 선거비용 제한액이다. 현행 교육감 선거비용 제한액은 가히 천문학적 숫자의 돈이라 할만하다.

구체적으로 2010년 6·2지방선거와 함께 실시된 교육감 선거비용 제한액은 경기 40억 7천 3백만 원, 서울 38억 5천 7백만 원이었다. 비교적 적은 전북의 경우도 14억 3백만 원이었다. 재벌이나 갑부 아니면 아예 교육감 선거에 나갈 생각조차 하지 말라는 얘기나 다름없는 엄청난 선거비용 제한액이다.

2014년 6·4지방선거에서도 마찬가지였다. 조선일보(2015. 4. 25) 보도에 따르면 전국 교육감 후보들이 쓴 선거비용은 총 729억 원이었다. 이는 시·도지사 후보들이 쓴 선거비용 456억 원을 훨씬 뛰어넘는 천문학적 액수이다. 서울과 경기 등 유권자가 많은 지역에선 우선적으로 40억 원 안팎의 돈이 있어야 교육감 선거 출마자격이 있다는 얘기다.

인구수 등 복잡한 계산법을 자세히 알지 못하지만, 무엇보다도 과도한 선거비용은 교육감 선거 후보들이 범죄에 쉽게 노출될 수 있는 근본적 문제를 안고 있다. 후보 대부분이 평생 '선생질'만 한 교육계 출신(대학교수 포함) 인사들인데, 그 선거비용을 어떻게 감당하란 말인지 도무지 이해되지 않는다.

이는 정치로부터의 중립성이 강조되다 보니 생긴 폐해라 할 수 있다. 정당이 개입할 경우 선거비를 책임지고 조달하거나 지원할 수 있지만, 그게 안 되어서다. 후보자 개인이 고스란히 수십억 원을 조달해야 하니 시민사회단체를 업지 않거나 낙선하면 패가망신하기에 십상이다. 실제로 지난 교육감 선거 때 패가망신한 낙선자도 여럿 있었다.

현행 교육감 직선제는 정치로부터의 중립성이 무색하게 '시민후보'니 뭐니 하여 교육감 후보를 끼고 패거리 지어지는 폐단도 고스란히 안고 있다. 2010년과 2014년 진보니 보수니 둘로 쪼개져 교육감 선거를 치른 것이 단적인 사례다. 백년지대계인 교육의 지방수장을 뽑는 선거에 보수와 진보의 패싸움이라니 자던 소가 웃을 일이다.

그런데 2012년 7월 1일 공식 출범한 세종시 교육감 선거비용 제한액은 2억 3천 9백만 원이었던 것으로 알려졌다. 국회의원이나 광역 및 기초 단체장 선거비용 제한액 역시 보통 1~2억 원이다. 후보 난립방지용인지 몰라도 교육감 선거가 무슨 돈 자랑할 일이 아니라면 과도한 선거비용 제한액은 대폭 낮춰져야 맞다.

다음 교육감 선거는 1년도 남지 않았다. 국회의원 선거구 획정처럼 바짝 닥쳐 막고 뽑기식으로 대처할 일이 아니다. 축소된 직선제든 광역단체장과의 러닝메이트든 그것도 아니면 현행 교육감 직선제 그 무엇이든 과도한 선거비용 제한액만큼은 개선되어야 한다. 교육감 선거에 나가고 싶지만, 필자가 이내 뜻을 접은 것도 그래서다.

〈전북연합신문, 2017. 6. 22〉

## U-20 월드컵 8강 탈락을 보며

글쟁이라고 다 그런 건 아닐 테지만, 필자는 스포츠에 별다른 취미가 없다. 국민 스포츠라며 호들갑 떨어대는 프로야구 경기를 단 한 번도 경기장은커녕 TV로 본 적이 없을 정도이니 말이다. 그쯤 되면 취미 없는 정도가 아니라 아예 싫어하는 것이라 해야 맞을지 모르겠다.

그런 필자도 열 일 제쳐두고 유일하게 보는 스포츠 경기가 있다. 바로 축구다. 필자의 축구 취미는 국가대표팀 A매치 경기 TV 중계방송을 백 퍼센트 빼놓지 않고 볼 만큼이다. 지난 11일 잉글랜드의 우승으로 폐막한 2017, 20세 이하(U-20) 월드컵에선 우리나라는 물론 다른 국가들 경기도 몇 개나 봤다.

특히 2017 U-20 월드컵은 전주를 비롯해 국내의 6개 도시에서 개최돼 외국에서 할 때보다 보는 게 훨씬 수월했다. 거기에 더해 대표팀은 조별리그에서 두 경기 연속 승리로 16강행을 확정지어 팬들을 열광케 했다. 2002한·일 월드컵 4강 신화를 떠올리는 등 기대감도 한껏 달아올랐다.

그러나 거기까지였다. 우리 대표팀은 5월 30일 열린 포르투갈과의 16강전 경기에서 1대 3으로 져 8강 진출에 실패했다. 그 이상은커녕 최소 목표인 8강 진출을 이루지 못하고 만 것이다. 다음 날 대표팀은 해산했다. 동시에 국민적 열기도 폭삭 주저앉았다. U-20 월드컵 흥행에도 빨간 불이 켜진 모양새였다.

그와 관련이 있는지 자세히 알 수 없으나 6월 4일 8강전 경기중계를 지상파 3사에선 볼 수 없었다. 그뿐이 아니다. 어찌 된 일인지 3·4위전은 물론 결승전 경기마저 지상파 방송을 통해선 볼 수 없었다. 한국 팀의 16강전까지 2~3개 지상파 방송이 동시다발적으로 중계했던 것과는 대조적인, 이해가 잘 안 되는 현상이다.

박 터지게 유치할 땐 언제고 국내에서 열리는 국제축구대회를 그렇게 홀대해도 되는지 의문이다. 중계한 경우에도 정규방송 운운하며 연장전을 계속하지 않는 등 팬들을 실망시켰다. 가령 6월 5일 잠비아와 이탈리아의 8강전, 6월 8일 우루과이와 베네수엘라의 준결승전이 모두 비겨 연장전으로 이어졌는데, 중계를 그만둔 것이다.

여하튼 8강 탈락에 대해선 분석이 분분하다. 먼저 대표팀의 첫 감독 선임 및 후임 교체과정 등 전반적 운영의 난맥상이 거론되고 있다. 2014년 12월 안익수 감독이 선임됐다. 그런데 지난 해 10월 U-19 아시아선수권대회 조별리그에서 탈락하자 신태용 감독으로 교체되었다. 대회를 불과 6개월을 앞둔 시점에 감독 교체가 이루어진 것이다.

8강 탈락 후 신 감독은 "이런 대회에서 좋은 성적을 내려면 대학이든 프로든 소속팀에서 많이 뛸 수 있어야 한다."고 말했다. 또 U-20 월드컵 대표팀이 "선택과 집중에 실패", "너무 많은 전술이 독 됐다"는 분석이 들리기도 한다. 모두 그럴 듯한 분석의 진단이지만, 그게 다는 아니다.

오히려 기니를 3대 0, 아르헨티나를 2대 1로 이긴 조별리그 1, 2차전 경기를 보면 그것들은 구구한 변명처럼 들린다. 이승우·백승호·조영욱 등 선수들 기량이 나무랄 데 없었기 때문이다. 용병술에 문제가 있었던 게 아닐까 하는 의구심이 생기는 이유이다.

예컨대 0대 1로 패한 조별리그 3차전 잉글랜드와의 경기에서 왜 주전인 이승우와 백승호를 교체선수로 뺀 것인지 의문이다. 자만심에 가까운 너무 여유로운 용병술이 그만 악수(惡手)가 되고만 것이 아닌가? 만약 그 두 주전을 1, 2차전처럼 선발 투입했더라면 지지 않았을지도 모른다.

잉글랜드와 이기거나 비겨서 조 1위가 되었더라면 16강전 상대는 코스타리카였다. 포르투갈보다 훨씬 약체로 평가받는 코스타리카와 연승 신화를 새로 쓴 전주 월드컵 경기장에서 붙었더라면 8강 진출이라는 좋은 결과가 나왔을지도 모를 일이다.

말할 나위 없이 이제 패배의 아픔을 털어내야 하지만, 올림픽이나 월드컵이 그렇듯 U-20 월드컵 역시 단순히 선수들 기량 시험의 장이 아님을 명심했으면 한다. 반드시 이겨서 국민들을 기쁘게 해야 하는 보다 국가적인 프로젝트 아니면 이벤트라 해야 할까. U-20 월드컵 8강 탈락이 안겨준 교훈 중 하나이다.

〈전북연합신문, 2017. 6. 9〉

# 주는 기쁨, 교원문학상과 전북고교생문학대전

얼마 전 제1회 교원문학상과 제1회 전북고교생문학대전 시상식을 가졌다. '있었다.'가 아니라 '가졌다'라고 말한 것은, 물론 그만한 까닭이 있어서다. 두 개의 상이 교원문학회 주관 시상식이었는데, 필자가 회장 자격으로 수여자의 위치에 있었기 때문이다.

지난 해 2월 말 고등학교 교사로 명예퇴직한 후 필자는 한참을 생각에 잠겼다. 남강교육상까지 수상한 전직 교사로서 이제 무슨 뜻깊고 보람 있는 일을 할 것인가. 긴 생각 끝에 얻은 결론이 교원문학회였다. 마침 교원들만의 문학회가 따로 없는 문단 상황이 의욕에 불을 질렀다. '교원문학' 창간호 발행은 그 결실이었다.

그냥 1년에 한 번씩 동인지나 내는 문학회는 큰 의미가 없어 보였다. 그 첫 사업으로 야심차게 추진한 일이 제1회 전북고교생문학대전이다. 지난 3월 14일부터 한 달간 작품을 모집했고, 14명의 수상 학생을 배출했다. 2명의 지도교사상까지 모두 16명에게 상이 주어졌다. 상금 규모는 200만 원이다.

교원문학상은 20명 회원을 대상으로 한 상이다. 수여자인 회장을 뺀 19명 중에서 선정된 첫 교원문학상 수상자는 전 전주교육장 김계식 시인이다. 김계식 시인은 60 넘은 늦깎이 등단에도 불구하고 최근 3년간 5권의 시집을 펴내는 등 왕성한 필력을 과시했다. 상금은 200만 원이다.

이번 시상식은 '2무 1유'를 선보인 행사였다. 축사와 내빈소개가 없어 '2무'였다. 시상식엔 안도 전북문인협회장을 비롯한 원로 문인 등 100여 명이 참석했다. 필자는 참석자 모두가 내빈이라고 생각한다. 특히 문학 행사에 타직군 아닌 문인이 내빈으로 소개되는 것은 잘못된 관행이라 생각한다. 축사 없는 시상식을 진행한 것도 그들 모두가 축하객이라 생각해서다.

'1유'는 상금을 현금으로 주어서 그렇게 붙여 본 것이다. 문예지도 교사시절 액수만 적힌 빈 봉투에 실망하는 학생들을 많이 봐왔기 때문인지도 모르겠다. 현금을 받았을 때 수상의 기쁨은 통장계좌로 들어오는 것의 2배, 아니 그 이상이다. 물론 필자 개인적으로 지출하는 돈이라 따로 정산 등 행정절차가 필요 없어 가능한 일이긴 하다.

시상식을 마치고 셈해보니 잡지 인쇄비, 상금, 시상식 비용 등 대략 850만 원가량이 지출되었다. 회비와 광고비 등 후원금 250만 원을 공제해도 600만 원쯤 쓴 셈이 된다. 지난 해 교원문학상과 전북고교생문학대전 시상식 없이 '교원문학' 창간호 잡지만 냈을 때에 비해 3배 이상의 비용이다.

사실은 이왕 있는 문학상 상금 후원도 고민해봤다. 가령 어느 문학상에 5년이고 10년이고 계속하는 상금 지원이 그것이다. 그런 계획이 좌절되자 그것은 돈 많은 독지가나 메세나 차원의 일이 자연스럽겠단 생각이 스멀스멀 스며들었다. 또 그냥 돈만 달랑 내놓는 상금 후원이 문인으로서의 적임이 아니란 생각도 들었다.

　회원과 교직 선배 등 많은 사람들이 말한다. 일개 연금수급자가 자기 돈 써가며 그런 시상식 하는 것이 결코 쉬운 일은 아니라고. 맞는 말이지만, 중요한 것이 있음을 깨닫는다. 바로 주는 기쁨이다. 제자들에 대한 재능(문학)기부 등 주면서 살았지만, 예전엔 결코 실감은커녕 느껴본 적조차 없는 주는 기쁨이다.

　그 동안 각종 상 등 받기만 하며 즐거움을 누리는 현직생활이었다면 이제 바야흐로 전직으로서 주는 기쁨을 갖는 시대로 접어든 것이라 할까. 죽음을 말할 때는 아직 아니지만, 어차피 죽으면서 다 놓고 가야 할 것들 아닌가, 하는 생각도 주는 기쁨을 갖게 한 하나의 동력이라 할 수 있다. 주는 기쁨이 이렇게 큰 것인 줄 정말이지 예전엔 미처 몰랐었다.

〈전북연합신문, 2017. 6. 9〉

## 어느 여고의 시상식 못 가게 하기

 필자가 회장으로 있는 교원문학회는 5월 19일 제1회 전북고교생문학대전 시상식을 열었다. 공교롭게도 5월 19일은 '전 세계 눈·귀가 전주로' 쏠린 20세 이하 월드컵의 성공적 개최를 위해 다양한 전야제 행사가 열린 날이었다. 예컨대 전북대학교 대운동장에서 진행된 엑소, 트와이스 등 아이돌 가수 출연의 KBS '뮤직뱅크' 생방송이 그것이다.
 전·현직 교원들이 모여 지난 해 창립한 교원문학회가 첫 사업으로 야심차게 추진한 일이 제1회 전북고교생문학대전이다. 3월 14일부터 한 달간 작품을 모집했고, 14명의 수상 학생을 배출했다. 2명의 지도교사상까지 모두 16명에게 상이 주어졌다. 각 학교에 수상 학생의 시상식 참가 협조 공문을 보냈음은 물론이다.
 참석을 독려하기 위해 '불참 시 수상 포기로 간주함'이란 문자 메시지를 학생들에게 보내기도 했다. 그런 덕분인지 단 1명만 빼고 다 참석하는 것으로 집계되었다. 시상식에 참가하지 못하는 학생의 이유가 조부 기일 추도식 때문이었으니 그럴듯했다. 또 다른 어느 학생은 서울로 현장체험학습(소풍)을 떠나 엄마가 대신 참석하기도 했다.

그러나 시상식은 수상 학생 2명이 불참한 채 진행되었다. 아무개 학생이 학교에서 보내주지 않아 갈 수 없다고 시상식 직전 연락을 해온 것. 막 시상식이 시작될 무렵이어서 그 내용을 확인하는 데 그치고 말았다. 시상식을 치르고 다시 보니 학생이 못 온 데에는 '뮤직뱅크' 생방송이 있었다. 그 공연을 보러 가기 위한 학생들의 조퇴를 학교에서 제한했던 모양이다.

그렇더라도 공문을 통해 협조 요청한 학생까지 도매금으로 조퇴를 불허한 일은 대단히 유감스럽다. 사실 교원문학회의 제1회 전북고교생문학대전에 임하는 자세는 남달랐다. 오랫동안 문예지도 교사로 있으면서 보고 느낀 아쉬운 점들을 최대한 보완하려 애썼다. 가령 시상식 초대나 장려상인 참방까지도 상금과 함께 1~3등 수상자들처럼 수여한 케이스 있는 상장이 그렇다.

시상식에서 '2무 1유'를 선보인 것도 그런 이유에서다. 축사와 내빈소개가 없어 '2무'였다. '1유'는 상금을 현금으로 주어서 그렇게 붙여 본 것이다. 상금 액수만 적힌 빈 봉투에 실망하는 학생들을 많이 봐와서 그런 느낌이 들지 않게 해주려 했다. 말할 나위 없이 현금을 받았을 때 수상의 기쁨은 통장계좌로 들어오는 것의 2배, 아니 그 이상이다.

혹자는 시상식에 불참 수상자가 있을 수 있지, 속 편히 말할지도 모르지만 그게 아니다. 학생에 따라선 생애 처음으로 상을 받은 경우도 있을 것이다. 그게 아니더라도 많은 축하객이 모인 앞에서 수상하는 기쁨과 자부심, 우쭐함과 뿌듯함은 말로 표현할 수 없을 정도다. 기성 문인 등 어른도 그럴진대 하물며 학생들이 느끼는 그 벅차오르고 샘솟듯 하는 기쁨이야 오죽할까.

 학교의 시상식 참가 불허는, 이를테면 학생의 그런 기쁨을 빼앗아버린 횡포인 셈이다. 하긴 재임 중 백일장에 못 가게 하는 교장들을 더러 보았다. "무슨 시상식까지 가려 하느냐"는 교감도 보았다. 그들은 수업 결손 운운했다. 학생들의 진로를 책임질 것도 아니면서, 지지도 못하면서 학생 자신이 의욕적으로 하고자 하는 일을 막아버리곤 했다.

 공부라는 미명으로 학생 개개인의 꿈과 끼를 좌절시키는 경직되거나 획일적인 인식이라 할 수 있다. 문예지도 교사였던 필자에게는 관리자들의 그런 학생활동 제재가 '몰상식'하거나 '무식한' 전횡으로밖에 보이지 않았다. 그런 교장들이 지금도 학교 현장에 즐비한 것이 아닌가 생각하니 아연 오싹해진다. 그런 학교에 관련 공문을 애써 보낸 것이 허탈할 정도다.

 한편 그 학생은 원광대학교 전국고교생 백일장 예심을 통과하기도 했다. 평일 실시하는 본선 대회에 나가야 하는데, 학교 측이 참가를 허락할지 불현듯 그것이 궁금해진다. 시상식에 오지 못해 속이 상했을 그 학생에게 백일장 참가는 하루 수업보다 더 중요한 일이다. 그런 학생을 격려하고 뜻한 바를 이룰 수 있게 돕는 것도 교육임을 알았으면 한다.

〈전북연합신문, 2017. 6. 1〉

## 김영란법과 스승의 날

　김영란법 시행 후 처음 맞는 스승의 날(제36회) 이틀 전 제자들과 점심 식사를 같이 했다. 그들 중엔 경기도 파주에서 근무하고 있는 제자도 있다. 스승의 날이라고 일부러 먼 길을 마다치 않고 옛 선생님을 찾아 내려온 지극정성이다. 전주공업고등학교 학생기자 출신으로 2008년 졸업한 제자들이다. 해마다 스승의 날이면 3~4명이 모여 날 찾아오곤 한다.
　작년엔 그냥 밥만 먹고 헤어지지 않았다. 제자들과 어울려 당구도 치고 자정이 넘도록 술까지 마셨다. 끊다시피 한 술을 마신다는 게 솔직히 부담스러웠지만, 내년이면 30대가 되는 제자들이 해마다 찾아오는 게 너무 기특하고 대견했다. 제자들에게 술을 사주기로 한 1년 전 결심을 착실히 실천에 옮긴 것이라고나 할까.
　전직 교사로서 가장 뿌듯하고 보람이 느껴지는 기분을 올해도 어김없이 만끽한 셈이다. 그들이 밥값을 내고 이런저런 선물을 주어서가 아니다. 세월이 제법 흘렀는데도 제자들에게 기억된다는 것, 바쁜 일상을 제쳐두고 그렇게 날 만나러 일사불란하게 움직일 수 있다는 그 액션이 고맙고 뿌듯하기만 하다.

그러나 현직 교사들에겐 그런 뿌듯함이 딴 나라 이야기일 것으로 보인다. 이른바 김영란법 때문이다. 이런저런 선물은커녕 카네이션조차 학생대표 외 어떤 제자도 은사인 교사에게 전할 수 없는 스승의 날을 맞게 되었으니 딴은 그럴만하다. '살벌한' 그런 학교가 되기 전 교단을 떠난 건 어쩌면 잘한 일인지도 모르겠다.

잠깐 돌이켜보자. 스승의 날이 논란거리로 등장한 것은 1998년 국민의 정부 출범과 함께였다. 정년 단축이라는 피할 수 없는 칼에 의해 교원들은 촌지나 받아먹는 부도덕한 집단이 되어야 했다. 2월로 옮기자커니 없애자커니 여론이 가마솥 물 끓듯 했지만, 지금도 여전히 스승의 날은 5월 15일이다.

하긴 언젠가부터 스승의 날 그리 기분 좋았던 적은 별로 없었다. 오히려 씁쓸함이 밀려들기 일쑤였다. 사제 간 자연스러운 인간적 정마저 차단하는 것에 쓴웃음이 절로 나는 그런 시대의 선생이어서다. 스승의 날 아예 학교 문을 닫았으면 차라리 좋겠다고 생각한 게 한두 번이 아닌 것도 그런 씁쓸함으로부터 벗어나기 위해서라고 해야 맞다.

정부나 교육청에선 기념식이다 뭐다 해서 제법 스승의 날의 의미를 기리고 새기는데, 그러긴커녕 맙소사! 교내체육대회를 오후 4시까지 펼친 학교의 선생이기도 해 씁쓸했다. 원로교사라고 체육대회 심판에선 열외가 되었지만, '개념 없는 스승의 날'이란 생각이 떠나지 않았다. 왜 그런 교육과정을 짰는지 그 깊은 뜻을 알지 못하지만, 그런 스승의 날이라면 없어져야 맞다.

물론 뭉클했던 스승의 날도 있었다. 7년 전인가. 군산여자상업고등학교 학생회 주관으로 치러진 스승의 날 행사는 제법 다채로웠다. '2세가 가장 예쁠 것 같은 선생님 베스트 3' 등 동영상도 재미있었지만, 눈길을 확 잡아끈 건 역시 시상식이었다. 뭐, 시상식이라고? 그렇다. 학생들 대표인 학생회장이 교사들에게 상을 준 시상식 말이다.

마지막 순서 스승의 날 노래 제창에선 새내기 교사일 때와 마찬가지로 뜨거운 뭔가가 치밀어 올랐다. 그것은 감격의 눈물, 자부심이나 긍지의 물결, 아니면 그 둘 모두일 수도 있다. 제자들의 마음과 정성이 물씬 배어 나오는, 그리하여 선생 하길 잘했다는 그런 뿌듯함 말이다. 원래 스승의 날은 그래야 하지 않나?

뜻깊은 스승의 날 감회조차 원천봉쇄당하는 그런 것이라면 차라리 '근로자의 날'처럼 하루 쉬는 게 낫다. 그날 쉬면 무릇 교사들이 씁쓸한 기분은 맛보지 않을 테니까! 거기에 더해 이제 김영란법까지 지켜야 하는 스승의 날이 되었다. 아예 없애지 못한다면 차제에 스승의 날을 김영란법으로부터 비교적 자유로운 학년말 2월로 옮겨 사제 간 정만은 끊어지지 않게 해야 한다.

〈전북연합신문, 2017. 5. 15〉

## 대선 공약에 교원이 없다

　박근혜 대통령 파면에 이은 구속 기소로 5월 9일 조기 대선이 실시된다. 교육 분야 공약을 살펴보니 그게 그거다. 대입 전형 단순화, 누리과정 확대, 고교 무상교육 등이다. 그 외 수능 자격고사화, 고교학점제, 학제개편, 무학년제, 국가장학금 확대, 일제고사 폐지 같은 공약도 있다.

　그런 교육 공약들은 본질에서 한참 비켜나 있다는 것이 필자의 판단이다. 지금 대한민국이 안고 있는 원초적 교육 문제는 '무너진 공교육'이다. 학교 공부만으로는 원하는 대학에 갈 수 없다는 불안감이 학원을 가게 한다. 실제로 서울대의 특기자전형 구술 면접은 사교육의 선행학습 없이 풀 수 없는 문제였던 것으로 확인된 바 있다.

　수능 자격고사화라든가 대입 전형 단순화와 함께 반드시 시행되어야 할 것은 바로 공교육 활성화이다. 공교육 활성화에는 교원 사기진작이 필수적이다. 그런데 어떤 후보의 대선 공약에도 교원이 없다. 일례로 지금의 담임·부장수당 등이 언제 책정된 것인지 까마득한데도 그런 열악한 처우개선 공약은 없다.

물론 수당 얼마 올리는 것이 교원 사기진작의 전부는 아니다. 학교폭력이나 학생인권조례 따위로 지금 교사는 더 이상 오그라들데 없는 처지라 해도 지나친 말이 아니다. 학생들에게 교육적인 훈계 한 번 제대로 하지 못하는 교원의 처지를 옛날 '호랑이 선생님'으로 돌려놓는 일이야말로 공교육 활성화의 출발이라 할 수 있다.

법정 정원을 끌어 올리긴커녕 있는 교사마저 학생 수 기준 배정 따위를 내세워 자꾸 줄이는 정책으로는 공교육을 활성화시킬 수 없다. 정규 교사 증원에 인색한 반면 기간제니 취업지원관이니 하며 비정규직 교사들만 막고 뽑기 식으로 늘리는 정책으로는 공교육이 안정될 수 없다. 무엇보다도 매 맞는 교사들로는 공교육을 활성화시킬 수 없다.

교총에 따르면 교권침해는 2009년 이후 7년 연속 증가한 것으로 나타났다. 교사가 명퇴하려는 주요 원인 중 하나도 교권침해다. 그런 악덕 환경의 학교에서 공교육이 온전히 이루어지리라 기대하는 건 연목구어(緣木求魚)나 다름없는 짓이다. 특히 학생에 의한 교권침해는 하나의 사건으로 치부하고 그냥 넘어갈 수 없는 심각한 문제다.

가령 어느 고교 A 교사는 B 학생이 던진 책에 코 아래를 맞았다. 코피가 나는 줄 알고 고개를 숙인 A 교사는 그 순간 교탁으로 달려온 B 학생에게 머리도 맞았다. 다른 학생들이 말려 사건은 마무리됐지만, A 교사의 인중이 2cm 찢어진 채였다. 결국 A 교사는 다른 학교로 옮기게 되었다. 수업을 방해하는 다른 학생의 지도하기 과정에서 그런 일이 벌어진 것으로 알려졌다.

그렇듯 교사가, 학부모도 아니고 학생에게 폭행당하는 목불인견(目不忍見)의 참상이 빚어지는 것이 지금 학교의 모습이다. 막장 드라마보다 더한 패륜이 자행되는 학교에서 뭘 더 이상 해볼 수 없는 교사들은 무력감과 상실감에 빠져든다. '내가 이러려고 교사를 하나' 자괴감에 빠져든 일부 교사는 결국 명퇴로 학교를 떠나간다.

사정이 그런데도 학생에 대한 조치는 고작 출석정지나 전학 조치인 것으로 알려졌다. 너무 가벼운 벌이다. 그런 학생들은 부모 폭행과 같은 '반인륜 사범'으로 처리해야 맞다. 영원히 학교를 떠나게 하는 것이 그것이다. 전학의 경우 그 학교에서 또다시 교사 폭행의 패륜범죄를 저지를 수도 있기 때문이다

좌우 대립으로 극도로 혼란했던 해방정국도 아니고, 어떻게 학생이 교사를 폭행하는 일이 그렇듯 빈번히 일어날 수 있는지, 또 그런 일이 계속 늘어가는지 개탄을 금할 수 없다. 환부가 이렇듯 뚜렷한데도 새 대통령이 되겠다는 후보들은 그런 교원 대책은 내놓지 않고 있다. 실상을 모르는지 알고도 외면하는 것인지 답답하다.

교원 사기진작은 그들이 예뻐서 필요한 게 아니다. 교사들이 경제적으로 열악한 대우를 받고 있어서도 아니다. 교원의 사기진작이 필요한 것은 그들이 공교육 활성화의 추진 동력이기 때문이다. 어느 정권보다도 최악인 교원 사기를 끌어올리는 일이 시급하다. 공교육 활성화를 위한 교원 사기진작의 대선 공약이 없어 아쉬운 이유이다.

〈전북연합신문, 2017. 5. 8〉

## 일부 학생 인권 보호하려고 다수 학습권 피해 눈감나

　교권 침해가 늘고 있다. 최근 한국교원단체총연합회가 발표한 '2016년 교권 회복 및 교직상담결과보고서'에 따르면 지난 해 교권 침해 상담 건수는 572건으로 2015년(488건)에 비해 17%, 10년 전 2006년(179건)에 비해서는 3배 수준으로 늘었다. 상담 건수는 7년 연속 증가했다. 교사가 학생이 던진 책에 맞아 피를 흘리고, 학생이 교사에게 욕설과 주먹질을 하는 등의 사례는 학교 현장에서 일어나서는 안 되는 충격적인 일이다.

　고등학교 교사였던 필자가 지난 해에 정년을 2년이나 앞당겨 명예퇴직을 한 이유 중 하나도 수업 방해 학생들로 인한 교권 침해 때문이었다. 어린이집 아이들도 아닌 일반계 고교생들이 수업 시간에 교실에서 돌아다니기 일쑤였고, 수업 중 떠드는 학생이 많아 교실인지 카페인지 분간하기 어려운 학급이 있을 정도였다. 수업 중에 왜 돌아다니느냐고 학생에게 물으면 '친구에게 거울 빌리러 간다.'는 등 이해하기 어려운 이유를 너무도 당당하게 대기도 했다.

교실에 이런 학생들이 있으면 교사가 수업에 집중하기 어려운 것은 너무나 당연하다. 수업에 집중하지 않는 학생들에게 훈계를 하다 보면 수업 시간이 훌쩍 지나가는데, 시간 낭비를 막는다고 그런 학생들을 무시하고 수업을 진행할 수도 없는 노릇이다. 분위기가 갖춰져야 수업도 할 수 있기 때문이다. 공부하려는 학생들에게는 상당한 피해가 될 수밖에 없고 이들에게 '미안하다'고 사과도 수없이 했다.

교실 분위기를 바로잡기 어려운 데에는 '학업 중단 숙려제'도 한 몫을 하고 있다고 생각한다. 이 제도는 학업 중단 의사를 밝힌 학생에게 2~3주간 숙려 기회를 부여하고 상담 등 프로그램을 지원해 학업 중단을 예방하는 제도다. 문제를 일으켜 자퇴하려 하거나 퇴학당할 위기에 처한 학생들까지 학업 중단 숙려제 대상이 되는데, 이런 학생들을 '억지 춘향'으로 학교에 붙잡아 두려다 보니 피해가 크다. 숙려제 대상 중 적지 않은 학생이 자숙이나 근신을 하기 보다는 그간 해오던 행동을 교실에서 계속하기 때문이다.

일부 교육청에서는 학업 중단 숙려제 때문에 학업 중단 학생이 매년 감소하고 있다고 자랑인데, 일부 학생 때문에 교실이 무너지는 것을 경험한 나로서는 반갑지 않은 소식이다.

나는 공부하려는 대다수 학생이 일부 수업 방해 학생들 때문에 오히려 기죽어야 하는 교실 분위기를 어떻게 할 도리가 없어 2년 먼저 학교를 떠났다. 이는 나만의 문제가 아니라 상당수 교사가 공감하는 문제지만 실효성 있는 대책은 없다. 교사가 명퇴 등으로 피한다고 해결될 일이 아닌 것은 자명하다.

  가장 큰 문제는 선량한 많은 학생들이 받는 수업권 침해다. 현장의 사정은 심각한데, 일부 교육청에선 수업 방해 학생들을 복도로 내보내는 것조차 인권 침해라며 못 하게 한다. 소수 학생의 인권을 위해 다수 학생의 학습권과 교사의 교권 피해를 감수해야 하는 방향이 옳은 것인지 의문이다.

〈동아일보, 2017. 5 .4〉

## 교권침해 갈수록 증가한다는데…

　최근 한국교원단체총연합회(교총)가 발표한 '2016년 교권회복 및 교직상담결과보고서'에 따르면 교권침해 상담 사례가 크게 증가한 것으로 나타났다. 지난 해 교총에 접수된 상담 건수는 572건이다. 이는 2015년 488건보다 17% 증가한 것이다. 10년 전인 2006년 179건에 비해서는 3배나 늘어난 수치다.
　교총의 교권침해 상담 건수는 2009년 이후 7년 연속 증가한 것으로 나타나기도 했다. 지난 해의 경우 학부모에 의한 침해가 46.7%(267건)로 가장 많았다. 그다음으로는 학교장 등 처분권자에 의한 침해 23.1%(132건), 다른 교직원에 의한 침해 14.5%(83건)의 순이었다. 학생에 의한 침해도 10.1%(58건)나 됐다.
　모두 일어나선 안 될 충격적인 내용들이지만, 특히 학생에 의한 교권침해는 하나의 사건으로 치부하고 그냥 넘어갈 수 없는 심각한 문제다. 가령 어느 고교 A 교사는 B 학생이 던진 책에 코 아래를 맞았다. 코피가 나는 줄 알고 고개를 숙인 A 교사는 그 순간 교탁으로 달려온 B 학생에게 머리도 맞았다. 다른 학생들이 말려 사건은 마무리됐지만, A 교사의 인중이 2cm 찢어진 채였다. 결국 A 교사는 다른 학교로 옮기게 되었다.

수업 방해 학생의 지도하기 과정에서 그런 일이 벌어진 것으로 알려졌다. A 교사가 수업 방해 학생을 복도로 불러내 지도하고 있는데 교실 안에 있던 B 학생이 시비를 건 것이라 할 수 있다. A 교사에게 계속 웃으며 장난을 치는 B 학생에게 "선생님 행동이 웃기니?"라 물으니 "너 하는 꼬락서니가 싸가지 없으니 X같게 굴지 마."라고 응수하며 책을 던지고 주먹질까지 했다는 것이다.

사실은 필자가 2년이나 앞당겨 명예퇴직을 한 이유 중 하나도 수업 방해 학생들 때문이었다. 일부 학급은 카페 같은 분위기였다. 13년 전 근무할 당시 그런 학교가 아니었는데 어찌 된 일인지 그 해 입학한 1학년들은 한 마디로 개판이었다. 수업 시간인데 어린이집 아이들도 아닌 일반계 고교생들이 교실에서 돌아다니고 만리장성을 쌓기 일쑤였다.

수업을 방해하는 '주의력결핍 과잉행동증' 학생들 중엔 학업중단숙려제 적용 대상자들도 있었다. 그들이 학업을 중단하려는 것은 옛날처럼 지독한 가난 때문이 아니다. 문제를 일으켜 자퇴하려 하거나 퇴학당할 위기에 처한 학생들이다. 그런 학생들을 억지춘향 식으로 학교에 붙들어두다 보니 생겨난 피해라 할 수 있다.

그런데도 전북교육청은 학업중단 학생이 매년 감소하고 있다고 자랑이다. 고교의 경우 2013년 1148명에서 2014년 943명, 2015년 850명으로 초·중학교에 비해 감소폭이 컸다는 것. 그들로 인해 교실은 무너지다시피 하는데, 그야말로 신선놀음에 도끼자루 썩는 줄 모르는 형국이라 할까. 전북교육청의 그런 발표가 반갑지만은 않은 이유이다.

그렇다. 나는 공부하려는 대다수 학생들이 수업 방해 아이들로 인해 오히려 기죽어야 하는 교실 분위기를 어떻게 해볼 수 없어 2년 먼저 학교를 떠나고 말았다. 물론 문제는 그게 아니다. 그러지도 못하는 많은 교사들의 속앓이에 실효성 있는 대책이 없다는 게 문제다. 그것은, 그러나 명퇴 등으로 해결해야 하는 그들만의 문제는 아니다.

그보다 더 큰 문제는 선량한 대다수 학생들의 수업권 침해이다. 사정이 이런데도 전북 등 일부 교육청에선 수업 방해 학생을 복도로 내보내는 것조차 인권침해라나 뭐라나 하여 못하게 하고 있다. 소수 학생 인권을 위해 교사의 교권, 나아가 명퇴를 부추기는 이런 방향이 과연 옳은 것인지 의문이다.

특히 학생의 교사 폭행 같은 천인공노할 교권침해에 노출되어 있다는 점에서나 또 다른 다수 학생들의 수업권 침해를 일으킨다는 점에서 수업 방해 학생들에 대한 특단의 대책이 필요해 보인다. 무너진 교실이 되게 하는 데에 일정량 몫을 하는 게 명백한 학업중단숙려제가 과연 옳은 제도인지 진지하게 검토해볼 때이다.

〈전북연합신문, 2017. 4. 27〉

## 박근혜 구속과 적폐 청산

　수인번호 503. 3월 31일 새벽 마침내 박근혜 전 대통령이 서울 구치소에 구속·수감되었다. 헌정사상 처음인 현직 대통령 파면에 이어 영장실질심사를 받아 구속된 최초의 전직 대통령으로 우뚝 선 것이다. 법 앞에 만인이 평등한 결과이라커니 사필귀정 등 당연한 귀결이란 소리가 많이 들려온다. 당연한 소리이다. 거기에 더해 필자로선 자업자득이란 생각도 든다.
　얼마든지 잘못을 만회할 기회가 여러 차례 있었음에도 그걸 살리지 못했거나 그렇게 안 했기 때문이다. 그러고 보면 동생 박지만 회장이나 인척인 김종필 전 국무총리가 말한 "절대 잘못을 인정하지 않을 것"이란 예언이 적중한 셈이다. 어쨌든 이제 과연 한겨레 4월 1일 자 보도대로 '박정희 시대 길고 어두운 그림자, 딸과 함께 막 내리다'가 된 것인가?
　그러나 박근혜 구속·수감으로 다 끝난 것은 아닌 듯 보인다. 아직 재판이 남아 있어서가 아니다. 국민 대다수의 뜻과 다르게 이재용 삼성 부회장의 1차 영장 기각처럼 엉뚱한 판결이 나와 맥 풀리게 할지 모르지만, 사저를 떠나 구치소 앞에 몰려들었다는 지지자 소식도 들려와서다. 그 동안 켜켜이 쌓여온 적폐 청산이 남아 있어서다.

새 정권 출범과 함께 청산해야 할 적폐가 여럿이지만, 소위 태극기 부대로 대변되는 '박근혜교'가 가장 시급해 보인다. 4월 2일에 방송한 SBS '그것이 알고 싶다'를 보니 그들의 행태는 경악할 정도다. 그들은 "억지 탄핵시키고", "대한민국 지킬 거야"라며 숫제 길에 누워버린다. "박근혜 대통령 죄 하나도 없어요."라며 사생결단을 해대니 무슨 유신 시절도 아니고 어리벙벙하기까지 해진다.

더욱더 놀라운 것은 따로 있다. 8대 0 헌법재판소 판결에 대해 "북한이야. 김정은이야"라고 거침없이 말하고 있는 점이다. "공산당과 손잡은 좌파 빨갱이들이 기획한 탄핵"이라는 그들의 주장은 놀랍고 끔찍하다. 심지어 "SBS는 북한 지령 받고 하세요?"라 거칠게 묻는 인터넷 N 매체 관계자도 있으니 지금 2017년을 사는 대한민국 국민인지 버럭 의구심이 들어찬다.

그들은 어떻게 60여 년이 흘러가 버린 1960~70년대적 박정희식 사고방식으로 살고 있는 것일까. 그런 그들이 하는 행태야말로 김정은을 열렬히 환영하는 북한 주민들 모습이 아닌가. 전쟁의 참화를 겪게 한 북한에 대한 공포에서 벗어나려는 몸부림이란 분석도 있지만, 그들의 행태는 사이비 종교에 정신과 몸을 뺏겨 제1의 가치라 할 가족도 내팽개친 광신도들의 그것 말고 설명이나 이해할 길이 달리 없다.

더욱 심각한 것은 그들이 전부 돈에 매수되어 동원된 인파가 아니라는 점이다. 박근혜 정부가 전경련 등을 통해 보수단체에 금품을 지원하고 툭하면 관제데모를 하는 공범임이 밝혀졌지만, 삼성동 자택 골목이나 구치소 앞에 모인 박근혜 지지자들은 그 이상의 역할을 하거나 활동을 하고 있다는 것이 SBS '그것이 알고 싶다' 취재 결과라니 더 심각한 문제라 여겨진다.

그뿐이 아니다. 그들은 뜬금없이 노무현 전 대통령 고향인 경남 김해 봉하마을 주차장 앞 도로에서 500여 명(경찰 추산)이 참석한 가운데 박 전 대통령 석방을 요구하는 집회를 열었다. 그들은 '권양숙 구속'을 외치는 등 기본적 이성(理性)과 양식이 있는 사람들로선 도무지 이해할 수 없는 행태를 보였다. 도대체 무엇이 그들을 그렇게 만든 것일까

결국 주범은 정치인 박근혜라 할 수밖에 없다. 교주가 잘못한 게 없다니까 광신도들은 응당 그렇게 믿고 따를 수밖에 없는 식이다. 사저로 돌아간 날 "아이고, 많이들 오셨네."라는 혼잣말이 아니라 "고맙지만, 이제 그만 돌아가 일상에 전념해 달라." 큰 목소리를 냈더라면 그들이 대통령 박근혜를 그렇게 망친 주범이 되지 않았을지도 모른다.

그렇다. "내가 뭘 하든 내 편이 되어주는" 그들은 정치인 박근혜의 우매한 판단과 상관없이 대통령을 청와대에서 끌어내린 주범이다. 급기야 "박 전 대통령에게 '태극기 부대원'은 '아편'이"라는 지적이 나오는 지경에 이르기까지 한 그들이지만, 직시할 것이 있다. 그들의 주장처럼 대한민국이 북한과 뭐 어쩌고 하는 나

라가 아님을 대부분 국민이 알고 있다는 사실이다.

그들이 자연사하려면 몇십 년이 흘러야 할 텐데 그 동안 계속 이런 적폐와 공존하는 대한민국은 불행할 수밖에 없다. 그들이 하루빨리 박근혜를 잊고 그 동안 허우적거렸던 미망과 무지의 늪에서 얼른 빠져나와야 한다. 진짜 언론을 믿고 가짜 뉴스를 버리는 대다수 국민으로 돌아와야 한다. 그러지 않는 한 누가 다음 대통령이 되어도 적폐 청산은 공염불이 되고 말 것이다.

아버지가 그러더니 그 딸이 또 이렇듯 대한민국을 확 뒤집어 비정상의 나라로 만들어 놓으니 너무너무 억울한 생각이 든다. 어찌 그들만이겠는가. 툭하면 북한과 탄핵을 연결시키는 등 생쇼를 벌인 김평우 서석구 같은 변호사들, 김진태·조원진·윤상현 등 소위 골박(골수 친박) 국회의원들도 박근혜 구속 수감의 단죄를 이끌어낸 일등 공신들이다.

그래서 가장 시급한 적폐 청산이다. 그래도 박 전 대통령에게는 아직 기회가 있다. 하루라도 빨리 잘못을 인정하고 골수 지지자들이란 아편 역시 끊어내는 것 바로 그 길이다.

〈한교닷컴, 2017. 4. 7〉

## 김승환 교육감 불구속 기소를 보며

 지난 달 23일 김승환 전라북도 교육감이 전주지검에 의해 불구속 기소당한 것으로 알려졌다. 적용된 혐의는 직권남용권리행사방해와 지방공무원법 위반이다. 좀 자세히 살펴보면 김 교육감은 2013년부터 2015년까지 4차례의 근무평정을 하면서 사전에 인사담당자에게 5급 공무원 4명에 대한 승진후보자 순위를 높일 것을 지시했다. 또 자신이 지정한 순위에 맞춰 대상자의 서열을 임의로 부여한 혐의이다.

 그 결과 해당자 4명 중 3명이 4급 서기관으로 승진했다. 지난해 12월 8일 감사원이 이런 내용으로 김 교육감을 검찰에 고발했고, 12월 20일 전주지검의 전라북도 교육청에 대한 압수수색이 실시되었다. 김 교육감은 '표적 감사'라며 강력히 반발했다. "2010년 7월 1일 교육감 부임 후 직원 조회에서 말한, 임기 중에 단돈 100원이라도 받을 경우 자진하겠다는 말은 지금도 변함없다"(전라일보, 2016. 12. 23)고 말한 것.

어쨌든 1년 3개월여 임기를 남겨둔 김 교육감은 모두 17차례나 검찰에 고발되는 역사를 쓴 주인공이 됐다. 가히 역대급 교육감의 검찰에 의한 고발이라 할만하다. '이러려고 교육감이 되었나.' 하는 탄식이 절로 솟구치는 대목이기도 하다. 물론 그런 고발에도 불구하고 김 교육감은 여전히 건재하다. 이를테면 그만큼 '같잖은' 고발이었던 셈이다.

그러나 이번은 좀 달라 보인다. 2015년 항소심에서 1년 6월의 실형을 선고받고 법정 구속된 나근형 전 인천시 교육감 사건과 유사한 직권남용권리행사방해와 지방공무원법 위반 혐의이기 때문이다. 나 전 교육감이 2014년 1심에서 집행유예를 선고받고 이어진 항소심이라는 점에서 김 교육감에 대한 최종 판결은 임기 종료 후인 2018년 6월 이후에나 내려질 것으로 보인다.

한편 3월 3일 전주지검에 불려 나간 김 교육감은 "우리나라 모든 권력을 김승환 교육감을 다루는 식으로 좀 다뤄 달라. 먼지 하나까지 털어 달라. 그러면 대한민국이 괜찮은 나라가 될 것"이라며 불편한 심기를 드러냈다. 또한 "혐의 사실에 대해 단 1%도 인정하지 않으며 (저는 죄가 없음을) 존경하는 도민 앞에 맹세한다."(전북일보, 2017. 3. 6)고 강조했다.

불구속 기소된 후에도 김 교육감은 "단 1%도 인정할 수 없다. 통상적인 관행에 따라 했을 뿐이다"(전북도민일보, 2017. 3. 24)며 혐의를 부인하고 있다. 도민 앞에 맹세까지 한 김 교육감의 그런 태도에는 그야말로 단돈 100원도 받고 승진시킨 일이 아니라는 단호한 의지의 청렴 이미지 같은 게 묻어나온다.

그런데 그 말은 어디서 많이 듣고 본, 뭔가 기시감 같은 것이 느껴지는 문제를 안고 있다. 파면당해 청와대에서 쫓겨나오게 되었으면서도 '선의로 한 일'이니 '사적 이익을 취하지 않았다'커니 따위 자기주장만 늘어놓는 박 전 대통령 말과 겹쳐져 어쩔 수 없이 그런 생각이 드는 지도 모를 일이다.

더 큰 문제는 박 전 대통령 말처럼 뭔가 오래 전 기획된 것 같은 표적 감사일지라도 김 교육감이 아예 모르거나 일부러 아는 체하지 않는 게 있어 보인다는 사실이다. 검찰의 불구속 기소 혐의가 사실이라면 뇌물수수 여부와 상관없이 그 자체만으로도 유죄가 된다는 점 바로 그것이다.

설마 헌법학자 출신인 김 교육감이 그걸 모를 리 없을 텐데, 일견 의아한 일이다. '어디 교장은 얼마' 하던 소문이 떠돌던 과거에 비해 검은돈 관행은 사라졌을망정 교육감 입맛에 따라 순위를 조작하고, 그것이 실행되어 누군가 승진했다면 그게 바로 부당인사 아닌가?

제대로 된 진보교육감이라면 검은돈과 무관해야 하는 것은 기본 덕목이다. 그 못지않게 어떤 구설도 일으키거나 일어나지 않게 해야 맞다. 설사 그가 무죄 판결을 받는다 해도 도 교육청 압수수색을 비롯한 교육감 검찰 소환과 불구속 기소의 수치와 상처는 전북 나아가 교육계 전체에 씻을 수 없는 치욕으로 남게 되었다.

〈전북연합신문, 2017. 4. 7〉

## 다시 참 이상한 나라

 마침내 박근혜 대통령이 파면되었다. 국회가 국회의원 234명 찬성으로 탄핵소추안을 가결하여 헌법재판소에 낸 지 92일 만의 현직 대통령 파면 선고이다. 그럴망정 박근혜 대통령 파면은 지난 해 10월 29일 1차 촛불집회를 시작으로 19차까지 연인원 1,500만 명의 국민이 참여해 이뤄낸 시민혁명이라 할 수 있다. 쾌거의 국민 승리라 할 수 있다.
 헌법재판소장 권한대행 이정미 재판관은 선고에 앞서 "헌법은 대통령을 포함한 모든 국가기관의 존립 근거이고 국민은 그러한 헌법을 만들어내는 힘의 원천"이라고 밝혔다. 비로소 "대한민국은 민주공화국이다. 대한민국의 주권은 국민에게 있고, 모든 권력은 국민에게서 나온다."는 헌법 제1조가 그저 법조문이 아니라 우리 생활 속에 듬직하게 자리 잡고 있음이 실감 난다.
 사실 필자는 이미 '아무리 생각해도 참 이상한 나라'(한겨레,

2012. 12. 27)라는 칼럼을 쓴 적이 있다. 지난 대선에서 득표율 51.6%, 1,577만 3,128명의 표로 새누리당 박근혜 후보가 제18대 대통령에 당선된 걸 보고 쓴 글이다. 독재자의 딸 박근혜가 대통령이 되는 나라가, 그에게 표를 준 절반 넘는 국민이 이상하기만 했다.

물론 그때 헌법재판소의 대통령 파면을 예상한 건 아니지만, 지금도 대한민국이 참 이상한 나라인 건 마찬가지다. 소위 탄기국 사람들의 죽기를 각오한 맹목적이고도 무조건적인 박근혜 탄핵 반대를 대하는 기분이 그렇다. 그들은 "무효다. 무효!", "나라가 망했다", "대한민국이 작전세력에 넘어가 이날로 정의와 진실은 사라졌다." 따위 망발을 뇌까리며 절규했다.

실제로 탄핵 반대 시위 현장에서 3명이 죽는 불상사로 이어졌지만, "법치가 죽었다"며 목청을 높이는 친박 국회의원이나 "올바른 재판이 아니다"라는 대통령 측 대리인단 어느 변호사도 이상하긴 마찬가지다. 심지어 탄핵 인용에 대해 "김일성의 주체사상으로 대한민국의 국시를 바꾸려는 반역세력들의 대한민국 국시에 대한 도전"이라는 대통령 측 대리인단 변호사도 있었다.

자다 봉창 두드리는, 그래서 황당하기 그지없는 소리를 많은 돈 들여가며 일간신문 광고까지 내고 있는 그가 과연 온전한 정신이고 상식적 사고(思考)의 국민인지 의구심이 들지 않을 수 없다. 기자회견까지 열어 "박영수 특검은 온 국민을 90일간 공포에 떨게 만드는 공포 검찰을 연출했다"고 말한 바로 그 변호사다.

또한 그들은 탄핵 심판이 있기 전 헌법재판소 재판관들에게 "탄핵이 인용되면 아스팔트에 피가 뿌려질 것이다. 어마어마한

참극을 보게 될 것"이라고 위협했다. 특별검사 집 앞에서 야구방망이를 든 채 시위하며 "이제는 말로 안 됩니다. 몽둥이맛을 봐야 합니다."라는 협박도 서슴지 않았다. 심지어 "빨갱이들은 죽여도 된다."는 플래카드를 내걸어 마치 타임머신을 타고 70여 년 전 해방정국에 와있는 듯한 착각을 하게 했다.

그뿐이 아니다. 자유한국당 국회의원 58명은 박근혜 대통령 탄핵안 각하 또는 기각을 요구하는 탄원서를 헌법재판소에 제출했다. "탄핵은 내란이다. 내란은 진압해야 한다. 내란에 가담한 기자·검사·판사·특검·국회의원 들은 반역세력이다. 핵심적인 주모자는 교수대로 보내야 한다." 따위 정신병자이거나 '또라이'가 아니고선 도저히 할 수 없는 주장을 쏟아내기도 했다.

일개 민간인에 휘둘려 대통령으로서 해선 안 될 잘못을 많이 저질렀는데, 그들에겐 그것이 범죄는커녕 아무 문제도 아니란 말인가. 탄핵 반대 그것은 대선에서 어느 후보를 지지하고 안 하고의 문제가 아니다. 법과 원칙이 통하지 않는 그들은 사이비종교의 교주에 맹신하고 복종하는 신도들의 광기(狂氣) 그 이상도 이하도 아니다.

파면당한 지 56시간이 지나서야 사저로 옮겨간 박 전 대통령의 작태는 또 어떤가. 승복과 함께 지지자들에게 자제 요청을 간절하게 당부하긴커녕 "시간이 걸리겠지만, 진실은 반드시 밝혀진다고 믿고 있습니다."는 대독 메시지는 결국 탄핵인용 불복을 의미하는 게 아닌가. 1차담화문부터 끝까지 대통령다운 국가 지도자의 모습은 아니다.

그렇다면 누적 인원 1,600만 명이나 되는 국민이 그 혹한 추위에 떠는 등 20차례나 모여 '뻘짓'을 했단 말인지 묻지 않을 수 없다. 하긴 박 전 대통령은 박사모에 "고맙고 감사드린다."는 내용의 편지를 보낸 것으로 알려져 충격을 주기도 했다. 적어도 한 나라의 최고 지도자 대통령이라면 도저히 할 수 없는, 해선 안 되는 노골적 부추김이 아니고 무엇인가.

박 전 대통령은 파면 11일 만에 검찰 조사를 받았다. 지난 27일엔 구속영장이 청구되었다. 1997년 제도가 시행되기 시작했으니 헌정사상 처음으로 영장실질심사를 받는 전직 대통령이란 역사를 새로 쓰게 되었다. 그런데도 박 전 대통령 지지자 100여 명은 밤 11시가 넘도록 삼성동 자택 앞에 모여 구속반대를 외치고, 취재진을 폭행하는 등 광태(狂態)를 멈추지 않고 있으니 다시 참 이상한 나라이다.

〈전북연합신문, 2017. 3. 30〉

# 제4부

## 전라북도문화관광재단에 바란다

지난 달 말 전라북도문화관광재단(이하 전북재단)이 발표한 '2017 지역문화예술 육성지원사업'(이하 지원사업)에는 문제가 있어 보인다. 우선 '최근 2년간 1회 이상 지원받은 자' 배제를 들 수 있다. 필자는 지난 해 2014년 지원받았다는 이유로 2016년 사업에서 아예 탈락했는데, 좀 이상하다. 2013년 '최근 3년간 1회 이상 지원받은 자' 배제일 때도 2011년과 2014년 3년 단위로 지원받아 책을 낼 수 있었으니 말이다.

어쨌든 3년 주기의 지원은 개인 예술가에게 너무 열심히 창작하지 말라는 것이나 다름없는 제약이다. 보다 많은 이들에게 기회가 돌아가도록 하기 위한 규정으로 보이지만, 썩 이해되지 않는 제약이라 할 수 있다. 어차피 선정률이 턱없이 낮은데, 아예 신청자격조차 박탈하는 것은 맞지 않다. 2010년처럼 '전년도 개인지원 수혜대상자'로만 제한하는 격년 휴식년제가 필요하다.

열심히 창작활동을 하는 문화예술인들에게 재정적 보탬이 되게 하자는 것이 전북재단의 지원사업 취지라 할 때 그렇다. 유독 개인 예술가 지원에만 적용하는 그런 규정은 결과적으로 문인들의 창작열을 꺾고 있는 셈이어서 문제다. 1~2년 단위로 책을 펴내는 일이 잘못은 아닐 것이다. 무릇 글쟁이라면 그렇게 열심히 창작활동에 임해야 하는 게 아닌가?

시집과 산문집의 동일한 지원 액수도 문제다. 대개 시집은 산문집 판형보다 작은 규격에 100여 쪽의 책자로 출판된다. 그에 비해 수필집이나 소설집 등 산문집은 보통 시집보다 큰 판형으로 300쪽 내외의 책이다. 기본적으로 판형이나 쪽수 등 시집과 수필집, 소설집 등 산문집은 제작비에서 많은 차이가 날 수밖에 없다.

실제가 그렇다면 아무리 지원사업이 출판비 일부 보조라 하더라도 차등을 둬 지원해야 합리적이다. 특히 수필집이나 소설집에 비해서도 더 두꺼운 책인 경우가 많은 평론집조차 시집과 똑같은 액수의 지원금이다. 면밀한 검토는커녕 도매금으로 일괄 처리한 인상을 풍긴다. 누가 봐도 좀 이상한, 그래서 받아도 뭔가 찝찝한 기분이 채 가시지 않는 지원이다.

그런데 똑같은 동인지인데도 액수 편차가 심한 건 어떻게 이해해야 할지 난감하다. 가령 '석정문학' 30호는 4백만 원인데 반해 '한국미래문학' 28집, '행촌수필' 32호 등은 그 절반이다. 또 '군산문학' 34호, '모악에세이' 16집 등은 3백만 원이다. '문맥'은 48~49호 두 권인데도 1권 지원 액수인 3백만 원에 불과하다.

이미 발간된 그 책들을 다 갖고 있는데, 페이지나 회원 및 필자 수 등이 비슷하다. 어떤 기준으로 편차가 많게는 두 배까지 나는 등 그렇게 큰지 필자로선 도저히 알 수 없다. 그야말로 엿장수 마음이란 생각마저 든다. 도대체 이런 계산법은 누구 작품인지도 궁금하다. 특검의 블랙리스트 수사가 놀라움과 충격을 안겨준 지 얼마나 됐다고 그렇게 해도 되는 것인지 묻고 싶다.

그것은 새 발의 피라 할 만큼 결정적으로 이해 안 되는 지원도 있다. '11인의 테마소설집'에 지원되는 7백 5십만 원이 그것이다. 제목으로 보아 주제가 같은 11편의 소설이 한 권에 수록되는 단편소설집일 듯하다. 이럴 경우 보통 단행본 기준으로 300쪽 내외의 책자가 될 텐데, 무려 7백 5십만 원이라니 누가 봐도 전혀 이해되지 않는 심사 결정이다.

이와 다른 문제도 있다. 전에 없던 주민등록초본 온라인 제출이 그것이다. 이것은 발급받아 스캔을 하는 등 컴퓨터에 익숙지 않은 고령 신청자에겐 또 다른 벽이 될 수 있다. 도내 거주 여부 확인용 같은데, 선정 후 해도 큰 지장이 없다. 자꾸 간소화되는 것이 좋은 법이다. 없던 걸 새로 만들어내는 건 좋은 행정이 아니다.

〈전북연합신문, 2017. 3. 24〉

## 대통령 탄핵이 힐링인 나라

"주문, 피청구인 대통령 박근혜를 파면한다."

2017년 3월 10일 오전 11시 21분 헌법재판소 이정미 소장권한대행이 재판관 8명의 만장일치 의견을 모아 발표한 탄핵 심판 결정문 끝부분이다. 이로써 박근혜 대통령은 지난 해 12월 9일 국회에서 탄핵소추안이 가결되어 직무가 정지된 지 92일 만에 헌정사상 처음으로 파면된 현직 대통령이란 역사를 새로 쓰게 되었다.

헌법재판소는 탄핵 사유 5가지 중 3가지는 인정하지 않았다. 한 가지는 판단하지 않았다. 오직 '사인의 국정개입 허용과 대통령의 권한 남용 여부' 한 가지만 대통령 직무집행에 있어 헌법과 법률을 위반했다고 판단했다. '최순실 이익을 위해 대통령 권한 남용' 하나만으로도 파면한다는 결정이다. 헌재는 "대통령 파면으로 얻는 헌법수호 이익이 압도적"이라고도 밝혔다.

아버지는 심복 총에 맞아 죽고, 그 딸은 탄핵당해 청와대를 떠난 부녀 대통령으로 남게 되었지만, 국민 86%가 "박근혜 탄핵을 잘했다"는 여론조사가 보도되기도 했다. 이는 지난주 탄핵찬성 여론 76.9%보다 9.1%포인트 오른 수준이다. 촛불집회 참가자들을 비롯한 많은 국민들이 환호했음은 물론이다. 왜 안 그러겠는가.

"군대여 일어나라!" 같이 군사쿠데타를 요구하는 노골적이고 섬뜩한 구호, 황교안 대통령권한대행의 특검 연장 거부, 탄핵 반대 단체의 이정미 헌법재판소장 권한대행과 박영수 특별검사를 겨냥한 집 주소 공개와 집 앞 시위 등 테러 위협과 협박 난무에 분노, 마음 졸임까지 겪어야 했던 대다수 국민들로선 대통령 파면이 하나의 힐링으로 다가왔을 법하다.

특히 박 전 대통령의 거짓말과 은폐 시도 등이 파면 결정의 중대한 이유로 꼽힌 건 직무 정지와 특검 수사에도 불구하고 그 동안 쌓여온 국민적 체증(滯症)을 가시게 한다. "최 씨의 국정개입 의혹이 제기될 때마다 박 전 대통령이 이를 숨기거나 부인해 국회와 언론의 감시를 방해했고, 진상규명에 협조하겠다고 약속했지만, 검찰과 특별검사의 조사에 응하지 않는 등 헌법수호 의지를 전혀 드러내지 않아" 파면이 마땅하다는 것이다.

어쨌든 박근혜 전 대통령은 또다시 역사를 새로 쓰게 되었다. '또다시'라고 말한 것은 지금껏 새로 써온 역사가 가히 역대급이기 때문이다. 박근혜 후보는 투표율 75.8%에 과반을 넘어선 역대 최초의 득표에다가 한국 최초의 부녀·여성·미혼 대통령이 되었다. 거기까지만 해도 일견 대한민국의 자랑스러운 역사였지만, 그러나 그것으로 그치지 않았다.

박근혜 전 대통령은 전무후무하고 후안무치하기 짝이 없는 최순실 국정농단사건이 터지면서 더 많은 역사를 새로 쓰게 되었다. 우선 헌정사상 최초로 검찰과 특검에 의해 피의자 신분으로 입건되는 현직 대통령이었다. 그뿐이 아니다. 시민단체로부터 현직 대통령이 뇌물죄로 고발된 것 역시 헌정사상 처음이다. 4%로 추락한 사상 최초의 낮은 대통령 지지율도 있다.

시민단체 경실련에 의해 대통령 직무 정지 가처분 청구를 당하기도 했다. 이것 역시 헌정사상 최초이다. 20회에 걸친 연인원 1,600만 명이라는 사상 최대 인파의 촛불시위도 결국 박 전 대통령에 의해 새로 쓰인 역사라 할 수 있다. 거기에 더해 국민의 직접투표로 선출된 대통령 중 파면되어 사상 처음 임기를 다 못 채운 현직 대통령이라는 역사가 더해졌다.

물론 대통령 파면으로 대다수 국민들이 힐링을 받는 현실이 썩 기쁘고 좋지만은 않다. 어쩌다 대통령 파면이 힐링인 나라가 되었는지 착잡하고 씁쓸하다. 1970~80년대도 아니고 어쩌다 이 지경까지 오게 되었는가를 생각해보면 가슴이 미어질 정도로 답답하고 슬프다. 자업자득이고 인과응보 외에 다른 할 말을 찾을 수 없어 그렇다.

어쩌다 대통령 탄핵이 힐링인 나라에 살게 되었지만, 한 가지 떠나지 않는 생각이 있다. 인간이란 참 묘한 동물이란 생각이다. '최순실 국정농단사건의 공범'이라는 한 가지 똑같은 사안인데도 그것을 대하는 의견이 어쩌면 그렇게 극과 극으로 극명하게 갈릴 수 있는지, 그러다가 단 하나뿐인 목숨까지 잃게 되는지…. 인간은 묘하고 신기하기만 한 동물이다.

〈전북일보, 2017. 3. 17〉

## 대통령 파면이 남긴 것

　헌법재판소의 현직 대통령 파면에 이르기까지 일련의 역사적 과정을 지켜보면서 새삼 깨달은 것이 있다. 법이 너무 허술하거나 미흡하다는 점이 그것이다. 마침 3월 2일 '국회에서의 증언·감정 등에 관한 법률'(일명 우병우 방지법) 개정안의 국회 본회의 통과 소식이 들려와 반갑다. 국회 청문회 등의 증인 출석을 회피하면 처벌을 강화하는 내용의 법률 개정안이다.
　말할 나위 없이 개정안은 최순실 국정농단사건 국정조사 특별위원회에서 벌어진 증인 출석 회피 문제 등을 방지하기 위해서 마련되었다. 특히 국정조사 특위 청문회에서 증인 채택된 우병우 전 청와대 민정수석이 의도적으로 출석요구서 수령을 피했다는 의혹을 받으며 뒤늦게 청문회에 나온 바 있다. 그런 상황을 방지하기 위한 법안이라 일명 '우병우 방지법'으로 불린다.
　본회의를 통과한 개정안은 국회의장이나 관련 위원장이 경찰관 등 관계 기관에 증인과 참고인의 주소, 전화번호 등 정보 제공을 요구할 수 있도록 했다. 또 증인이 고의로 출석요구서 수령을 회피할 때 부과하는 벌금도 기존 천만 원 이하에서 천만 원 이상 3천만 원 이하로 대폭 조정했다. 고의로 동행 명령장 수령을 회피하는 경우에는 국회 모욕죄로 처벌된다.

  그러나 약해 보인다. 청문회에 정당한 이유 없이 나오지 않으면 벌금 따위가 아닌 징역형으로 처벌해야 한다. 청문회를 깔보거나 우습게 생각하는 관념을 불식시키기 위해서다. 위증죄도 마찬가지다. 제법 엄한 편이라는데 실제 그렇게 처벌받은 사례는 없다고 하니, 툭하면 증인이나 참고인들이 거짓말을 해대는 게 아닌가 싶어서다.

  다음은 특검법이다. 사상 초유의 일이라 미처 준비하지 못한 측면이 있다지만, 박 전 대통령은 자신이 임명한 특검에 의해서 피의자가 되었다. 수사대상이 대통령인 경우 특별검사 임명권은 가령 국회의장에게 부여되어야 한다. 이미 그렇게 되어있었더라면 특검 연장이 불발돼 많은 국민 마음을 안타깝게 하지 않았을 것이다.

  검찰과 특검에 의한 청와대 압수수색 불발도 검토해볼 문제다. 지금처럼이라면 앞으로도 수사대상이 대통령인 경우 미완이나 미제로 그칠 수밖에 없다. 법 앞에 만민이 평등하다면서 그 위에 군림하는 최고 권력자라면 헌법재판소에서 대통령이 파면 선고되는 지금의 시대정신과 맞지 않는다. 임기 만료 6개월 전부터 국가기록원에 의해 시작되는 대통령기록물 이관도 궐위에 따른 정비가 필요해 보인다.

생각해보자. 그 나물에 그 밥이라고 대통령과 한패인 권한대행에게 그런 권한이 있는 건 명백한 오류 아닌가. 특검 수사로 어느 정도 뻥 뚫려가던 가슴속에 다시 무거운 돌덩어리를 얹히게 한 것이라 할까. 물론 실체적 진실을 밝히고자 하는 특검의 취지를 최대한 살려 대다수 국민 요구에 부응하자는 이유에서다.

대통령 파면과 함께 즉시 청와대를 나오게 강제할 필요도 있다. 사저 보수란 현실적 이유라곤 하지만 탄핵당한 지 만 이틀이 지나도록 일반인이 청와대에 머문 셈이 되어서다. 이미 박정희 대통령 유고로 공석 상황을 겪은 바 있는데도 언제 떠나야 하는지 명문화된 조항이 없었다는 건 일견 의아스러운 일이다.

헌법재판소의 탄핵 심판 절차도 문제가 있어 보인다. 가령 대통령 측 대리인단 변호사는 19명인데 반해 국회 측은 그에 미치지 못했다. 국회 측이 더 이상 선임하지 않아 그런 듯 보이지만, 일단 그 수가 너무 많다. 대통령 측 대리인단 행태는 사공이 많으면 배가 산으로 간다는 말 꼭 그 짝이다. 각자 대리 어쩌고 하여 많은 혼란을 준 만큼 인원을 줄일 필요가 있다.

변론 시간도 문제가 있어 보인다. 국회 측은 1시간 남짓이지만 대통령 측은 무려 5시간 넘게 진행했다. 헌재소장 권한대행이 1시간 이내로 변론하라면 거기에 따라서 엄격하게 해야 하지 않나. 아무리 대통령 탄핵이란 중대 사안일지라도 난장판처럼 보이지 않기 위해선 지시를 어길 경우 청문회처럼 마이크를 끄는 등 강력한 제재가 필요하다.

막가파식 대리인단을 퇴정 조치하지 않은 것은 빌미 제공 등 헌재의 정치적 판단으로 보이긴 한다. 아무튼 헌법재판소에서조차 피청구인 대리인단 변호사들이 그렇게 자유로운 참 순한 나라인데 어떻게 최순실 국정농단 같은 사건이 터지고 온 나라를 발칵 뒤집어놓았는지, 종국엔 대통령까지 권좌에서 물러나게 했는지 얼른 이해가 안 된다.

  이제 헌정사상 최초의 대통령 보궐선거를 앞두고 있다. 조국이 있는 사람이라면 누구나 그렇듯 이제 헌정사상 처음인 현직 대통령 파면의 불행을 털고 다시 일어서야 한다. 그리고 굳세고 힘차게 나가야 한다. 더 튼튼한 민주공화국을 위해 미비한 법률은 없는지 보완해야 할 제도는 없는지 꼼꼼히 챙기고 실행해야 할 때다.

〈전북연합신문, 2017. 3. 16〉

# 지역문화예술 육성지원사업 유감

지난 2월 28일 전라북도문화관광재단(이하 전북재단)은 '2017 지역문화예술 육성지원사업(이하 지원사업)' 선정 결과를 발표했다. 해마다 이런저런 논란을 불러오고, 구설에 오를망정 전북재단의 지원사업이 지역문화예술인들에게 가뭄에 단비 같은 존재인 건 확실하다. 비단 전북뿐이랴. 각 시·도 전국적으로 공통된 지역문화예술인들이 그런 실정이다.

전북재단의 발표에 따르면 2017 지원사업에는 총 857건이 접수되었으나 선정된 것은 420건뿐이다. 49.0%의 선정률이다. 문화예술단체가 62.5%인 반면 개인 예술가 선정은 25.1%에 불과해 대조를 보였다. 이에 대해 재단 측은 "가급적 많은 문인들에게 혜택을 주기 위해서"라는 다소 엉뚱한 견해를 밝혔다.

어쨌거나 지난 해보다 지원 예산 규모는 증가했는데도 선정률은 낮춘 '이상한' 심사 결과이다. 사실 선정률은 2011년 65.6%

에서 2016년 52.1%로 계속 낮아졌다. 올해는 아예 절반에도 미치지 못하는 49.0%로 더 낮아졌다. 그만큼 탈락한 문화예술인들이 더 많아졌는데, 그들에게 큰 상실감을 안겨준 셈이 됐다. 특히 310건 중 78건만 선정된 개인 예술가의 경우가 심하다.

무엇보다도 25.1%에 불과한 개인 예술가 선정은 진짜 심각한 문제다. 소수의 회원들이 작품 몇 편씩 모아 해마다 출판하는 동인지는 개인 예술가가 몇 년에 걸쳐 각고의 노력으로 펴내는 저서와 다르다. 동인지보다 더 많은 시간과 열정을 바친 개인 창작집을 그렇듯 소홀하게 대하니 뭔가 잘못되었다는 생각이 떠나지 않는다.

드라마평론집 발간을 신청한 필자 역시 지원사업에서 탈락했다. 그런데 재단 측이 선정의 첫손으로 꼽는 활동실적 면에서 왜 탈락했는지 승복하기가 쉽지 않다. 관심 있는 이들이라면 대부분 다 아는 일이지만, 필자만큼 왕성한 필력을 펼치는 문인이 도내는 물론 전국적으로도 그리 많지 않아서다. 그야말로 타의 추종을 불허하는 활동인데, 그걸 격려하고 고무시켜주지 못하는 지원사업이라면 뭐가 잘못되었어도 크게 잘못된 게 아닌가.

요컨대 2013년 두 권, 2014년 편저 포함 두 권, 2015년과 2016년에도 각 1권씩을 펴낸 왕성한 활동이기에 탈락은 아예 생각조차 할 수 없었던 것이다. 물론 이런 내용은 지원신청서에 수록되어 있다. 심사위원들 말대로 면밀한 검토를 했다면 결코 간과될 수 없는 활동실적이다. 이런 심사가 유독 전북재단만의 일인지도 궁금하다.

흔하게 있는 시나 수필집이 아니라 드라마평론집이라는 점에서도 탈락은 매우 유감스럽다. 지방뿐 아니라 전국적으로도 거의 찾아볼 수 없는 분야의 저술로 알고 있는 드라마평론집이어서다. 장장 10년에 걸쳐 50부작 드라마들을 한 회도 거르지 않은 채 보고 쓴 그 치열함의 결정체인 드라마평론집이 심사위원들 눈에는 아무것도 아니란 말인가?

그깟 돈 200만 원을 받고 못 받고의 문제가 아니다. 드라마평론 집에 대한 심사위원들의 그 '무지'나 무심함이 유감스러운 것이다. 오히려 적극 지원하여 그런 사실을 전국적으로 널리 알리게 하는 것도 전북재단의 지원사업이 감당해야 할 몫 아닌가. 그러라고 전북재단이 출범한 것으로 알고 있는데, 탈락이라니! 필자로선 어안이 벙벙할 지경이다.

재단 측은 "올해의 경우 선정률을 최대한 낮춰 지역문화예술의 질을 향상시키는 것을 최대의 목표로 삼고 심의를 진행했고, 지난 2011년 선정률이 65.6%였던 것과 비교하면 크게 개선됐다고 보고 있다"고 말했다. 뒤집어보면 이는 질이 낮아 74.9%를 탈락시켰다는 의미여서 대단히 유감스럽다. 그렇다면 전북의 개인 예술가들 10명 중 7명 넘게 수준 미달이란 말인가?

〈전북연합신문, 2017. 3. 9〉

## 6자리 우편번호의 학교 홈페이지

얼마 전 서울신문에 행정자치부와 경찰청 이름으로 전면광고가 실렸다. "촌각을 다투는 긴급 상황 도로명주소로 신고하면 신속한 출동이 가능"하다는 내용이다. 광고는 또 "나와 가족을 지키는 안전 지름길"이 도로명 주소 신고임을 알리고 있다.

공교롭게도 그와 같은 날짜 전북연합신문엔 '전주시의회 5분 발언'이 실렸다. 4명의 전주시의회 의원들의 발언이 인물 사진과 함께 요약되어 있다. 그중 남관우 의원은 2010년 이후 20억 원 이상의 예산을 집행했지만, 행정기관인 전주시의 도로명 주소 사용이 아직도 정착되지 못하고 있음을 지적했다.

도로명 주소란 도로명과 건물번호에 의해 표기하는 새로운 주소 체계를 말한다. 종전 지번 주소와 시·군·구 및 읍·면까지는 동일하지만, 리(里)·지번·아파트 이름 대신 도로명과 건물번호를 사용하는 것이 다르다. 2011년 7월 29일 도로명 주소 고시 이후 지번 주소와 병행하다가 2014년부터 본격적으로 사용되기 시작했다.

도로명 주소와 함께 우편번호 역시 종전 6자리에서 5자리로 바뀌었다. 5자리 우편번호는 2015년 8월 1일부터 본격 시행에 들어갔다. 준비 및 유예기간 1년 후인 2016년 8월 1일부터는 6자리 우편번호를 사용한 우편물은 규격 외의 우편요금을 적용받는다. 보통 편지의 320원보다 70원 많은 390원을 내야 하는 것.

6자리 우편번호가 적힌 편지를 우체통에 넣은 경우 원칙적으로 발송지(자)로 반환된다. 발송자의 주소 표시가 없어 반환할 수 없는 경우에만 수취인에게 추가 요금을 물린다는 게 우정사업본부 설명이다. 우정사업본부가 시행 1년을 맞아 조사한 바에 따르면 5자리 우편번호 사용률은 96%이다.

그러나 학교의 사정은 다르다. 최근 필자는 전북도내 132개 고교 홈페이지를 방문했다. 무슨 기간제 교사 모집공고 따위를 보려던 것이 아니다. 심심해서는 더욱더 아니다. 132개 고교 홈페이지를 방문한 것은 교원문학회장으로서 고교생 문학작품 모집의 공문 발송을 위한 각 학교 주소를 라벨로 작성하기 위해서였다.

그 번거로움과 많은 시간 등 작성과정의 어려움을 여기서 시시콜콜 말할 필요는 없을 것이다. 다만, 다른 행정기관도 아니고 학생들을 가르치는 학교의 얼굴인 홈페이지가 그렇듯 시시각각 변하는 시대와 한참 거리가 먼 구년묵이였음에 아연 놀라움과 함께 충격이 컸을 뿐이다. 2월 15일 기준 132개 교 중 무려 50개 교가 아직도 6자리 우편번호로 학교를 소개하고 있어서다.

먼저 전주 지역이다. 전북대사대부고·전주공고·영생고·완산고

·완산여고·전일고·성심여고·기전여고·중앙여고·해성고다. 익산 지역은 이리고·남성고·남성여고·원광여고·원광정보예술고·전북제일고다. 군산 지역은 군산여상·영광여고·중앙고다. 정읍시는 정읍제일고·인상고·정주고·태인고·호남고다. 남원시는 남원여고·성원고·서진여고, 김제시는 김제여고·자영고·금산고·김제서고·지평선고다.

군 지역도 크게 다르지 않다. 완주군의 고산고·삼례공고·한국게임과학고, 무주군의 푸른꿈고, 장수군의 장계공고·산서고, 순창군의 순창제일고·동계고·순창고, 고창군의 고창고·고창여고·고창북고, 부안군의 부안제일고·줄포자동차공고·부안여고 등이다. 전북의 14개 시·군중 진안군과 임실군 고교들만 5자리 우편번호로 정상 표기되어 있을 뿐이다.

완주군 소재 전주예술고는 6자리든 5자리든 우편번호 자체가 아예 학교 홈페이지 도로명 주소에 표시되지 않았다. 또한 도로명 주소 개념을 모르는 듯 표기상 오류도 있었다. 예컨대 호남고는 지번 주소인 '동'과 도로명 주소 '로'가 나란히 표기되었다. 한국게임과학고, 세인고 역시 '완주군 화산면 화산로'를 '완주군 화산로'라 표기해놓았다.

한 가지 의문은 전라북도교육청이 도로명 주소 본격 시행에 맞춰 관련 내용을 알리고 홈페이지 업데이트 등 독려하는 공문을 한 차례라도 보냈는가 하는 점이다. 만약 보냈다면 이렇게 많은 학교들이 상급 감독기관의 지시를 불이행할 수 있었을까. 위반 학교가 그렇듯 많은 것은 공문 유무와 상관없이 문제로 남는다.

더 큰 문제는 이런 오류가 비단 전북도내 고교만의 일은 아닐 것이라는 데 있다. 전북의 초·중학교, 나아가 전국의 각 학교 홈페이지의 5자리 우편번호 표기실태를 전수 조사하고 싶은 심정이다. 곧 새 학기가 시작된다. 교육부가 적극적으로 나서 각 학교의 도로명 주소에 따른 5자리 우편번호 정착을 독려하기 바란다.

〈전북연합신문, 2017. 3. 2〉

## 3·1독립만세시위라 부르자

 제98주년 3·1절이 다가오고 있다. 사실은 오래 전부터 '3·1운동'이란 표현이 목에 가시가 걸린 듯했다. 일제(日帝)의 총칼에 귀한 생목숨 잃어가며 독립 만세를 외쳐댄 의거였는데, 그것이 어떻게 운동이란 말인가?

 굳이 사전을 찾아볼 필요도 없지만, 운동은 "사람이 몸을 단련하거나 건강을 위해 몸을 움직이는 일"이다. 물론 운동은 "어떤 목적을 이루기 위해 분주히 돌아다니며 조직적으로 활동하는 일"이란 뜻도 갖고 있다. 그럴망정 아무래도 운동은 건강과 짝을 이루는 단어이다. 많은 이들에게 그렇게 각인되어 있다는 것이 필자의 판단이다.

 3·1운동이란 용어에 대한 부당성 제기는 꾸준히 있었다. 가령 김삼웅 전 독립기념관장이 주장한 '3·1 혁명'이 그것이다. 비록 소설이기는 할망정 이문열은 그의 장편소설 '우리가 행복해지기까지(1984

년)'에서 3·1운동을 '제1차 수복 전쟁' 혹은 '기미 평화전쟁'이라 명명한 바 있다. 김원일 소설가 역시 대하소설 '늘 푸른 소나무(전 9권, 1993년)'에서 3·1운동을 '3·1민족해방만세시위'라 표현했다.

'삼일항쟁'으로 부르자는 주장도 있다. 그 주장에 따르면 1919년 3월 1일 시작한 '반제항일 민족항쟁'은 4월 말까지 이어졌다. 전국적으로 1,500회의 항쟁에 참여한 인원은 200만 명에 이른다. 사망자 7,509명, 부상자 1만 6,000명, 피검자는 4만 6,900명에 달하는 동학농민항쟁을 능가하는 항쟁이었다는 것.

그런 글들을 보며 알 수 있는 공통점은 3·1운동이 우리 민족 스스로 '알아서 긴' 용어란 사실이다. 1941년 임시정부의 건국강령이나 1944년 대한민국 임시헌장에서도 '3·1대혁명'이라고 기록된 것으로 알려져서다. 또 해방 이후인 1948년 제헌의회의 헌법초안에도 '3·1혁명'으로 되어 있었다.

그것이 3·1운동으로 격하 내지 폄하된 것은 1948년 대한민국 정부 수립 과정에서다. 유진오가 마련한 초안에 들어 있는 "3·1혁명의 위대한 독립정신을 계승하여"의 '3·1혁명'을 '기미 3·1운동'으로 깎아내려 오늘에 이르게 된 것이다.

그러나 명백한 사실이 있다. 혁명이든 항쟁이든 수많은 목숨을 앗아간 그것이 절대 운동일 수는 없다는 사실이다. 운동과 혁명이 지금도 친일파의 세력이 만만치 않은 이 땅의 정쟁(政爭) 대상이 된다면 아무런 윤색도 없이 있었던 그대로인 '3·1독립만세시위'라 부르면 어떨까? 정부가 오리무중이라면 언론이나 민간의 캠페인부터 시작하는 것도 한 방법이 될 듯하다.

〈조선일보, 2017. 3. 2〉

## 연기자들 극중 대사 발음 정확해야

최근 방송된 SBS '푸른 바다의 전설'은 인어와 인간의 사랑 이야기라는 판타지 로맨스로 제법 인기를 끈 드라마라 할 수 있다. 말할 나위 없이 20회 전부를 빠짐없이 지켜보았다. 재미나 황당한 전개는 다 그만두고 어찌 된 일인지 연기자들 대사의 발음상 오류를 여러 번 발견할 수 있었다.

예컨대 "담배꽁초 주서(주워)(2016. 12. 7. 7회)", "청소를 깨끄치(깨끗이) 하라고(2016. 12. 22. 12회)", "얼굴들이 나시(낯이) 익어(2017. 1. 19. 19회)" 등이다. 각각 성동일·전지현·문소리 대사인데, 이것들은 '주워', '깨끄시', '나치'로 발음해야 맞다.

MBC 드라마도 마찬가지다. 가령 MBC 월화특별기획 '불야성'을 보자. 1월 24일 종영한 '불야성'엔 "완전 깨끄치(깨긋이) 입었어(2016. 11. 21. 1회)"라든가 "세진 씨도 그것 때문에 밤나스로(밤낮으로)(2016. 12. 3. 14회)" 따위 발음상 오류가 보인다. 각각 유이와 진구의 대사인데, '밤낮으로'는 '밤나즈로'라 발음해야 맞다.

　또 지난 해 11월 15일 막을 내린 MBC '캐리어를 끄는 여자'를 보자. 어찌 된 일인지 첫 방송에서부터 주인공 차금주 역의 최지우는 '깨끄시'로 말해야 할 '깨끗이'를 '깨끄치'로 발음한다. 12부(2016. 11. 7)에서는 '비즐'로 해야 할 '빚을'을 "비슬 갚는 게 될 테니까"로 발음해 눈살을 찌푸리게 했다.

　KBS도 예외가 아니다. '태양의 후예'처럼 사전제작에 중국과 동시방송 등 2016년 하반기 최고 화제작으로 기대를 모았던 KBS 2TV '함부로 애틋하게'를 보자. 2016년 9월 8일 막을 내린 '함부로 애틋하게'는 주인공 신준영 역의 김우빈이 '깨끗이'를 '깨끄치'로 군데군데서 발음상 오류를 저지르고 있다.

　케이블 방송도 그로부터 자유롭지 못하다. tvN의 20부작 시즌제 드라마 '막돼먹은 영애씨15'를 보자. 지상파까지 통틀어 시즌 15까지 방송된 최장수 시즌제 드라마인데도 정지순의 "깨끄치 세차 좀 해놨습니다(2016. 12. 26. 17회)" 따위 오류가 있다. 2007년 4월 20일 방송을 시작, 무려 10년을 이어온 '막돼먹은 영애씨' 시리즈는 2006년 개국한 tvN의 간판 프로그램이라 할 만한데도 그렇다.

　이미 끝난 드라마들만 그런 게 아니라는 점에서 문제의 심각성이 있다. 가령 MBC 주말 드라마 '아버님, 제가 모실게요'에서도 그런 오류가 발견된다. "학자금 대출받았으면 비츨(빚을) 갚아야 할 것 아냐(2016. 12. 4. 8회)"하는데, '비츨'이 아니라 '비즐'로 해야 맞다. 혹 깡패 역 엑스트라 대사여서 맞춤법이 틀려도 상관없다는 안일한 생각인가.

SBS 드라마스페셜 '사임당, 빛의 일기'도 그렇다. 가령 주인공 사임당 역의 이영애가 아들에게 "우리 은수는 어떤 꼬시(꽃이) 제일 좋아?(2017. 2. 9. 6회)"라고 묻는 걸 예로 들 수 있다. 말할 나위 없이 '꽃이'의 올바른 발음은 '꼬치'이다. KBS 주말드라마 '월계수 양복점 신사들'도 마찬가지다. 기표 엄마 역의 정경순은 아들에게 "깨끄치 잊고 내려가자(2017. 2. 11. 49회)"고 말한다.

위의 사례에서 단골로 등장한 발음상 오류가 '깨끄시'가 되어야 할 '깨끗이'다. 별도의 교육이라도 해야 할 만큼 광범위하고 심하다. 연기자들의 소양 부족을 탓하기에 앞서 지적할 것이 있다. 생방송도 아닌 드라마에서 연기자들의 그런 발음상 오류가 바로 잡히지 않은 채 방송되는 것은 작가나 PD의 무성의라고 볼 수밖에 없다. 대본 리딩 등에서 바로잡아줄 수도 있어서다.

평생을 우리말 살리기 및 글쓰기 교육운동을 해온 고 이오덕은 "방송 말이 온 국민의 말을 이끌어간다. 에누리 없이 방송인들은 우리 겨레말을 가르치는 스승이 되어있다."고 말했다. 이 말이 비단 앵커나 아나운서, 기자들의 방송 멘트만을 이른 것은 아닐 것이다. 도대체 언제까지 이런 지적을 해야 하는지 한심스럽고 답답하다.

〈전북연합신문, 2017. 2. 20〉

# 김제시의회의 블랙리스트

 박근혜·최순실 게이트 정국으로 빚어진 국민적 분노와 우울함을 그나마 좀 해소해주는 것은 '박근혜 정부의 최순실 등 민간인에 의한 국정농단 의혹사건 규명을 위한 특별검사 박영수(이하 '특검')' 팀의 수사이다. 지난 12월 21일 현판식과 함께 본격 수사에 들어간 특검이 성과를 내면서 국민 울화를 나름 달래주고 있는 것.

 이재용 삼성 부회장과 최경희 전 이화여대 총장에 대한 구속영장이 기각돼 국민적 공분(公憤)을 샀지만, 특히 블랙리스트 수사는 특검의 괄목할 성과라 할만하다. 김기춘 전 청와대 비서실장과 조윤선·김종덕 전 문체부장관 등 관련자들을 구속 수사함으로써 박 대통령에 대한 헌법 위반을 정조준하고 있어서다.

 새삼스러운 얘기지만 블랙리스트가 특검 수사대상에 오른 것은 박근혜 정부의 비판세력 옥죄기 때문이다. 국민 세금으로 이루어진 정부의 각종 지원금인데도 마치 제 주머닛돈 쓰듯 블랙리스트를 만들어 배제하고 차별했다. 헌법에 명시된 사상과 표현의 자유를 유린한 과거 군사독재 시절의 악몽을 떠오르게 하는 블랙리스트라 할 수 있다.

블랙리스트에 대한 공분을 채 삭히지 못했는데, 그런 일이 지난해 말 벌어졌다. 김제시의회가 신문 구독료 예산을 삭감했다는 보도가 그것이다. 보도에 따르면 김제시의회가 지난 달 15일 정기회를 폐회하면서 김제시 문화홍보축제실의 내년도 시정 홍보비 및 신문구독료 예산 절반을 삭감했다는 것이다.

예산을 삭감한 이유가 "비판적인 신문은 구독하지 말라"는 것이어서 너무 어이가 없어 말문이 막힐 정도다. 이에 앞서 문화홍보축제실에 대한 2017년도 예산 심사를 진행하던 중 아무개 의원이 "한쪽 이야기만 듣고 편파적으로 보도하는 신문은 안 봐야 하는 것 아니냐"면서 신문사까지 알려주며 구독하지 말라고 간부 공무원을 압박했는데, 그대로 된 것이다.

그 기사가 어떤 내용인지 직접 보지 못해 편파성 여부를 가릴 수는 없지만, 분명한 사실이 있다. 지자체나 의회 등 선출 권력에 대한 비판이야말로 언론의 주요 기능이라는 점이다. 잘한다는 따위만 늘어놓으면 그게 제대로 된 신문이겠는가. 박근혜 정부가 자행해온 블랙리스트와 다를 바가 무엇이란 말인가.

김제시 출입기자단은 즉시 성명을 발표했다. "김제시의회가 이제 도를 넘어 언론에까지 신문구독료와 홍보비를 볼모로 예산을 삭감하면서 비판 기사에 따른 취재권과 시민들의 알 권리를 방해하고 있다"고 지적한 것. 또한 "김제시의회는 비판 기사 보도에 따른 보복성 예산 삭감의 공식 입장을 밝히고, 신문구독료 등을 통해 언론 길들이려는 작태를 중단하라"고 촉구했다.

 그것도 권력이라고 호가호위하는 작태가 한심스럽지만, 그보다 더 심각한 것은 그 무지다. 비판적이고 반대편에 선 사람들을 옥죄어온 박근혜 정권의 블랙리스트가 도마 위에 오른 와중인데, 어떻게 그런 일을 벌여 언론에 오르내리는지, 그 자질이 의심스럽다. 도박판에 낀 어느 시의원보다도 오히려 더 못한 행태라 할 수 있다.

 기본적으로 비판을 꺼리는 사람들은 민주시민이랄 수 없다. 비판적 기사를 탓하기에 앞서 그 주인공이 되지 않도록 똑바로 잘하면 될 일이다. 그러라고 신문 등 언론에는 비판이란 기능이 있다. 시의원도 선출된 권력이다. 선택받은 만큼만 공인(公人)에 맞게 정치하는 의원들의 김제시의회가 되길 기대한다.

〈전북연합신문, 2017. 2. 13〉

## 문화예술 안중에 없는 임실군

보도에 따르면 심민 임실군수는 설 명절 직전인 지난 달 25일 관내 오일장을 돌며 장보기를 한 것으로 알려졌다. 관촌과 오수 시장을 차례로 방문하여 과일과 생선 등을 임실사랑상품권으로 구매했다. 전통시장 활성화 차원에서 한 장보기 행사이다.

그 다음 날 임실 장에선 전북경제 살리기 도민회의 임실 지역본부와 공동으로 공직자와 기관 및 사회단체 등 500여 명이 참여하여 전통시장 장보기를 한다는 소식도 전해졌다. 심민 군수는 "전통시장 살리기에 임실군이 앞장설 것"이라며 "살고 싶은 임실 만들기에 공직자들이 솔선해서 노력하겠다."는 말도 했다.

그런데 심민 임실군수의 전통시장 살리기 행보를 접하는 기분이 마냥 훈훈하지만은 않다. 지난 달 초 보도된 '임실예총 사무실과 운영비도 없는 처지'라는 신문 기사가 떠올라서다. 임실예총이 임실군으로부터 "예산을 지원받을 수 없는 위기에 놓였다"는 보도가 그것인데, 문화예술은 안중에 없는 듯해서다.

필자는 이런 내용의 신문 기사를 본 기억이 전혀 없다. 속은 어떤지 자세히 알 수 없어도 표면상으론 지자체와 문화예술계가 공존하는 모습이 일반적이기 때문이다. 그만큼 물 흐르듯 잘 돌아간다는 얘기다. 하긴 지역의 문화예술단체가 주최하는 각종 행사에 지자체 예산지원은 두말하면 잔소리일 정도로 보편화되어 있다 해도 과언이 아니다.

임실예총(지회장 김진명)은 지난 해 7월 창립되었다. 도내 14개 시·군 중 11번째 창립이다. 예총이 없는 지역에 비하면 다행이지만, 다소 늦은 감이 있는 창립이라 할 수 있다. 문화예술인들의 기대가 컸음은 말할 나위 없다. 문인협회·국악협회·음악협회 등 소규모로 출범한 임실예총이지만, 군민들의 열악한 문화예술 향유가 확대되리라는 믿음 역시 기대감 못지 않다.

그런 임실예총에 대한 예산이 편성되지 않아 그 운영이 위기에 직면했다니 문인의 한 사람으로서 당황스럽기까지 하다. 임실군 관계자는 "기존의 사업들도 예산을 삭감하거나 없애고 있는데 그 동안 운영 실적이 없는 임실예총에게 예산 지원을 할 수 없다"면서, "내년에 임실예총의 운영 실적을 보고서, 그 다음에 예산 지원을 할 수밖에 없다"고 말했다.

그런 설명은 놀랍다. 그것이 임실군만의 규정인지도 궁금하다. 갓 창립했다곤 하나 무게감의 경중을 따졌을 때 임실예총은 어떤 단체보다 상위개념에 놓인다. 한국예술문화단체 총연합회가 예술 각 장르를 총괄하는 단체로 존재하고 시도에 지부나 지회를 두고 있어서다. 또한 전국 어느 예총 및 문인단체도 지자체의 예산 지원 없이 운영되는 곳은 없는 거로 알고 있다.

회원인 문화예술인 개개인의 회비 각출도 어렵지만, 지자체 예산이 국민 세금으로 이뤄진 것이라 예총 등 문화예술 단체에 일정 액수를 지원해주게 되어 있기 때문이다. 지자체의 예산지원이 많으면 많을수록 그만큼 성대한 사업도 가능한 구조인 셈이다.

임실군은 2017년 군정 추진 4가지를 밝힌 바 있다. 그중 하나가 '품격 있는 교육·문화'이다. 그 문화는 주무 부처 공무원들만으로 해내기 어려운 사업이다. 예총 등 문화예술단체에 예산을 지원하는 방식으로 추진될 수밖에 없다. 늦게 출범했지만 모든 문화예술 단체의 센터라 할 임실예총에 예산지원이 안 되는 건 충격이자 재앙에 가까운 일이다.

혹 지회장의 정치적 성향이 그런 영향을 미친 게 아닌가도 따져볼 문제다. 소설가인 김진명 지회장은 과거 도의원을 지낸 정치인이기도 하다. 지금 어느 당적을 갖고 있는지 자세히 알 수 없지만, 만약 그런 이유로 임실예총이 사무실과 운영비도 없는 처지로 내몰린 것이라면 지금 특검 수사에 의해 낱낱이 밝혀지고 있는 블랙리스트와 관련, 묵과할 수 없는 일이다.

지난 달 8~9일 자 언론 보도 이후 예산이 편성되었다면 다행이지만, 그게 아니라면 임실군은 추경편성 등을 통해서라도 갓 출범한 임실예총의 의욕과 사기를 꺾어선 안 될 것이다. 임실예총의 의욕과 사기를 꺾는 것이 2017 군정의 하나로 '품격 있는 문화'를 표방한 지자체 임실군이 할 일은 아니다.

〈전북연합신문, 2017. 2. 3〉

## 우리를 분노케 하는 것들

 강력 한파에 함박눈까지 더해진 지난 주말에도 서울 광화문 32만, 지방 3만 명 등 전국 35만 명 국민이 13차 촛불집회에 나선 것으로 알려졌다. 이재용 삼성 부회장에 대한 구속영장 기각도 한 이유가 되었지만, 아직도 수십만 시민들을 혹한의 거리로 나오게 하는 것은 박 대통령의 깨끗한 승복과 거리가 먼 부인이나 버티기 때문이다.
 헌법 5건, 법률 위반 8건의 탄핵 사유에 대해 "아무 잘못도 없다"는 내용의 답변서를 헌법재판소에 보낸 데 이어 탄핵소추로 직무가 정지되었음에도 가진 박 대통령의 신년 기자 간담회 내용이 그렇다. 탄핵 소추가 된 모든 혐의에 대한 부인이 그것이다. 나라를 이 지경으로 만들어 놓고도 시정잡배가 아닌 다음에야 어떻게 그럴 수 있는지 진짜 의문이다.
 그렇다면 각자가 헌법기관인 국회의원 234명이 할 일 없고 심

심해 대통령을 탄핵 소추한 것인가. 연인원 1,000만 명 넘는 국민이 장난으로 대통령을 퇴진하라고 길거리에 나온 것이란 말인가. 그로 인한 국력 낭비는 얼마이며 세계적인 개망신이 불러올 국가 경쟁력이나 국격 추락은 또 그 얼마인지 생각하면 아찔하다.

다시 "자신의 감정과 고통에는 매우 예민하나 타인에 대해 공감을 할 수 없기 때문에 누구와도 정서적 유대감을 맺지 못한다. 과대망상증이 심하고 자신의 욕구를 충족시키기 위해서는 무슨 일이든 할 수 있다. 거짓말과 속임수에 능하고…. 포학하고 잔인한 범죄를 저지르고도 전혀 죄의식을 느끼지 못하는" 사이코패스가 떠오른다.

최근 한국일보에 따르면 국민 10명 중 8명 넘는 사람이 박 대통령 탄핵에 찬성하는 것으로 나타났다. 국민으로부터 사형선고나 다름없는 심판을 이미 받은 셈인데, 박 대통령을 비롯하여 15.9%에 불과한 탄핵 반대세력의 준동이 계속돼 이미 무너진 억장을 또 무너지게 한다. 블랙리스트, 정유라 이화여대 입학 비리 등 관련자들을 구속한 특검에 의해 범죄행위가 낱낱이 밝혀지고 있는데도 그 모양이다.

그들의 또라이짓이 다시 우리를 분노케 한다. 가령 최순실의 소환 불응이라든가 출석해서도 모르쇠 답변이 그것이다. '돈도 실력이야'라며 사실상 최순실 게이트 정국을 촉발시킨 최 씨 딸 정유라는 덴마크 당국에 구금되고도 법절차에 따라선 특검 활동이 끝난 후에나 송환될지도 모른다니 그놈의 법은 누구를 위해 있는 건지 궁금하고 또 궁금하다. 국민에게 저지른 죄업을 어떻게 씻을 것인지, 그들이 과연 인간이기나 한 건지 의심스럽다.

그렇게 지은 죄가 명백한데 대통령 변호인단 언사도 거의 또라이 수준이라 우리를 분노케 한다. 가령 아무개 변호사가 박 대통령 탄핵 심판 2차 변론에서 말한 "민주노총이 주도하고 김일성 주체사상을 따르는 이석기를 석방하라는 촛불 민심은 국민의 민심이 아니다"라는 망언이 그것이다. 망언은 독도가 지들 땅이라 우기는 일본 관료들만의 전매특허는 아닌 모양이다.

촛불집회와 함께 열린 탄핵 반대 집회에서 2014년 6월 박 대통령에 의해 국무총리 후보자로 지명됐다가 사퇴했던 인사는 "한국을 무너뜨리려는 어둠의 세력이 날뛰고 있다"고 목청을 높이고 있으니, 도대체 무슨 망언에 뻘소리인지 알 수가 없다. 누가 한국을 무너뜨리고 망가지게 한 건데, 적반하장이 가히 쓰나미급이다. 박 대통령과 참 잘 어울리는 환상의 콤비일지 몰라도 이 역시 우리를 분노케 한다.

앞으로가 더 문제다. 지금 행태라면 박 대통령은 특검 대면조사에도 불응할 가능성이 높아 보인다. 얼마나 더 많은 또라이들이 등판하여 이미 억장이 무너진 국민들 가슴을 먹먹하게 하려는 것인지, 앞으로 또 무슨 역사를 새로 쓸지 의구심이 가라앉지 않는 박 대통령이라는 점에서 너무 우울하고 몹시 슬픈 정유년 설날 즈음이다.

〈전북연합신문, 2017. 1. 25〉

## 신춘문예 심사 유감

 올해도 어김없이 서울을 비롯한 지방 신문사들은 신춘문예를 통해 많은 신인을 문단에 배출했다. 신문사 방침에 따라 실시하지 않는 곳도 있고 무용론을 주장하는 이들도 있지만, 문학도들에겐 신춘문예만큼 매력적인 문단 데뷔도 없을 것이다. 그 화려한 스포트라이트에다가 제법 두둑한 상금까지 한 번에 챙길 수 있으니 말이다.
 재정면에서 몇몇을 빼곤 중앙지들도 예외가 아니지만, 그보다 더 심각한 지방신문의 신춘문예는 참으로 돋보이는 행사라 할 만하다. 열악한 재정 형편에도 아랑곳하지 않은 채 참신하고 역량 있는 신인 발굴, 오직 그 하나만을 생각하는 '문학정신'을 구현하는 것이기 때문이다.
 그래서 나는 중앙지보다 지방신문 신춘문예 당선작품은 꼭 읽어 보곤 한다. 참고로 내가 보는 신문은 모두 14개다. 스포츠지 1

개를 포함한 중앙지 7개, 지방지 7개 등이다. 물론 개중엔 한겨레나 전북연합신문처럼 신춘문예 공모를 실시하지 않는 신문들도 있다. 또 전북중앙신문처럼 실시하다가 중단된 경우도 있다.

다른 지역도 크게 다르지 않아 보이는데 지방신문의 경우 신춘문예 공모 장르는 시·소설·수필·동화 등이다. 중앙일간지처럼 문학평론이나 희곡, 시나리오와 영화평론 부문은 아예 없다. 그것이 수년 동안 해온 관행이든 신문사 나름대로 구수회의 끝에 내린 결정이든 딱히 상관할 바는 아니지만, 평론가인 필자로선 좀 아쉽다.

중앙일간지 심사위원의 경우 예심을 거친 시·소설 본심은 각 2명이 진행하는 것이 일반적이다. 지방신문도 예외가 아니지만, 그렇지 않은 경우도 있다. 어쩌다 그런 것이 아니라 해마다 각 부문 1명씩만 심사위원을 위촉해 진행하는 신문도 있다. 중앙지같이 예심 심사위원 발표는 아예 없는 것도 지방신문의 또 다른 특징이다.

그러나 심사위원 위촉에는 다소 의아한 생각이 든다. 가령 2003년부터 2008년까지 5년간 3군데 지방신문(전북일보·전북도민일보·전북중앙신문) 신춘문예 심사위원들을 살펴본 적이 있는데, 모두 37명이 참여했다. 그중 한번 이상 참여한 심사위원은 2회 5, 3회 6, 4회 3, 5회 3, 6회 1명 등이다.

유감스럽게도 그들 심사위원 중 평론가는 6명 정도이다. 2009년부터 올해까지 경우를 살펴봐도 마찬가지다. 가령 전북일보의 경우 2009년부터 올해까지 9년간 참여한 신춘문예 본심 심사위원은 모두 61명이다. 이중 시인 등을 겸하지 않는 순수 평론가는

5명에 불과하다. 물론 꼭 평론가만이 신춘문예 심사를 할 수 있는 것은 아니다.

　하지만 문력(文歷)이 일천하거나 이제 겨우 작품집 1~2권만 펴낸 경우, 그리고 낮은 인지도 등 함량 미달의 심사위원들도 있어 아쉽게 느껴진다. 또한 평론가로부터 작품에 대해 매끄럽지 못한 형식미 등이 아쉽다는 지적을 받은 작가조차 심사위원으로 참여하고 있다. 그야말로 경악할 심사위원 위촉이라 할까.

　시인이 수필 심사위원으로 참여한 경우도 있어 고개를 갸웃거리게 한다. 필자로선 생전 처음 보는 그 같은 심사위원 위촉은 '그렇게도 수필부문 심사위원 감이 없나' 하는 의구심마저 불러일으킨다. 그 시인은 2009년 수필 심사위원으로 이름을 올린 이래 거의 해마다 위촉된 바 있다.

　혹 신문사와 친분이 두터워 이루어진 위촉인지도 모르지만, 의아한 것이 또 있다. 어느 해는 수필이었다가 다음 해는 시 부문 심사위원인 점이다. 돌려막기라 할 그런 위촉이 어떻게 가능한 것인지 언론의 공익적 기능을 잠깐 망각한 처사라 여겨진다. 독자가 많든 적든 신문은 대중 일반에게 널리 공개되는 공기(公器)이기 때문이다.

　또 마치 '전속 심사위원' 같은 인상을 주는 경우도 있어 눈살을 찌푸리게 한다. 어느 신문은 내리 5년 동안 특정 부문 심사위원이 동일인이다. 이럴 경우 심사위원의 기호나 취향에 따라 당선작이 정해지는 고착의 폐해가 생길 수 있다. 그것이 단독 심사라면 더 말할 나위가 없다.

　무엇보다도 큰 문제는 응모자들의 잔머리 굴리기이다. 그 심사위원 취향을 고려한 이른바 맞춤형 글쓰기가 그것이다. 특정 심사위원의 눈에 들려고 써내는 맞춤형 글쓰기가 신춘문예의 근본 취지를 제대로 살려낼 수 없음은 더 말할 필요조차 없을 것이다.

그것은 대부분 신문사들이 2명의 심사위원을 위촉하는 이유 중 하나이기도 하다. 동일인을 최소한 격년으로 위촉하는 것도 마찬가지다. 신문사들은 좋은 일을 하면서 그 의미가 반감되는 행태를 더 이상 보이지 않았으면 한다. 아울러 신문사 신춘문예가 그들만의 잔치로 끝나선 안 되는 행사여야 함을 확고히 인식하길 기대한다.

〈전북연합신문, 2017. 1. 20〉

# 시끌짝한 군산 지역 문화예술계

　군산여자상업고등학교에서 2009년 3월부터 학생들 글쓰기와 학교신문 제작 지도를 하며 5년이나 근무한 덕분인가. 필자는 군산에 각별한 애정이랄까 애착을 갖고 있다. 말할 나위 없이 백일장 인솔 등을 통해 그곳 문인들과의 교류도 활발한 5년이었다. 시끌짝한 군산 지역 문화예술계 소식이 그냥 스쳐 가지 않는 이유이다.

　군산문학상이 군산도시가스(주)의 재정적 지원(매년 상금 및 운영비 500만 원)으로 '신무군산문학상'으로 거듭난 소식이 반가운 것도 그래서다(문인의 한 사람으로서 감사한 마음을 전하고 싶다). 군산문인협회가 계간으로 발간하는 신문을 받아보곤 '아자, 군산문인협회보!(전북연합신문, 2015. 10. 28)'란 글을 통해 나름으로 격려하고 축하도 했다.

　2년 전 '고은문화사업추진위원회' 발족 때도 그랬다. 고은문화

사업추진위원회가 해마다 노벨문학상 후보로 거론되는 군산 출신 고은 시인의 문학적 업적을 선양하기 위한 민간 주도의 기구였기에 '고은만인보문화제가 유의할 것(전북연합신문, 2015. 1. 16)'이란 칼럼을 통해 나름 성공적 개최를 염원했다.

2015년 10월 제1회 고은문학축제 백일장 심사위원으로 위촉되어 현장에 직접 가서도 마찬가지였다. 백일장 참여 열기가 좀 기대에 미치지 못한 게 아쉬웠지만, 처음 개최에 따른 홍보 부족이려니 치부했다. 1등 상에 500만 원을 수여하는 백일장이 전국적으로 그리 많지 않다는 점에서 이후 명실상부한 축제가 되리라 믿어 의심치 않았다.

하긴 고은문학축제는 처음부터 언론에 보도되지 않은 파열음을 낸 바 있다. 의욕적으로 자리를 수락했을 고은문화사업추진위원회 위원장이 1년도 안 돼 사퇴하는 불상사가 벌어져서다. 실행위원장과의 갈등 때문이란 확인되지 않은 소문이 있었지만, 차기 위원장이 선임되면서 제2회 개최는 문제가 없어 보였다.

그런데 웬걸, 보도에 따르면 2회 개최는 파행으로 얼룩졌다. 군산시 지원액 1억 원 중 가장 많은 4,000만 원이 투입되는 오페라 공연이 '총체적 부실'을 드러낸 것. 결국 군산시는 예산 전액을 삭감해버렸다. 김종숙 군산시의회 의원은 "오페라 공연을 보면 예산에 비해 낭비가 심하고 한 사람의 독단적인 행동으로 오히려 고은 시인 이미지를 실추시킬 수 있는 우려가 높다"고 지적하기도 했다.

그에 비하면 사소한 문제일 수 있지만, 백일장도 1회 때와 다른 모습을 보였다. 지금은 대학생이 된 군산여상 제자가 1등인 만인

보상을 수상해 더할 나위 없이 기뻤지만, 어찌 된 일인지 상금은 1회 때 500만 원보다 확 쪼그라든 300만 원에 불과했다. 주관이 전북작가회의와 전북문인협회 두 단체로 고지된 것과 달리 심사위원 위촉도 한쪽에 치우쳤다는 인상을 풍겼다.

군산문인협회의 내홍 역시 만만치 않은 것으로 알려졌다. 임기가 만료된 현 지부장 연임 절차에 일부 회원들이 문제를 제기한 것이다. 현재 지부장 연임에 반대하는 회원들은 실력행사에 들어간 상태다. 인준기관인 (사)한국문인협회에 '부정선거 의혹' 등의 '이의서'를 보내놓고 그 결과를 기다리는 것으로 알고 있어서다.

상당히 심각한 군산문인협회의 내홍이라 할까. 실제로 어느 시인이 한 지역 신문에 기고한 '군산 문화예술계 두 단체 농단 뿌리 뽑자'란 칼럼에서도 군산 문화예술계의 갈라진 실상이 적나라하게 드러난다. 그는 "군산의 문화예술인, 행정당국, 언론인, 시민들까지 하나가 되어 정말 군산예술의 문화가 재탄생하는 환골탈태가 이루어져야 한다."고 주장한다.

아마 처음 공개인 듯싶은데, 나는 영광스럽게도 여러 선배들로부터 '차기 전북문협회장' 권유를 받곤 한다. 합의 추대면 내 돈을 써가며 해볼 생각이 있어도 박 터지고 피 말리는 투표라면 사양하겠다는 것이 나의 한결같은 대답이다. 그런 나로선 월급은커녕 자기 돈 써가며 해도 욕먹기 십상인 자리 때문 그런 갈등과 분열이 생기고 언론에까지 공개된다는 게 참 신기할 뿐이다.

한편 군산문인협회는 협회보를 통해 공지한 2016년 11월 25일 제6회 군산문학상 수상자 지역신문 발표도 하지 않았다. 필자가 제6회 군산문학상 수상 소식을 접한 것은 그로부터 16일이 지난

12월 12일 자 새전북신문이다. 그쯤 되면 수상 대상을 전국으로 확대하기보다 오히려 군산지역 문인들만을 대상으로 하는 '신무 군산문학상'이 낫지 않을까?

〈전북연합신문, 2017. 1. 13〉

## 그들은 사이코패스인가

 새해가 밝았지만 역시 박 대통령 탄핵은 끝이 아니었다. 시작에 불과할 뿐이었다. 비선 실세 국정농단사건으로 대통령이 탄핵 당했다. 헌법재판소 심판이 진행 중이고, 최순실 게이트 관련자들이 구속 또는 불구속 상태에서 특검 조사를 받고 있는데도 어떤 카타르시스를 느끼긴커녕 마음이 답답해 미칠 지경이다. 무엇 때문인가. 어디서 오는 것인가?
 이런 답답함은 이미 세상에 까발려진 온갖 범행들을 대통령이 앞장서 부인하고 있어서 생기는 것인지 모른다. 극히 일부를 빼곤 그 대통령에 그 졸개들이라 할까. 최순실·우병우·김기춘 등 주인공 내지 핵심 증인들 모두가 부인하거나 '모른다' 따위 인면수심의 발뺌을 하고 있어서 그럴지도 모른다.
 급기야 '대통령, 사이코패스 아닐까'(한겨레, 2016. 12. 26)라는 제목의 칼럼까지 보고 말았다. '백치성', '할로우 맨'에 이어 박 대통령이 사이코패스일 수 있다는 내용은 끔찍하지만, 상당히 그럴 듯하다는 점에서 더 소름 끼친다. 이 칼럼은 미국 아들러대학 심리학과 김은하 교수가 규정한 사이코패스 특징을 인용하고 있다.

사이코패스는 "자신의 감정과 고통에는 매우 예민하나 타인에 대해 공감을 할 수 없기 때문에 누구와도 정서적 유대감을 맺지 못한다. 과대망상증이 심하고 자신의 욕구를 충족시키기 위해서는 무슨 일이든 할 수 있다. 거짓말과 속임수에 능하고…. 포학하고 잔인한 범죄를 저지르고도 전혀 죄의식을 느끼지 못한다."가 그것이다.

박 대통령이 헌법재판소에 낸 답변서나 느닷없는 신년 기자간담회 내용을 보면 이런 사이코패스 특징에 딱 들어맞음을 알 수 있다. 10회에 걸쳐 연인원 1천만 명 넘는 국민이 거리로 나서 퇴진과 탄핵, 그리고 구속을 외치는 '아수라장'을 만들고도 "최순실의 국정 관여는 1% 미만이며, 이마저도 사회 통념상 허용될 수 있는 일"이라니, 한 나라의 최고 지도자였던 대통령으로서 할 말인지 귀를 의심하게 한다.

그런 대통령을 배출한 집권 여당인 새누리당은 또 어떤가. 대통령 탄핵에 따른 책임을 지고 벌써 뉴스에서 사라졌어야 그나마 염치를 아는 최소한 도리일 텐데, 그게 아니다. 1호 당원인 대통령 징계에 나서려는 윤리위원회를 와해시키더니 친박 원내대표를 새로 뽑으며 '국민 네까짓 것들' 하는 태도를 보인 그들이다.

그예 29명 비박계 의원들이 새누리당을 탈당하여 가칭 개혁보수신당 창당을 선언했지만, 그들 역시 1,000만 촛불 민심과 박 대통령 탄핵 등 결딴난 이 아수라장의 대한민국으로부터 자유로울 수 없다. 그래도 거기에 더해 야무지게 정권 재창출 따위 듣기 민망한 소릴 해대니 절로 헛웃음이 터져 나온다.

어쨌거나 이정현 전 대표 등 소위 친박 국회의원들이 보여준 일련의 행태가 이런 답답함의 또 다른 주범임은 더 말할 나위 없다. 한 술 더 떠 탄핵에 동참한 비박계 의원들에게 '배신자'니 '호가호위한 자들'이라 매도해대니 그 정신상태를 정상으로 보기 어려운 것이다. 그야말로 사이코패스 저리 가라 할 정도이다.

대통령과 같은 급이라는 최순실의 행태는 또 어떤가. 청문회 불출석은 기본이고 감방까지 직접 찾아간 국정조사 특위 국회의원들에게 모른다며 모든 걸 잡아떼기만 했다. 가령 "종신형 받을 각오가 되어 있다"면서도 우병우·김기춘·김장자(우병우 장모), 심지어 안종범 전 수석까지 모른다니 영락없이 "잔인한 범죄를 저지르고도 전혀 죄의식을 느끼지 못"하는 사이코패스다.

잡아떼며 모르쇠로 일관한 건 청문회 증인으로 나온 우병우·김기춘 등도 마찬가지다. 역시 그 대통령에 그 졸개들이라 그런가. 대통령이 탄핵당하는 등 나라는 결딴났는데 낸 사람은 없다니 말인지 막걸리인지 알 수 없다. 대통령 얼굴엔 흔적이 뚜렷한데 막상 수술한 의사는 없고, 블랙리스트는 존재하는데 만든 사람은 없다니 속된 말로 미치고 팔짝 뛸 일 아닌가.

무릇 사람이 동물과 다른 것은 자신이 저지른 잘못을 깨달을 수 있다는 점이다. 잘못했으면 인정하고 죄상을 낱낱이 밝혀 법의 심판도 마다하지 않는 게 인간의 도리일 것이다. 국정조사 청문회 불출석을 막기 위한 강제구인권 등 국회에 이미 그런 권한이 주어졌더라면 그나마 답답함은 좀 덜하지 않았을까 생각해본다.

〈전북연합신문, 2017. 1. 5〉

## 증정 예절

　벌써 한 해가 저물고 있다. 덩달아 우편함이 손님맞이로 바빠졌다. 평소에도 하루가 멀다고 증정 책들이 오는데 한 해를 마무리하는 동인지들이 몰려 있어서다. 오늘도 동인지 한 권과 개인 저서를 받았다. 절로 반가운 마음이 일지만, 한편으론 불쾌감이 생기기도 한다. 특히 개인 저서를 받는 기분이 그럴 때가 있다.
　'그럴 때가 있다'라고 한 것은 그렇지 않은 경우가 더 많아서다. 대개는 친필로 'ㅇㅇㅇ님 혜존'과 함께 날짜, 저자명이 앞표지 다음 간지에 적혀 있게 마련이다. 그것은 증정하는 이의 정성과 수고로움이 오롯하게 전해지는 일종의 정표이다. 다른 이들은 어떤지 자세히 알지 못하지만, 그 책에 대한 살가운 애정이 생기는 이유이기도 하다.
　실제로 그렇게 사인하며 증정해보니 보통 일이 아니다. 많은 시간과 수고를 내야 가능한 일이 책 증정이다. 저자에 따라 수하를

시켜서 하는 경우도 있을 것이다. 수고는 덜지 몰라도 그 정성이야 직접 쓰는 저자에 비해 턱없이 모자랄 수밖에 없다. 이 첨단시대에 좀 고루할지 몰라도 43권의 책을 펴내고 증정하면서 철저히 지켜온 원칙이라 할까.

그런데 오늘 받아본 책에는 아무런 사인도 없다. 동인지 같은 잡지야 그럴 수 있다. 딱히 'ㅇㅇㅇ님 혜존'이라 적을 간지 없이 만드는 게 보통이기 때문이다. 앞표지 다음에 간지가 필수적으로 들어가는 개인 저서하고 다르니 오히려 그것이 동인지의 당연한 증정 방식으로 보이기도 한다.

비단 오늘 받아본 책만 그런 것이 아니다. 종종 출판사에 의뢰해 수고를 덜고 편리를 추구한 증정이 있다. 특히 저자의 연배가 40~50대 등 아직 젊은 층인 경우도 있어 이맛살을 찌푸리게 한다. 연로한 문인들도 직접 써서 증정하는 것과 자연스레 비교가 된다. 속된 말로 '싸가지'가 없는 게 아닌가 하는 생각이 고개를 들곤 한다.

언제부터인가 나는 예절 잃은 증정의 그런 책들은 책장에 소중히 보관하지 않는 원칙을 나름 정했다. 딱 부러지게 실천도 하고 있다. 애써 낸 책을 여러 문인이나 지인들에게 보여주고 싶은 저자의 마음이야 가상하고 고마운 일이지만, 막 뿌려대는 '찌라시' 같은 느낌을 떨쳐낼 수 없어서다.

사실은 출판사에 의뢰해 일괄 증정하는 경우에도 얼마든지 예절을 갖출 수 있다. 받는 사람 이름까지 일일이 쓸 수야 없겠지만, 적어도 '혜존'과 함께 'ㅇㅇㅇ 드림' 정도는 라벨이든 또 다른 별지든 뭐든 이용하여 정성껏 보낼 수 있어서 하는 말이다. 지난해 회갑기념 출판기념회에 온 하객들에게 그런 증정을 해보았다.

같은 책을 두 번이나 받는 것은 어이없는 경우라 할 수 있다. 지난 봄 책 발행일 무렵에 받은 책인데 가을 다시 온 것이다. 심지어 1~2년 전 증정 받은 책이 다시 오는 경우도 있다. 보냈는지 몰라 그런 것인지 아니면 또 다른 어떤 의도가 있는지 알 수 없지만, 난감한 건 사실이다. 결국 그중 한 권은 버려야 하기 때문이다.

일반인들이야 대수롭지 않게 생각하는 듯 보이지만, 사실 책 한 권 내기는 그리 만만한 일이 아니다. 십중팔구 기백 만 원에 이르는 출판 비용 등은 다 그만두자. 원고지 수백 장 넘는 글을 써낸 그 세월에 겪는 창작의 고통은 어땠는지, 그런 걸 생각하면 책 한 권 펴내는 것이야말로 오싹 소름 끼치는 일이다. 다시 하고 싶지 않은 일일 수도 있다.

그렇게 어렵사리 세상과 만난 책을 '처치'하려니, 그게 또 일이다. 평소에 글을 쓰면서 일이란 생각을 해본 적이 없지만, 책으로 나오면 달라진다. 그걸 증정하려면 '책 내는 것도 일'이란 탄식이 절로 터져 나오니 말이다. 거기에 증정 예절까지 운운해대니 좀 언짢게 생각할 문인들도 여럿 있을 것 같다.

그럴망정 책 증정에도 예절이 있어야겠다는 내 생각엔 변함없다. 받는 이가 반갑게 미소 지으며 덥석 받아 주지 않는 책 증정은 또 다른 공해일 수 있다. 그야말로 책들의 홍수 시대인 지금이다. 당신의 소중한 저서를 이메일이나 휴대폰 메시지로 오는 스팸 같은 그런 것으로 남게 하겠는가.

〈전북연합신문, 2016. 12. 29〉

# 역사를 새로 쓰는 대통령

그 동안 억눌려왔던 분노의 표출이거나 표현의 자유일까. 최근 두 달 사이 박 대통령에 대한 비판적 칼럼 등이 신문 오피니언 면을 장식했다. 모자란 사람이란 뜻의 '또라이'를 연상시키는 '대통령이란 자의 백치성'(경향신문, 2016. 12. 5)이라든가 '할로우 맨'(한겨레, 2016. 12. 17)이란 표현이 들어있는 칼럼을 보았다. 여기서 할로우 맨은 '뇌 조직을 완전히 절개한'이란 뜻이다.

박 대통령 탄핵은 문제 될 것이 문제로 불거져야 고개가 끄덕여지기라도 할 텐데, 그게 아니라는 데에 사건의 심각성이 크다. 지금까지 드러난 것만으로도 그야말로 전무후무하고 후안무치하기 짝이 없는 최순실 국정농단, 나아가 '대통령 갖고 놀기'이다. '백치성'이니 '할로우 맨'이라는 표현이 자다 봉창 두드리는 소리로 보이지 않는 이유이다.

그러는 동안 박 대통령은 역사를 새로 쓰는 대통령으로 우뚝

셨다. 지난 대선에서 새누리당 박근혜 후보의 득표율은 51.6%, 1,577만 3,128명의 표였다. 투표율 75.8%에 과반을 넘어선 역대 최초의 득표였다. 제18대 대통령에 당선된 박근혜 후보는 그와 동시에 한국 최초의 부녀 대통령, 여성 대통령, 미혼 대통령 등 한국 정치의 역사를 새로 쓰게 되었다.

이미 지나간 일이지만, 나는 그런 선거 결과에 대한민국이 '참 이상한 나라'라는 의구심을 떨굴 수 없었다. 박근혜 후보가 당선되어선 안 될 여러 이유에도 불구하고 대통령이 되었기 때문이다. 그를 찍은 많은 유권자들을 참 이상한 국민이라고 생각하면서도 그나마 한 가지 안도한 것은 미혼의 대통령이라는 사실이다.

미혼의 박 대통령은 가정을 이루지 않았고, 바구니 물가를 겪어 보지도 못했다. 또한 보통 부모들이 자식들로 인해 겪는 허리가 휠 정도의 교육비 따위를 알 리 없다 같은 우려가 있었지만, 우리가 이미 목격한 바와 같이 역대 대통령들의 아들이나 형 등 권력형 가족 비리 따위는 보지 않아도 되겠지 싶었다.

아니나다를까 박근혜 대통령은 취임 이후 남녀를 막론하고 친형제들을 멀리했다. 그런데 웬걸 박 대통령은 피 한 방울 섞이지 않은 '최순실 게이트'의 공범으로 국회, 나아가 국민의 탄핵을 당하는 지경에 이르게 되었다. 탄핵에 앞서 박 대통령은 헌정사상 최초로 검찰에 의해 피의자 신분으로 입건된 현직 대통령이 된 바 있다.

4%로 추락한 사상 최초의 낮은 대통령 지지율도 있다. 지난 대선에서 박근혜 후보를 찍었던 51.6%의 국민 중 90% 넘게 박 대통령을 가차 없이 버린 것이라 할 수 있다. 이는 과거 IMF 외환위

기를 초래한 김영삼 대통령 지지율이 6%로 곤두박질한 것보다 더 낮은 최저·최악의 수치이다.

요컨대 대량 실직과 가정 붕괴 등 사회·경제적 혼란이 극에 달했던 때보다 대통령에 대한 불신과 부정적 인식이 더 큰 민심의 반영인 것이다. 전국에 모여든 자그마치 232만 명이라는 사상 최대 인파의 촛불시위도 결국 박 대통령에 의해 새로 쓰인 역사라 할 수 있다.

100점 만점에 4점짜리 박 대통령은 시민단체인 참여연대로부터 고발당하기도 했다. 박 대통령 거부로 성사되진 않았지만, 최초의 현직 대통령 검찰수사에 이어 또다시 역사를 새로 쓰게 되었다. 현직 대통령이 뇌물죄로 고발된 것 역시 헌정사상 처음이어서다.

고발장에 적시된 박 대통령의 혐의는 뇌물, 제삼자뇌물, 공무집행방해, 군사기밀 보호법 위반, 외교상 기밀누설, 공무상 비밀누설, 대통령 기록물관리법 위반 등 무려 7개나 된다. 박 대통령은 시민단체 경실련에 의해 대통령 직무 정지 가처분 청구를 당하기도 했다. 이것 역시 헌정사상 최초이다. '뭐 저런 대통령이 다 있나' 하는 탄식을 절로 솟구치게 한다.

이런저런 역사를 새로 쓴 박 대통령은 헌정사상 최초의 특검 조사를 앞두고 있다. 앞으로 있을 헌법재판소 탄핵심판에 따라 또 하나 새로운 역사를 예약해둔 상태이기도 하다. 국민의 직접투표로 선출된 대통령 중 사상 처음 임기를 다 못 채운 현직 대통령이라는 역사가 그것이다.

그만 잊으려 해도 다시 이러려고 1,577만 3,128명이나 되는 저들은 박근혜 후보를 대통령으로 뽑았나 하는 탄식이 절로 터져 나온다. 헌법 5건, 법률 위반 8건의 탄핵 사유에 대해 "아무 잘못도 없다"는 내용의 답변서를 헌법재판소에 보냈다니, 앞으로 또 무슨 역사를 새로 쓸지 의구심이 가라앉지 않는 대통령이라는 점에서 너무 우울하고 몹시 슬픈 세밑이다.

〈한교닷컴, 2016. 12. 23〉

# 병신십적(丙申十賊)

2016년 병신(丙申)년이 저물고 있는 가운데 박근혜 대통령 탄핵소추안이 가결되었다. 300명 국회의원 중 234명이 찬성한 압도적 가결이지만, 결국 '촛불의 힘'으로 일궈낸 국민 승리라 할 수 있다. 이런 시대인데, 어떻게 최순실 국정농단 같은 전무후무한 일이 가능했는지 새삼 의아스러워 미칠 지경이다.

어쨌든 아직 헌법재판소 심판이 남아 있고, 특검 수사도 진행 중이지만, '비선 실세 비리의 몸통 된 대통령'이 거의 사실로 드러난 셈이다. 나는 그들 중 핵심 10명을 구한말 '을사오적'에 빗대 병신십적(丙申十賊)이라 부른다. 올해의 사자성어로도 손색없을 병신십적 맨 앞은 응당 박 대통령이다. 속된 말로 '오야붕'이라 할 만하다.

특검의 세밀한 수사를 통해 처벌해야 할 병신십적은 오야붕인 박대통령을 필두로 최순실·정유라·안종범·김종·우병우·차은택과 정호성·이재만·안봉근의 문고리 3인방 등이다. 특히 국회 청문회에 이런저런 이유를 들이밀며 불출석한 최순실·안종범·우병우·정호성·이재만·안봉근 등에 대해선 '국회 모욕죄'까지 물어 가중 처벌해야 한다.

물론 병신십적 여기에 끼지 못해 서운해할 자들이 더 있다. 김기춘 전 청와대 비서실장이라든가 김종덕 전 장관, 김상률 청와대 전 수석, 송성각 전 한국콘텐츠진흥원장, 최순실 조카 장시호, 최순실에게 차은택을 소개한 고영태, 미르·K스포츠재단에 돈을 준 대기업 총수들과 그게 자발적 모금이라고 했다가 말을 바꾼 이승철 전경련 부회장, 청와대 전·현직 행정관들, 이화여대 최경희 전 총장을 비롯한 교수들, 한국마사회, 대한승마협회 관계자 등이다.

그리고 앞으로 얼마나 더 많은 사람들이 사법 처리 대상이 될지 모른다. 지금까지 드러난 그들 관련 사실만으로도 박 대통령은 국가 원수로서의 자격 내지 자질 시비로부터 자유로울 수 없다. 그들이 깝죽거리고 다니며 온갖 악행을 일삼은 호가호위(狐假虎威) 그것만으로도 박 대통령의 책임은 피할 길이 없어 보인다.

또한 아무리 대통령을 정점으로 벌어진 일이라 하더라도 직을 걸고 아닌 건 아니라고 말하는 강직한 참모나 각료가 없었다는 건 왕조시대보다 못한 21세기 대한민국의 민낯을 웅변한다. 반절 정도가 탄핵 찬성표를 던져 '속죄'한 것이 그나마 다행이지만, 당연히 이른바 친박이니 진박이니 하는 그 많은 새누리당 국회의원 그자들도 예외가 아니다.

급기야 전국 각지에서 각계각층의 '퇴진', '하야' 시위 또는 시국

선언이 들불처럼 번져왔다. 12월 3일 서울 광화문광장 등 전국 집회엔 232만 명이 참여해 박 대통령 탄핵을 끌어내기까지 했다. 탄핵 가결 직후인 지난 주말에도 전국 104만 명이 모여 즉각 퇴진을 외쳤다. 그뿐이 아니다. 이례적으로 이미 여러 지역 재외교포들이 나서서 박 대통령의 퇴진을 촉구한 바 있다.

박근혜 대통령은 이미 2차 대국민 담화에서 "무엇으로도 국민의 마음을 달래드리기 어렵다는 생각을 하면 내가 이러려고 대통령을 했나 하는 자괴감이 들 정도로 괴롭기만 하다"고 밝혔다. 탄핵 직후 마지막으로 주재한 국무위원 간담회에서도 "지금의 상황을 바라보고 계신 국민들의 심정을 생각하면 참으로 괴롭고 죄송스럽다"고 말했다.

이것만 보면 해답이 금방 나올 것으로 여겨진다. 자괴감까지 생길 정도로 잘못했으니까 국정을 위임한 국민이 하라는 대로 물러날 줄 알았던 것이다. 박 대통령은 그러나, 탄핵 후에도 헌법재판소 심판과 특검 수사에 담담하게 대응하겠다고 밝혔을 뿐이다. 얼마나 더 많은 국민이 이 엄동설한에 거리로 나와 촛불을 들고 외쳐대야 할지 가늠조차 안 되는 행보라 할 수 있다.

만민(萬民)이 법 앞에 평등하듯 잘못하면 책임을 지는 게 인간의 도리다. 하물며 일국의 대통령임에야 말해 무엇하랴. 잘못을 저질러 사과해야 할 사람이 어떤 조건을 전제하는 것도 자던 소가 웃을 일이다. 이미 엎질러진 일, 그나마 이 난국을 헤쳐 나갈 방법은 박 대통령의 즉각 퇴진뿐이라는 게 국민 요구이다.

역시 국민과 싸워서 이길 수 있는 권력자는 없다. 또 하나 분명한 건 대통령을 잘못 뽑으니 이렇듯 국민이 개고생 한다는 사실이다. 박근혜 후보를 뽑은 많은 사람들이 광화문 광장에 모이고, 대구 지역 1,386명의 "묻지 마 투표로 박근혜를 대통령으로 뽑은 것을 반성합니다."라는 반성문 발표는 그나마 다행한 일이다. 그럴망정 묻지 않을 수 없다. 저들은 이러려고 독재자의 딸 박근혜 후보를 대통령으로 뽑았나?

〈전북연합신문, 2016. 12. 15〉

## 뭐 저런 대통령이 다 있나

헌정사상 최초의 특검 조사 현직 대통령이라는 역사를 새로 쓴 박 대통령은 급기야 시민단체 경실련에 의해 대통령 직무 정지 가처분 청구를 당하기도 했다. 코앞으로 닥친 국회 탄핵이 가결되어도 지난 주말 232만 국민이 요구한 '즉각 퇴진'은 하지 않을 모양이다. '뭐 저런 대통령이 다 있나' 하는 탄식을 절로 솟구치게 한다.

그러나 정작 그런 탄식은 다른 데서 더 터져 나온다. 일국의 대통령으로서 '미운털'이 박히면 여지없이 보복을 해온 것으로 속속 드러나고 있어서다. 오죽했으면 "국민이 위임한 권력을 개인적인 복수에 악용하는 대통령의 저급하고 편협한 발상과 수준에 말문이 막힌다."(한겨레, 2016. 11. 18)는 신문 사설까지 등장했을까!

대통령의 국립대 총장에 대한 늑장 임명 및 거부도 그중 하나이다. 보도에 따르면 지난 10월 21일 경북대 총장이 임명됐다. 26개월째 총장 공석이 이어지다 그나마 대학 내 선거 2순위 득표자로 임명이 이루어진 것이다. 1순위 후보자가 청와대의 각서 작성 요구를 거부해 그리되었다니 이런 막장드라마가 또 어디 있을까 싶다.

경북대는 구성원 반발로 한 달이 넘도록 총장 취임식도 못 하는 등 혼란이 계속되고 있다. 말이 되는 혼란이다. 가령 K리그에서 A 선수가 20골을 넣었다. B 선수는 19골을 넣었다. 시상식에서 A 선수가 맘에 안 든다고 B 선수가 득점왕을 차지하고 또 수상도 하면 말이 안 되는 경우와 같아서 그렇다. 어쨌든 혼란이 계속되고 있는 경북대의 경우는 그래도 양반이다.

공주대는 2014년 3월부터 33개월째, 방송통신대는 2014년 9월부터 7개월째 총장 공석 사태가 이어지고 있어서다. 경북대보다 덜하지만, 전주교대 역시 2015년 2월부터 22개월째 총장이 비어있다. 각 대학이 추천한 총장 후보들을 교육부가 제때 임명 제청하지 않아 공석 사태가 빚어진 국립대는 10곳이나 된다.

그런데 그 이유를 들어보면 선뜻 믿기지 않을 만큼 너무 어이가 없다. 글쎄, "정부에 비판적인 글을 쓰거나 성명서에 이름 한 줄 올린 사례까지 샅샅이 훑어 거부한다는 것은 공공연한 비밀(한겨레, 2016. 10. 22)"이라니 말이다. 그런 대통령의 정부라면 분명 제대로 된 나라, 민주공화국의 모습은 아니다.

'미운털'에 대한 보복행위는 영화계에도 있다. 널리 알려지지 않았지만, 일례로 제작·배급사 '시네마 달'이 세월호 영화들의 연이은 배급으로 최근 몇 년간 정부의 모든 지원에서 제외되는 '재앙'을 겪은 걸 들 수 있다. 박태환·김연아 선수에 대한 미운털 관련 보도 역시 세월호 책들에 대한 지원 배제처럼 참 쪼잔한 짓이라 할 수 있다.

청와대 수석을 통한 CJ그룹 이미경 부회장 퇴진 압력은 널리 알려진 일이다. 일개 회사의 경영권 침해라는 점과 함께 그것이 일련의 영화들 때문이라는 사실에 경악을 금할 수 없다. 박 대통령의 CJ그룹에 대한 사감(私感)이 시작된 건 박정희 대통령 시해 사건을 다룬 2006년 '그때 그 사람들'부터인 것으로 알려졌다.

그것은 두 편의 천만 영화를 거치며 실행되었다. 은근히 노무현 대통령을 떠올리게 한다는 영화 '광해, 왕이 된 남자(2012)'와 2013년 12월 개봉된 '변호인'이 그것이다. 이미 알려진 대로 '변호인'은 노무현 대통령의 변호사 시절을 그린 영화로 '뉴'가 배급했다. '뉴' 역시 2014년 강도 높은 세무조사를 받는 등 곤란을 겪은 것으로 알려졌다.

CJ그룹은 CJ 창업투자가 공동 투자한 것이 알려져 미운털이 박힌 것으로 전해졌다. 문체부가 머뭇거리자 공정거래위원회·검찰·국세청까지 동원해 32억 원의 과징금을 물리고, 그것도 양에 차지 않았는지 이미경 부회장을 미국으로 떠나가게 했다는 보도가 그것이다.

그런데 영화 속 주인공 노무현 대통령은 우리가 살고 있는 이승을 떠난 지 오래된 망자(亡者)이다. 이를테면 망자의 인기를 질투해 그런 해외토픽 감의 일을 벌인 셈이다. 어안이 벙벙할 뿐 아니라 세상에 뭐 저런 대통령이 다 있나 하는 탄식이 절로 터져 나오는 이유이다.

하긴 최순실이란 '선생님' 심기를 보살피느라 제대로 일한 애먼 고위공무원을 사적인 감정을 앞세워 몰아낸 대통령이니 더 말할 게 뭐 있으랴. 이쯤 되면 지난 대선에서 문재인 후보를 찍은 1,469만 2,632명 국민 전체를 블랙리스트 삼아 복수하지 않은 걸 천만다행으로 여겨야 할지도 모르겠다.

〈전북연합신문, 2016. 12. 8〉

## 국민 사표 내고 싶어

검찰의 '최순실 국정농단 의혹' 특별수사본부가 중간수사 결과를 발표했다. 최 씨와 안종범 전 수석, 정호성 전 비서관을 구속 기소하면서 이영렬 특별수사본부장은 "박 대통령은 3명의 피고인과 상당 부분 공모관계에 있는 것으로 판단된다."고 밝혔다. 이로써 박 대통령은 단순 참고인이 아니라 피의자 신분으로서의 조사가 불가피해졌다.

검찰 및 특검 조사를 받는 헌정사상 최초의 현직 대통령이라는 역사를 새로 쓴 박 대통령은, 그러나 유 변호인을 통해 공소사실이 "상상과 추측을 거듭해 만든 환상의 집"이라며 검찰 조사를 전면 거부했다. 2차 사과에서 밝힌 '성실한 검찰 조사'가 거짓말이 된 셈이다. 다만, 유 변호인은 "검찰 수사의 공정성을 믿을 수 없어 중립적인 특검 수사에 대비하겠다."고 밝혔다.

급속히 박 대통령 탄핵정국으로 전환되고 있는데, 이쯤 되고 보니 절로 떠오르는 게 있다. 1987년 6·10민중항쟁으로 어렵게 쟁취한 대통령 직접선거에서 노태우 후보를 뽑은 일이다. 또 그로부터 25년 동안 이룬 민주화가 얼마인데 그것이 무참하게도 2012년 대선에서 박근혜 후보를 대통령으로 뽑은, 참 이상한 나라가 그것이다.

그때 박근혜 후보를 대통령으로 뽑은 1,577만 3,128명은 무엇에 단단히 씌었거나 홀렸던 게 아닌가 하는 의구심을 떨쳐낼 길이 없다. 그렇지 않고서야 도저히 일국의 대통령이라 할 수 없는 온갖 악행과 추문들이 화수분처럼 솟구치는 박근혜 후보를 어떻게 뽑을 수 있었겠는가. 어느 것 하나 억장이 무너지지 않는 게 없지만, 특히 그 '찌질함'은 압권이라 할만하다.

"국민이 위임한 권력을 개인적인 복수에 악용하는 대통령의 저급하고 편협한 발상과 수준에 말문이 막힌다(한겨레, 2016. 11. 18)"는 신문 사설이 말해주듯 박 대통령의 찌질함은 곳곳에서 민낯을 드러낸다. 문화예술인 블랙리스트가 하이라이트라 할 만하지만, 그런 사례는 더 있다.

정부에 비판적인 글을 쓰거나 성명서에 이름 한 줄 올린 사례까지 샅샅이 훑어 거부한다는 것이 공공연한 비밀로 알려진 국립대 총장 임명 거부라든가 CJ그룹에 대한 과징금 부과 및 이미경 부회장 퇴진 압력 등 그러려고 대통령 했나 하는 의구심이 가시지 않을 정도이다.

세상에 뭐 저런 찌질한 대통령이 다 있나 하는 탄식이 절로 터져 나오게 하는 일은 또 있다. 피고인 최순실의 딸 정유라 승마대회 성적을 둘러싼 대통령 대응이 그것이다. 문체부 조사에서 최

씨와 승마협회 쪽 모두 문제가 있는 것으로 보고서를 올린 국·과장 등을 "나쁜 사람"이니 "아직도 그 사람이 있어요."라며 애먼 공무원을 몰아낸 대통령이니 더 말할 게 뭐 있으랴.

박 대통령은 정유라 친구 부모 기업까지 챙겨주느라 사기업인 현대자동차에 청탁한 것으로 알려졌다. 최 씨는 현대자동차에 10억 6,000만 원 상당의 제품을 납품한 KD코퍼레이션으로부터 1,100만 원짜리 명품백 등 5,000만 원의 금품을 받아 챙겼다는 것이 공소장 내용 중 일부이다.

과연 일국의 대통령으로서 할 수 있는 일이 맞을까 하는 의구심이 떠나질 않는 참으로 찌질하고 쪼잔한 내용들이라 아니 할 수 없다. 지난 대선에서 문재인 후보를 찍은 1,469만 2,632명 전체를 블랙리스트 삼지 않고 복수도 하지 않은 걸 천만다행으로 여겨야 하나? 진짜 대한민국 국민을 사표내고 싶은 나날이다.

〈전북연합신문, 2016. 11. 30〉

## 각료 총사퇴와 비박계 집단탈당을

 자그마치 100만 명 국민이 광화문 광장에 모여 한목소리로 외쳤지만, 아무런 소용이 없었다. 아니 답은 있었다. '박근혜 퇴진'이란 국민의 외침에 대한 답은, 맘소사 연기를 빙자한 검찰 조사 거부였다. 2차 사과에서 밝힌 '성실한 검찰 조사'의 약속을 박 대통령 스스로 뒤집고 이른바 버티기 모드로 돌입한 것이다.
 버티기는 엘시티 철저 수사 지시와 인사권 행사 등 사실상의 국정 재개에서도 엿보인다. 그게 신호탄인 듯 그와 동시에 새누리당 친박계가 다시 돌격대로 나섰다. 박사모(박근혜를 사랑하는 사람들의 모임) 등 극우단체들도 맞불 집회 따위로 준동하기 시작했다. 100만 촛불집회 이후 뭔가 화끈한 매듭풀이가 나올 것을 기대한 민심과 동떨어진 시국으로 급반전한 것이다.
 '박근혜·최순실 게이트'라는 전무후무한 국가 사유화 사건도 그렇지만, 이후 돌아가고 있는 나라 꼴을 보고 있자면 말문이 턱

막혀버린다. 분명 나라가 잘못 돌아가고 있는데도 원인을 제공했거나 책임자여야 할 박 대통령이 화끈하게 책임지지 않고 있어서다. 정치권의 대책 등 후련하게 수습되지 못하는 정국이 계속되고 있어서다.

게다가 박 대통령 탄핵 절차마저 최장 6개월, 새누리당 이탈표 여부, 장담할 수 없는 헌법재판소 통과 등 이런저런 제약이 있다니 그야말로 미쳐 팔짝 뛸 지경이다. 그런데 미쳐 팔짝 뛸 일이 더 있다. 내리 3주째 굴욕적이라 할 100점 만점에 5점짜리 박 대통령의 하야 반대 집회와 정홍원 전 국무총리의 '마녀사냥' 운운하는 옹호 따위이다.

지금 비선 실세 국정농단사건의 몸통으로 지목된 박 대통령 범죄혐의는 보수니 진보를 따져 질책할 문제가 아니다. 또 박사모니 친박계가 그렇게 설쳐댈 사안도 아니다. 오히려 그들이 진짜로 박 대통령을 위한다면 지금까지 드러난 각종 비정상적 행위만 가지고도 참회하고 책임을 함께해야 맞다. 그것이 국민에 대한 인간의 도리다.

뭐, 십이분 양보해 이정현 새누리당 대표야 '당무수석'이니 '머슴 의리'란 비아냥거림을 들어온 처지이니 그렇다 치자. 심지어 김진태 의원은 직이라도 걸었는지 "촛불은 바람 불면 꺼진다."며 촛불집회서 표출된 민심을 흑싸리껍질 취급하고 있다. 과연 박 대통령 임기가 끝난 1년 4개월 후의 자신을 생각해보고 한 말인지 의문이다.

또 하나 이해 안 되는 일이 있다. '식물대통령'이 주는 자리도 벼슬이라고 넙죽넙죽 받는 사람들이 즐비한 점이 그것이다. 나름

깊은 뜻이 있을지 모르겠지만, 결국 그들은 국민들로부터 퇴진 압박을 받고 있는 박 대통령과 한패가 되겠다는 것이 아니고 무엇이겠는가? 청와대 비서실장과 민정수석, 국무총리 내정자와 외교부·문체부 2차관, 그리고 박 대통령 변호인 등이 그들이다.

그들은 국민의 공복(公僕)이 아니다. 그냥 대통령의 심복일 뿐이다. 국무총리를 비롯한 국무위원들도 심복이긴 마찬가지다. 100만 촛불 민심을 확인했으면 응당 총사퇴를 해야 맞을 것 같은데, 목구멍이 포도청이라 그런지 그게 아니다. 누구 하나 이런 대통령 밑에서는 쪽팔려 각료를 못 하겠다면서 물러나지 않으니 국민의 심부름꾼은 아닌 것이다.

생각해보자. 차관은 그만두고 총리를 비롯한 장관들만이라도 일괄사표와 함께 업무거부를 선언한다면 아무리 '버티기의 여왕' 박 대통령이라 하더라도 뒤통수 맞은 듯 크게 당황할 게 뻔하다. 그 점은 청와대 수석 등 보좌진도 마찬가지다. 그 공백의 혼란을 어떻게 하겠는가? 이를테면 국민은 안중에 없고 오로지 인사권자의 눈치만 살피는 그들의 자리보전이야말로 '참 나쁜 대통령'의 또 다른 주범인 셈이다.

이미 내놓은 자식쯤으로 치부하니 친박계야 그렇다 치자. 새누리당에서도 비박계는 지금 한가하게 '한 지붕 두 살림'으로 내홍만 키울 게 아니다. 과감하게 집단 탈당하여 박 대통령과 확실히 선을 긋는 결연한 행동이 필요하다. 그들의 정치적 새 출발을 위해서가 아니다. 나라 살리기 선결과제인 '박근혜 퇴진'을 끌어낼 하나의 답이 될 수 있어서다.

지금은 그만큼 비상시국이다. 왜 수능을 끝낸 고3 학생들이, 지난 대선에서 박근혜 후보를 찍었던 기성세대들이 광장에 모여야 하는 나라가 되었는지 답답하고도 안타까운 나날이다. 얼마나 많은 애먼 국민들이 30년 전으로 돌아가 분노를 쏟아내야 하는지 대한민국 국민인 것이 너무 쪽팔리는 요즘이다.

〈한겨레, 2016. 11. 22〉

# 참 쪼잔한 정권

 보도에 따르면 지난 18일 문화연대·한국작가회의·민예총 등을 주축으로 한 문화예술인이 모여 기자회견을 열었다. 그것도 서울특별시·세종특별자치시·나주시에서 일제히 열었다. 알다시피 세종특별자치시엔 문화체육관광부, 나주시에는 한국문화예술위원회가 있다. 필자 기억으론 3곳서 일제히 열린 문화예술인 기자회견은 지금껏 없지 싶다.
 문화예술인들은 기자회견에서 "탄압을 현장에서 몸소 겪은 우리 문화예술인들은 블랙리스트를 둘러싼 진상이 규명될 때까지 행동을 멈추지 않을 것"이라고 밝혔다. 문화예술인들은 릴레이 성명과 기고를 이어가는 한편 예술검열반대 2차 만민공동회 개최 계획을 밝히기도 했다. 전주민예총도 문화계 블랙리스트에 대한 항의 성명을 발표했다.
 서울 광화문광장에서 열린 기자회견장에 일반 시민 자격으로 참석한 백기완 통일문제연구소장은 "블랙리스트를 우리말로 하면 '학살 예비자 명단'이다. 학살 예비자 명단을 만든 나라는 유럽에서 히틀러, 동양에서 일본제국주의, 한국에서 박정희·전두환밖에는 없다"(한국일보, 2016. 10. 19)고 소리를 높였다.

그렇다. 어감마저 그리 좋지 않은 과거 군사독재정권의 블랙리스트 망령이 이 민주주의 대명천지에 떠돌고 있다. 이번이 처음도 아니다. 예컨대 박근혜 당선인이 대통령 취임식을 50여 일 앞둔 2013년 1월 8일 "방송가에 어른거리는 블랙리스트 망령"이란 제목의 신문 사설(한겨레)에서 그것을 알 수 있다.

그 내용인즉 19대 대선에서 문재인 후보를 지지한 배우 김여진이 방송사 2곳으로부터 출연 금지 당한 사실에 대한 개탄으로 요약할 수 있다. 그뿐이 아니다. 지난 해 9월 "정부, 문학창작심사 개입 '유신 검열' 되살아나나"라는 제목의 신문 기사(한겨레, 2015. 9. 11)도 있었다.

핵심 내용은 이렇다. '2015 아르코문학창작기금'과 '창작산실 육성지원' 연극 부문 선정에 한국문화예술위원회가 개입해 특정 작가 배제를 요구했다. 희곡 분야에서 100점을 받아 1순위인데도 탈락한 '특정 작가' 이윤택은 지난 대선 당시 문재인 후보 지지 연설을 한 것으로 알려졌다.

한겨레신문 보도가 있은 지 딱 1주일 후 블랙리스트 문제는 국회 국정감사에서 유기홍 새정치민주연합 의원에 의해 공식 제기되었다. 그리고 1년이 흐른 20대 국회 첫 국정감사에서 도종환 더불어민주당 의원이 공개한 한국문화예술위원회 회의록을 통해 더 구체적으로 실체가 드러났다.

청와대가 작성해 문화체육관광부로 내려보냈다는 블랙리스트에는 9,473명의 문화예술인 이름이 들어 있다. 먼저 2012년 대선 당시 문재인 후보 지지 선언 예술인 6,517명, 2014년 서울시장 선거 때 박원순 후보 지지 선언에 참여한 1,608명이다. 또 2014년 6월 세월호 시국선언에 참여한 문학인 754명, 2015년 5월 세월호 정부 시행령 폐기촉구선언에 서명한 594명 등 총 9,473명이다.

언론에 공개된 블랙리스트 관련 내용을 시시콜콜 읽어보니 한마디로 참 쪼잔한 정권이란 생각이 든다. 또 그런 생각이 이내 떠나지 않는다. 틈만 나면 문화융성을 외쳐대면서 그렇듯 다른 한쪽을 콕 찍어 배제하니 놀랍고 두렵기도 하다. 그렇다면 '용비어천가식' 일색의 문화예술만 융성시키자는 것인가?

4가지가 다 그렇지만, 특히 대통령선거 경쟁자에 대한 지지 문화예술인들을 블랙리스트 삼은 것은 진짜 심각한 민주주의 파괴가 아닐 수 없다. 그런 의식이라면 18대 대선에서 문재인 후보를 찍은 48%의 1,469만 2,632명 국민에 대한 포용이나 화합은커녕 반감도 가지고 있을 것이란 의심을 사기에 충분하다. 다시 생각해도 참 쪼잔한 정권이다.

〈전북연합신문, 2016. 11. 16〉

# 제5부

## 20년째 그대로인 하림예술상 상금

 향토기업 ㈜하림이 창립 30주년을 맞았다. 지난 10월 11일 ㈜하림은 익산시 망성면 본사 대강당에서 창업자인 하림그룹 김홍국 회장을 비롯한 임직원과 사육 농가, 그리고 협력업체 직원 300여 명이 참석한 가운데 우수 농가·대리점에 대한 감사패 전달 등 기념식을 가진 것으로 알려졌다.
 ㈜하림은 최근 자산 기준이 5조 원에서 10조 원으로 높아져 제외되긴 했지만, 한때 대기업 반열에 오르기도 했다. 명실공히 ㈜하림이 국내 굴지의 견실한 향토기업이라 할 수 있는 이유이다. 그뿐이 아니다. ㈜하림은 세계최대 시장인 미국과 중국에 삼계탕을 수출, 글로벌 기업으로 발돋움하고 있기도 하다. 도민의 한 사람으로서 너무 뿌듯한 일이라 아니 할 수 없다.
 기념식에선 하림 30년의 역사를 담은 사사(社史) 헌정식도 거행된 것으로 알려졌다. 그 책자를 직접 읽어보진 못했지만, 하림

30년 역사에 빼놓을 수 없는 한 가지가 있다. 바로 '전북예총하림예술상' 상금 지원 같은 메세나 사업이다. 벌써 20년째 이어지고 있는 전북예총하림예술상이다.

전북예총하림예술상은 (사)한국예총전북연합회(전북예총)가 소속 10개 협회원들 중 우수 활동을 펼친 회원에게 주는 전북예술상을 개편한 이름이다. 1997년 시작된 기존 전북예술상을 2010년부터 전북예총하림예술상으로 바꿔 시상하고 있다. ㈜하림이 상금 지원의 스폰서임이 선명하게 드러나는 이름이다.

필자가 문학 부문 전북예술상을 영광스럽게도 수상한 건 1998년 제2회 때다. '영광스럽게도'라 말한 것은 신인상 말고 수상한 최초의 문학상이기 때문이다. 문학·무용·사진·연극 부문 등 4명이 상패와 함께 각 200만 원의 상금을 부상으로 받았다. 당시 신문 보도에 따르면 ㈜하림이 매년 1천만 원을 쾌척하여 시상하는 것으로 알려졌다.

한 해도 거르지 않고 20년째 해오고 있으니 ㈜하림의 문화·예술에 대한 관심과 애정은 더 말할 나위 없다. 참으로 감사하면서도 대견한 일이다. 자랑스러운 전북인 대상이나 전주시 예술상같이 지자체 주관 상이 공직선거법을 핑계 삼아 달랑 상패나 메달만 주는 시상식인 것과 대조되는 바람직한 일이기도 하다.

세월의 흐름과 함께 전북예총하림예술상은 변화된 모습을 보여 왔다. 기존 본상에 공로상을 신설해 수상자가 대폭 늘어난 상임을 알 수 있어서다. 가령 지난 해 19회 수상은 본상 6명, 공로상 6명이다. 지지난 해 18회 때도 본상에 단체가 1팀 든 것 말고 마찬가지였다.

상금은 본상 각 200만 원이다. 공로상의 경우 18회 30만 원에서 19회 40만 원으로 올랐다. 한 해 상금 액수가 대략 1,500만 원쯤 된다. 매년 1,000~1,500만 원씩을 20년 동안 지원해왔다. 지금까지 수억 원이란 거금을 ㈜하림이 우리 전북예술 발전을 위해 써온 것이다. 누구나 할 수 있는 일이 아니다. 결코 쉬운 일도 아니다.

그러나 20년째 그대로인 본상 상금에 대해선 솔직히 아쉬움도 따른다. ㈜미래엔이 지원하는 목정문화재단의 목정문화상 상금 1천만 원까지는 아니더라도 본상 200만 원은 좀 상향되어야 하지 않을까 생각해본다. 기업의 위상이나 상의 연륜, 고액 상금의 타 시·도 상들과 비교했을 때 그렇다.

제20회 전북예총하림예술상 시상식이 다가오고 있다. 강산이 두 번이나 변하도록 오랜 세월 지속적인 지원은 고마운 일이지만, 앞으로는 상승된 기업의 브랜드 가치에 걸맞은 시상이 되었으면 한다. 누가 봐도 글로벌 기업으로 발돋움하고 있는 ㈜하림이 주는 상임을 감안한다면 그게 맞지 않을까?

〈전북연합신문, 2016. 11. 2〉

## 뭔 놈의 이런 나라가 다 있나

18대 대통령 선거에서 박근혜 후보가 득표율 51.6%로 당선되었을 때 '참 이상한 나라'라는 칼럼을 쓰면서도 한 가지 안도한 것이 있다. 미혼의 대통령이라는 사실이 그나마 안도감을 주었다. 우리가 이미 목격한 바와 같이 역대 대통령들의 아들이나 형 등 가족 비리 따위는 보지 않아도 되겠지 싶었다.

그 점을 의식했을까. 부군이나 자녀가 없는 박근혜 당선인은 대통령이 되더니 친형제들을 멀리했다. 엊그제 국정감사에 출석한 비서실장이 앞장서서 "친형제들도 멀리하시는 분"임을 강조할 정도이다. 그런데도 지금 나라는 '최순실 게이트'니 '비선 실세' 따위로 온통 벌집을 쑤셔놓은 듯하다. '뭔 놈의 이런 나라가 다 있나'하는 자조(自嘲)가 절로 터져 나오기까지 한다.

보도에 따르면 여론조사기관 한국갤럽이 지난 21일 공개한 박근혜 대통령의 직무수행 평가조사 결과 긍정 평가가 25%로 나타났다. 취임 이후 최저치의 지지율이란다. 특히 박근혜 대통령에게 소위 콘크리트 지지를 보여 온 대구·경북 지역에서조차 부정평가가 55%로, 긍정 평가 35%보다 월등히 높게 나타났다.

여론조사가 절대적 징표는 아닐 수 있지만, 박근혜 대통령의 핵심 지지기반인 대구·경북마저 등을 돌린 건 의미심장해 보인다. 임기 1년 남짓 남겨둔 시점에서 대통령의 레임덕 운운하는 소리는 들어봤을망정 '죄의식 없는 확신범'(정의당 노회찬 원내대표)이란 지적까지 들리니 곤두박질친 지지율과 무관치 않아 보인다.

'죄의식 없는 확신범'은 미르·K스포츠재단 사태와 관련한 대통령 발언을 꼬집는 과정에서 불거졌다. 두 재단에 모인 수백억 원이 대기업의 자발적 모금이지 강제성이 없었다는 요지의 대통령 언급을 노회찬 의원이 국회 운영위원회 국정감사에서 질타한 것이다.

대통령의 '빽'을 믿은 것일까. 국정감사에 출석한 이승철 전경련 상근 부회장의 태도는 '뭔 놈의 이런 나라가 다 있나'의 하이라이트라 할만하다. 그는 다른 출석자들과 다르게 다리를 꼰 채 "검찰 수사 중이라 답변하기 어렵다"는 말만 녹음기처럼 되뇌었다.

오죽했으면 새누리당 유승민 의원이 "국회가 전경련 부회장을 출석시켜서 저렇게 오만한 답변을 들어야 하느냐"며 분개했을까. 다리를 꼰 채 그나마 '뻘소리'로 일관한 그의 그런 모습에 분통을 터트린 국민이 비단 유승민 의원만은 아니었을 것이다.

우병우 청와대 민정수석의 오만한 태도 역시 두 번째 하이라이트라면 서운해 할 국민 모독이라 할 수 있다. 국회 운영위원회 국정감사에 끝내 출석하지 않은 것이다. 청와대·검찰·경찰 등 공권력이 틈만 나면 법과 원칙을 강조해대는데, 어찌 된 일인지 우병우 정무수석은 국회의 출석요구를 개무시로 일관하고 있어서다.

사정이 그런데도 새누리당 민경욱 원내대변인은 "(우 수석의 국회출석은) 대통령을 욕보이려는 속셈"이라고 주장하고 있으니 기가 찰 노릇이다. 국민을 졸(卒)로 본 4·13 총선 결과의 민심 왜곡이다. 그들이 도대체 국민을 위한 국회의원들이고 집권당인지 의구심을 떨칠 수 없다.

대통령의 '나쁜 사람' 한 마디에 강제로 직을 떠나게 된 문체부 국·과장의 명예퇴직이라든가 '최순실 한마디에…청와대, 대한항공 인사까지 개입'이란 신문 기사(한겨레, 2016. 10. 22)에서 보듯 애들 말로 쪽팔려 죽을 지경이다. 요컨대 문제 될 것이 문제로 불거져 정국을 뜨겁게 달궈야 고개가 끄덕여지기라도 할 텐데, 영 그게 아니다. 진짜 뭔 놈의 이런 나라가 다 있나.

그들의 행태는 뭔가 믿는 구석이 없이는 불가능한 국회와 국민 개무시이다. 그렇지 않고서야 우병우 수석이나 이승철 부회장이 국민을 대신하는 국회에 어떻게 그런 오만한 태도로 일관할 수 있겠는가. 항간의 의혹이 사실이든 아니든 불거진 자체만으로도 부끄러워하고 사과할 줄 알아야 한다.

앞으로 1년 남짓을 더 그런 언론 보도들을 대하며 살아야 하는지 답답하고 안타깝다. 그러지 않은 때가 얼마나 있었을까만 이래저래 대한민국 국민이라는 사실이 참 쪽팔리는 요즘이다.

〈한교닷컴, 2016. 11. 1〉

# 사제지정(師弟之情) 끊어 놓는 김영란법

2016년 9월 28일부터 시행된 청탁금지법 세칭 김영란법이 나라를 온통 들썩이게 하는 나날이라고 말해도 무방할 듯하다. 그 어느 때보다도 대한민국의 '청렴지수'에 대한 열망이 고조되는 분위기라고나 할까. 더 두고 지켜봐야겠지만, 새로운 기운이 싹트고 있음은 분명해 보인다.

하지만 뒤집어보면 김영란법은 그만큼 우리가 사는 세상이 부정과 부패로 얼룩져 있었다는 말이 된다. 소위 맨입으로는 어떤 일도 되지 않는 뭐 그딴 것 말이다. 진짜 부끄럽게도 내가 32년 넘게 몸담았던 교단 역시 그로부터 자유롭지 못했다. 학부모 촌지에 교감·교장 승진 시 금품수수 등 과연 교육자가 맞나 의구심이 생길 정도의 부정과 부패이다.

일례로 서울시 교육청 비리 사건을 들 수 있겠는데, 그것이 빙산의 일각일지도 모른다는 게 더 큰 문제다. 장학사 시험이나 교감 승진, 교장 임용, 그리고 학교의 시설공사 등에 검은돈이 오가는 일은 공공연한 비밀이다. 그것이 아는 사람은 다 아는 일이라면 정녕 사람을 움직이는 건 돈이란 말인가?

나 역시 7년 전쯤 어느 교장 공모 전문계 고교에 지원했을 때 심사위원(학교운영위원)으로부터 금품을 요구당한 적이 있다. 글쎄, "200만 원씩 5명만 끌어들이면 안전합니다. 1,000만 원만 쓰면 3배수 안에 들게 해줄 테니"라며 노골적으로 돈을 요구해왔다. 그는 "돈 안 쓰면 절대로 안돼요!"라며 당연한 것처럼 쐐기를 박기도 했다.

물론 검은돈을 쓰지 않았다. '억당천불'이란 신조어가 횡행하는 '농·축협 조합장 선거도 아니고 교장공모에서 무슨 금품수수냐'는, 뭐랄까 교직에 대한 믿음 같은 것이 있었는지 모른다. 또한 내게는 교장직을 돈으로 사놓고 학생들에게 사회 정의와 올바른 가치관을 운운할 수 있는 철판 같은 배짱이나 황정민 뺨치는 연기력이 없기도 했다.

그러나 막상 1차 심사에서 탈락당하고 보니 돈을 안 써 그리된 것 같다는 생각을 떨쳐내기 힘들었다. 솔직히 눈 찔끔 감고 달랄 때 그냥 줘버릴 걸 하는 후회가 일기도 했지만 검은돈, 신성해야 할 학교를 부패의 온상으로 만들고, 나아가 사회를 혼탁하게 하는 검은돈이기에 애써 안 쓴 것이다.

나아가 바른말 해대는 교사로서 학생들에게, 아비로서는 자식 앞에 떳떳이 서기 위해 검은돈의 유혹을 뿌리친 것이다. 지난 2월 말 퇴직해 이제 청탁금지법 적용을 받는 교사 신분이 아니지만, 개인적으로도 김영란법을 적극적으로 환영하고 지지하는 이유가 충분한 셈이다.

  신문들은 앞다퉈 김영란법이 몰고 온 변화상을 보도하고 있다. 예컨대 결혼·장례식장 화환이며 고급 음식점 매출이 크게 줄었다고 한다. 그뿐이 아니다. 초등학교 운동회 날 학생과 학부모, 교직원들이 각기 다른 장소에서 따로 식사하는 장면 따위가 보도되기도 했다.

  그럴망정 김영란법 위반 1호 신고가 대학생이 교수에게 캔커피를 준 것이라는 보도는 씁쓰름한 여운을 남긴다. 스승의 날에 학생이 교사에게 카네이션 한 송이 꽂아주는 것조차 금품수수에 해당된다니 어쩌다 우리 사회가 이 지경까지 이르게 됐나 절로 탄식이 터져 나오기도 한다.

  국민권익위원회에 따르면 돈 주고 산 생화나 조화는 경제적 가치를 지녀 금품수수가 된다는 설명이다. 단, 학생이 직접 만든 종이꽃은 금품수수가 아니란다. 그렇다면 학생이 아파트 화단이나 들과 산에서 꺾은 생화를 교사에게 주는 것도 금품수수가 아니라는 얘기인가. 생화일망정 실질적인 경제 가치를 지니지 않기 때문이다.

  그런 김영란법은 반가우면서도 쓸쓸함을 안겨준다. 김영란법이 만들어져야 할 만큼 부정과 비리 등 온갖 죄를 어른들이 저질러 놓았는데 그 대가(代價)는 어린 학생들도 떠안아야 해서다. 김영란법은 유독 교원에게 너무 살벌해 보인다. 이른바 '3·5·10'도 적용 안 되고 학생들이 교사들에게 갖거나 느낄 순수한 인간적 관계의 사제지정(師弟之情)마저 끊어놓는 게 아닌가 싶어서다.

〈전북연합신문, 2016. 10. 24〉

# 또다시 불거진 인사잡음

또다시 전북교육청의 이상한 인사가 도마 위에 올랐다. '또다시'라고 말한 것은 지난 해 7월 군산기계공업고등학교에 대한 개방형 교장공모 백지화가 이루어진 데 이어 올 7월 고산고등학교 내부형 교장공모에서 특정 교사 특혜설이 신문에 보도되는 등 잡음이 불거져서다.

보도에 따르면 9월 1일 자 교장·교감·전문직 인사에서 음주운전으로 300만 원 벌금형 전력이 있는 A 중학교 교장이 어느 정책연구소장으로 이동했다. 어느 신문의 경우 8월 22일, 24~25일 자 1면에 이어 23~25일 자 사설을 통해 전북교육청의 이상한 인사를 연속으로 집중 보도하고 있음을 보게 된다.

징계 전력이 없으면 중학교 교장의 어느 정책연구소장으로의 이동이 도마 위에 오를 이유가 없다. 같은 장학관급의 전직·전보 인사로 하등 문제 될 것이 없기 때문이다. 징계 받은 경우는, 그러나 다르다. 통상 벌금형에 처하면 현직이 유지되지만, A 중학교 교장은 공모제 교장이다. 도교육청 장학사로 있다가 2013년 3월 1일 자로 공모제 교장이 되었다.

2013년 3월 1일 자 '교장 공모제 추진 계획 공문(이하 공문)'에는 "공모 교장이 당해 학교에 계속 근무할 수 없는 객관적이고 명백한 사유가 있는 때에는 학교운영위원회가 심의를 거쳐 공모 교장의 직을 면하는 인사 조처를 요청"하도록 되어 있다. 또 "공모 교장 임용권자 직권으로 본인의 소명 절차 및 인사위원회 심의를 거쳐 공모 교장의 직을 면할 수 있다"고 되어 있다.

음주운전으로 인한 벌금형이 "계속 근무할 수 없는 객관적이고 명백한 사유"가 아닌지 모르지만, 앞의 공문에는 "공모 교장의 징계는 국가공무원법, 교육공무원법, 교육공무원징계령 등 징계 관련 규정을 적용"한다고 되어 있기도 하다.

A 교장이 벌금 300만 원과 별도로 지난 해 8월 도교육청으로부터 징계받은 시점을 감안하면 학교운영위원회나 교육감 모두 직무를 유기한 것이 아닌가 하는 생각마저 든다. 지난 해 9월 1일 자, 늦어도 올해 3월 1일 자에 징계성 인사 조처가 뒤따랐어야 맞을 것 같아서다.

A 중학교 교장은 징계 받은 지 1년이 지난 시점인 임기 만료(2017년 2월 말) 6개월 전에 전보 조처되었지만, 오히려 영전 인사가 되었다. 사실상 음주운전으로 인한 징계성 인사와 하등 상관없는 자리 옮김이라 할 수 있다. A 중학교 교장 전보가 인사잡음으로 불거진 것은 그래서다.

하긴 이상한 인사는 그뿐이 아니다. 지난 해 3월 1일 자 인사에서는 군산지역 2년 근무 교장이 남원으로 전보되었다. 완주 지역을 희망한 일반 내신이었지만, 현 임지보다 통근 조건 등 훨씬 열악한 남원지역 학교로 좌천이나 다름없는 이동이었다. 그 교장은 말년에 주말부부가 되어 있다.

이에 비해 지난 해 9월 1일 자 인사에서 전주시 근무를 희망하며 일반내신을 낸 완주지역 2년 근무 어느 교장은 그대로였다. 군산지역 교장과 똑같이 재임교 2년 근무였다. 이를테면 누구는 좌천되다시피 자리를 옮기고 또 다른 교장은 그대로 두는 인사가 이루어진 셈이다.

이런 인사도 있었다. 올 3월 1일 자 인사에서 완주의 또 다른 교장이 부임 1년 6개월 만에 익산시로 옮겨간 것. 2년이 되어야 이동이 가능한 교사의 경우와 다른, 거의 유례를 찾기 힘든 영전이나 다름없는 인사였다. 이상한 인사라고 생각하는 이유이다.

희망지로 못 가면 완주 지역 여느 교장처럼 있는 자리에 그대로 두는 것이 관례이다. 이 점은 교사의 일반내신에 의한 전보에서도 준용되고 있는 원칙이다. 원칙이 무엇인지 헷갈리게 하거나 깨버리는 그런 인사라면 승복은커녕 불만이 터져 나올 수밖에 없다. 그것이 인지상정이요 자명한 이치다.

인사가 교육감의 고유 권한이라지만, 분명한 사실이 있다. 그렇듯 인사 잡음을 일으키라고 유권자들이 표를 준 건 아니라는 점이다. 무슨 내막이 있는지 알 수야 없지만, 원칙 깨는 인사는 안 된다. 그런 인사는 고유 권한이 아니다. 전횡일 뿐이다. 원칙에 따르는 교원들이 위화감과 함께 박탈감을 느끼는 그런 인사가 되어선 안 된다.

〈전북연합신문, 2016. 9. 23〉

## 문단의 어처구니없는 일들

"장 선생님은 지금 정년퇴직해도 아무 문제없겠네요."

연전에 옆자리 후배 교사가 내게 한 말이다. 문인 교사로서 눈썹 휘날리게 열심인 학생들 지도를 두고 부러워하듯 한 말이기도 하다. 딴은 많은 동료 교사들이 문학·방송·영화평론가인 나를 부러워했다. 퇴직해도 고정적으로 할 일이 있다는 이유에서다. 바로 문학이다. 방송과 영화 보고 쓰기이다.

퇴직과 함께 자연스럽게 더 열심인 문단 생활이 되었지만, 그러나 상식 이하의 일을 겪고 보니 있던 정이 약간은 떨어진다. 상식 이하의 일이라고? 그렇다. 일반인들 보기에 문인은 그냥 평범한 보통 사람이 아니다. 조금은 뭔가 위대한 사람이 문인이다.

벌써 1년도 더 지난 일이니 문단에 본격적인 진입은 하지 않았을 때 벌어진 일이다. 어느 작가로부터 작품집 말미에 실을 평론 원고를 청탁받았다. 보고 느낀 그대로 쓰는 것이 내 평론이라고 하니 그래도 좋다고 하여 원고지 60장쯤 되는 작품론을 써서 보냈다.

얼마 지나지 않아 원고료가 입금되었다. 얘기한 금액보다 좀 낮아진 액수였다. 그럴망정 아직 책이 출간된 것도 아닌데, 고마운 일이었다. 출판사가 정해지면 수정본을 보내주기로 하고, 이내 잊어버렸다. 그런데 꽤 시일이 지났는데도 연락이 없었다. 나름 문제가 있나 보다 생각할 뿐이었다.

그렇게 몇 달이 지난 어느 날 우연히 그 책이 출판된 것을 보았다. 책에는 발문이란 이름으로 다른 평론가의 글이 실려 있었다. '아니 뭐 이런 경우가 다 있나', 순간 '쿵' 하는 불쾌감이 전신을 엄습해왔다. 작가로부터 아무 연락도 받지 못한 채 벌어진 일이어서다.

지난 해 가을 수십 년 전통에 빛나는 잡지의 주간을 선뜻 맡은 것은 다분히 퇴직을 염두에 둔 행보였다. 퇴직 전, 그러니까 교직 수행의 바쁜 와중에도 작년 12월 주간으로 활동한 첫 잡지가 나왔다. 그리고 퇴직 후인 3월부터 다음 잡지를 내기 위해 청탁과 편집, 교정 등 제법 바쁘게 움직였다.

잡지는 또 다른 의미가 있었다. 십수 년 전 시상이 중단된 상을 부활, 출판기념회와 함께 시상식도 하는 잡지 발행이었기 때문이다. 상 부활은 내가 성사시킨 것이었다. 상금 쾌척의 후원자를 찾아낸 것. 거기엔 조건이 있었다. 내가 그 수상자가 되어야 한다는 조건이었다. 대신 나는 그렇게 상이 부활되면 다음부터 상금을 쾌척, 이어갈 참이었다. 그 뜻을 비치기도 했다.

출판기념회를 겸한 시상식 날짜를 잡고 이런저런 준비에 들어

갔음은 물론이다. 그런데 장소를 예약하고 초청장 인쇄에 들어가려 할 때 문제가 생겼다. 잡지에 대해 이런저런 말들이 많다며 그런 기분으로 출판할 엄두가 나지 않는다는 발행인 전언이 있었던 것.

황당했지만, 결국 잡지발행은 엎어지고 말았다. 시상식은 예정대로 하자고 말해왔지만, 그건 의미가 없는 일이라 사양했다. 급기야 원고청탁에 응해온 필자들에게 사죄 편지를 보내기에 이르렀다. 스폰서에겐 상금을 반납하는 초유의 일이 이어지기도 했다.

지난 해 겨울 소속 문단의 신문 편집인을 맡은 것 역시 다분히 퇴직을 염두에 둔 행보였다. 퇴직 전, 그러니까 교직 수행의 바쁜 와중에도 작년 12월 편집인으로 활동한 첫 신문이 나왔다. 그리고 퇴직 후인 3월 그 다음 호 신문도 나왔다. 6월 발행의 다음 신문을 위해 제법 바쁘게 움직이고 있는데, 전화가 왔다.

한 마디로 편집을 맡아 할 사람이 있다는 전언이었다. 사실은 지난 호 지면이 너무 타이트하다는 지적이 있었다. 그 점을 감안, 이번 호부터 일반신문처럼 해볼 생각이었는데, 아예 잘린 것이다. 애들 장난도 아니고 그럴 수 있다는 게 믿기지 않을 뿐이다. 문단에 있던 정이 그만 다 떨어져 나가는 느낌이다.

다른 얘기지만, 청탁서에 의해 원고를 보냈는데 정작 싣지 않는 잡지들도 더러 있다. 연락은커녕 편집후기에도 어떤 전후 사정 얘기가 없는 비상식적 일들이 문단에서 벌어지고 있다. 범인(凡人)보다는 뭔가 조금은 위대한 사람인 문인들이 떼를 이루어 활동하는 문단의 어처구니없는 일들이다.

나는 그런 어처구니없는 일들을 겪으려고 명예퇴직까지 해가며 문단에 깊숙이 발을 들여놓은 것일까? 앞으로도 어처구니없는 일들을 겪어야 하는 그런 문단이 아닐까 두렵지만, 나는 전·현직 교원문인들 동인지 '교원문학' 창간호를 세상에 선보였다.

〈전북연합신문, 2016. 8. 31〉

## 너무 가혹한 정부포상업무지침

 장기근속 퇴직공무원에게 주는 정부 포상엔 4가지가 있다. 재직기간을 기준으로 33년 이상이면 훈장을 수여한다. 30~33년 미만은 포장, 28~30년 미만은 대통령 표창, 25~28년 미만은 국무총리 표창 등이다. 훈장은 옥조(33~35년)·녹조(36~37년)·홍조(38~39년)·황조(40년 이상) 외 1등급인 청조로 세분되어 있다.
 지난 2월 말 명예 퇴직한 나는 재직기간이 32년 10월이라 근정포장에 해당하는데, 받을 수 없다는 연락을 받았다. 21년 전 교통사고로 벌금 500만 원을 낸 것이 그 이유였다. 규정이 그러냐며 전화를 끊었지만, 너무 가혹한 '정부포상업무지침'이란 생각이 떠나지 않는다. 동시에 억울한 생각도 슬며시 고개를 쳐든다.
 현재 행정자치부의 정부포상업무지침은 종전보다 강화된 안으로 2016년 4월 21일부터 시행되고 있다. 예컨대 징계처분이나 불문경고처분의 경우 사면 및 말소 여부와 상관없이 추천이 제한된다. 형사처분 시 형벌의 종류나 경중에 상관없이 추천 불가 대상이다.

그러니까 단 한번만 경고나 벌금형을 받아도 퇴직 시 "장기간의 재직 중 직무를 성실히 수행하여 국가발전에 기여"한 인정을 못 받게 되는 것이다. 알다시피 경고나 벌금의 경우 현직 근무에는 아무 영향이 없다. 또 이런저런 실수도 할 수 있는 인생살이에 비춰볼 때 너무 가혹한 정부포상업무지침이라 아니할 수 없다.

당연히 이 지침은 다가오는 8월 말 퇴직자부터 적용된다. 그러나 지난 2월 말 퇴직자에게 적용되는 종전 지침도 가혹하긴 마찬가지다. 종전 지침에는 징계처분이나 불문경고처분의 사면 및 말소 시 추천 가능으로 되어 있다. 형사처분 시 200만 원 미만 벌금형 2회까지는 추천 가능하다. 이해가 좀 안 되는 내용이다.

벌금은 '형의 실효 등에 관한 법률' 제7조에 따라 2년이면 기록이 말소되는 것으로 알고 있어서다. 경찰기록 수사(경찰청의 '수사자료표')에는 기록이 남는다지만, "범죄 수사와 재판 및 대통령령으로 정한 제한된 경우에만" 열람할 수 있도록 되어 있는 규정을 무시하면서까지 굳이 들춰내는 이유를 알 수 없어서다.

무엇보다도 큰 의문은 21년 전 교통사고로 인한 벌금형이라면 진작 사면되지 않았나 하는 점이다. 그때로부터 퇴직까지 아무 문제없이 성실하게 공직을 수행해온 대가(代價)가 강산이 두 번이나 변한 세월 저쪽의 '악몽' 상기라니 국가에 대한 배신감이 생기기까지 함을 어찌할 수 없다.

"금품수수나 음주사고, 성 문란 등 3대 주요 비위(非違)의 경우에만 사면이나 말소가 되더라도 훈·포장 수여대상에서 제외"하는 종전 정부포상업무지침으로 알고 있는데, 내고 싶어 그리된 것도 아닌 교통사고라면 마땅히 그 옥석이 가려져야 하는 게 아닌가?

사실 나는 그냥 보통 선생이 아니었다. 기본적 열패감에 빠져있는 특성화고 학생들 글쓰기 지도를 열심히 하여 대통령이 수여하는 '대한민국인재상'까지 받게 한 교사였다. 소녀가장 여고생 시집 '고백'을 출판해줬는가 하면 학교 신문과 교지 제작 지도를 열심히 하여 교육부총리, 교육부 장관 표창을 두 번이나 받기도 했다. 그런 공적을 인정받아 마침내 영광스럽게도 2015년 남강교육상을 수상한 교사였다.

현재의 정부포상업무지침은 "공무원의 퇴직기념품으로 전락해 대한민국 전체 훈장의 위상을 떨어뜨린다는 비판이 나오자" 사후 검증 강화와 함께 더욱 엄격해진 것으로 알고 있다. 돈이 되는 것도 아닌, 생각하기에 따라 아무것 아닐 수 있는 훈·포장이지만, 까마득한 벌금형으로 인해 서훈에서 제외된다니 이건 아니지 싶다.

〈전북연합신문, 2016. 8. 4〉

## 신곡만한 문인 얼마나 있을까

지난 주말 김제 청운사에 다녀왔다. 하소백련축제기간이지만, 그걸 즐기러 간 것은 아니다. 신곡 라대곤 문학비 제막식에 참석한 것이었다. 2014년 4월 1주기 때 추모문집 '라대곤 문학론'을 봉정하기 위해 처음 청운사에 갔으니 이번이 두 번째다. 그랬다. 라대곤 소설가 겸 수필가가 속세를 떠난 것도 벌써 3년이 지났다.

추모문집 '라대곤 문학론'의 기획, 엮은이였던 나로선 감회가 남다를 수밖에 없다. 딱 2명만 참석했던 1주기 때와 다르게 모인 200명 넘는 추모객이 신기하기만 하다. 3주기 석 달쯤 지나서 열린 문학비 제막식이지만, 그리 많이 모인 것은 아마도 '라대곤문학비건립추진위원회'라는 이름의 단체로 움직인 덕분이지 싶다.

그런데 라대곤 문학비가 처음은 아니다. 2002년 4월 13일 한국문인인장박물관(관장 이재인, 충남 예산군 광시면 소재)에 라대곤 문학비가 세워진 바 있다. 라대곤 문학비는 서해문학동인회·

탁류소설문학회·군산문인협회·경기문학인회·수필과비평사가 공동 건립한 것으로 되어 있다.

　두 번째 라대곤 문학비는 청운사 주지 도원 스님이 제안하여 추진된 것으로 알려졌다. 몸체 무게만 8톤인 라대곤 문학비에는 건립추진위원, 집행위원 등의 이름이 빼곡히 새겨져 있다. 4천여 만원의 비용은 유족과 문인 모금으로 거의 충당되었단다. 특히 절반 넘는 문인 모금은 엉뚱하게도 사후 신곡만한 대접을 받을 문인이 얼마나 있을까 하는 생각을 갖게 한다.

　일반 독자들 이해를 위해 잠깐 부언하면 신곡 라대곤은 사업가 출신 문인이었다. 한 마디로 사업해서 번 돈을 문단에 아낌없이 쓰는 기업가였다. 보통 기업들이 하는 낯내기 차원의 메세나가 아니었다. 그 자신 소설가요 수필가였기에 문인들과 전방위적으로 어울렸다. 사업가답게 친교가 두터웠다. 술을 마시거나 밥을 먹을 때 값은 어김없이 그의 몫이었다.

　추모문집 '어서 오소서'에 약속이나 한 듯 그런 일화들이 나온다. '어서 오소서'에는 수필 39, 시 22, 평론 5편이 실려 있다. 일별해보니 1주기 추모문집 '라대곤 문학론'에 실린 글이 재수록 된 경우도 있지만, 처음 보는 내용이 훨씬 많다. 고인과 관련 없는 일반 글도 몇 편 들어 있다. 말할 나위 없이 생전의 신곡 라대곤 풍모가 여실히 드러나는 것은 수필들이다.

　이제 어느 정도 밝혀진 셈이다. 추모문집이며 문학비까지 신곡 라대곤을 기리고 기억하는 것이 문학적 업적과 함께 이루어진 그의 베풂 때문임을. 뭐, 돈으로 하는 베풂이야 그렇다 치자. 무릇 문인이 가난한 것은 세상이 다 아는 일이니 말이다.

그러나 남에게 베풀기는커녕 제 도리조차 다하지 못하는 문인이라면 얘기가 달라진다. 가령 출판기념회를 비롯하여 부모 조문이나 자녀 결혼식 등 애경사 때 부조를 받고도 그걸 품앗이하지 않는, 받고도 갚을 줄 모르는 후안무치한 문인들이 부지기수이니 그런 생각이 절로 드는 지도 모르겠다.

그뿐이 아니다. 아집과 전횡 등 무릇 문인이나 독자를 안중에 두지 않는 행태를 보이거나 파리 목숨의 비정규직 사회현실을 문단에서 그대로 복기하는 이들도 있으니 과연 사후에 신곡만한 대접을 받을 수 있을지 절로 의구심이 생겨나는 걸 어찌할 수 없다. 이래저래 라대곤 소설가 겸 수필가는 그냥 범인(凡人)이 아닌 게 확실하다.

한편 참석자 면면을 보니 좀 아쉽기는 하다. 부산·광주·제주 등 전국 각지라곤 하지만, 유독 서울 쪽 인사들이 거의 보이지 않아서다. 지역뿐 아니라 중앙문단에 걸친 소설가 겸 수필가로서의 그의 활동과 친교를 옆에서 지켜본 나로선 당연한 아쉬움일지도 모르겠다.

〈전북연합신문, 2016. 7. 14〉

## 교단의 어처구니없는 일들

　교단을 떠난 지 4개월이 되어간다. 무한 자유로움에 한껏 취하는 나날이지만, 더러는 교단에서의 일들이 생각나고 그리워지곤 한다. 대개는 학교에서 해온 일들- 백일장 인솔이며 학교신문과 교지나 문집제작 지도의 일들이다. 막상 그런 일들로부터 멀어지고 보니 괜히 명예퇴직했나 하는 일말의 후회랄까 하는 기분에 젖어 들기도 한다.
　그러나 그런 그리움에 불쑥 끼어드는 어처구니없는 일들도 있어 깜짝 놀라게 된다. 아마도 그것은 문인 교사가 아니라면 원천적으로 느끼지 못했을지 모르는 일들이 아닐까 싶다. 바로 저서에 얽힌 일이다. 정확히 말하면 저서 증정에 관한 교원들의 무심한 반응이라 할 수 있다.
　나는 어느 학교에 근무할 때든 거의 해마다 저서를 출간했다. 그때마다 함께 근무하는 기념으로 교장·교감을 비롯한 동료 교사들에게 저서를 증정했다. 주로 도회지 큰 학교에서 근무했기에 많은 책이 필요했다. 행정실까지 포함한 교직원 수가 130명이나 되는 학교도 있었다. 그 학교에선 6년 근무하면서 7권의 책을 펴냈다.

그리했어도 답례는 없었다. 친목회 규정에 없다는 이유였다. 동료 모두가 아닌데 나만 유독 글쟁이 교원이니 그러려니 할 수밖에 없었다. 다만 언제인가 482쪽짜리 평론집 증정 때 방명록과 함께 십시일반 모금한 소정의 축하금을 전달받은 적이 있었다. 예술가이기도 한 후배 교사가 동료들을 일일이 만나러 다니며 거둔 '결실'이었다.

어처구니없는 일은 그것만이 아니다. 그 학교 교무실엔 캐비닛 위로 이런저런 책들이 꽂혀 있었다. 내 책이 있기에 빼보니 전출해간 동료가 주인이었다. 그러니까 내가 증정한 책을 발령받아 떠나면서 버리고 간 것이었다. 나는 심한 불쾌감과 함께 앞으로 증정할지 그만둘지 깊은 고민에 빠져들었다.

그랬을망정 나의 저서 증정은 계속되었다. 2009년부터 5년간 근무한 학교에선 모두 5권의 책을 펴냈다. 그런데 웬일인가, 친목회에서 축의금을 전달해왔다. 그 외에도 각 실이나 과별로 소정의 축의를 전해왔다. 친목회 규정에 없는 건 전임지와 같은데 영 다른 모습이었다. 교장이 정년퇴직을 하면서 시들해지긴 했지만, 32년 교단에서 저서 증정에 대한 가장 큰 답례였다.

출판기념회를 치르면서도 어처구니없는 일들을 겪었다. 가령 지난 해 회갑기념 문학평론집 출판기념회의 경우다. 1999년 이후 16년 만에 가진 큰 행사 출판기념 회갑연이었다. 요즘 누가 회갑

잔치하느냐며 눈 흘길 이도 있을 법하지만, 글쟁이를 핑계 삼아 '저지른' 일이라고나 할까.

그러나 전체적 소감은 '받고도 갚을 줄 모르는 사람들'이 많다는 것이다. 솔직히 그건 좀 뜻밖이었다. 예컨대 내가 조문이나 자녀 결혼식 등 애경사에 직접 가거나 부조를 한 경우라면 그들은 이번에 그걸 품앗이해야 맞다. 알다시피 우리 사회에서 애경사는 품앗이 아닌가?

특히 직장 동료는 친소(親疎)를 떠나 거의 날마다 보는 사이니까 조문이든 결혼식이든 무조건 그냥 부조하는 것으로 알고 있었는데 그게 아니었다. 전임지에서 필자의 축하(조문)와 함께 부조금을 받고도 정작 회갑기념회엔 나 몰라라 한 교원들이 부지기수였다.

전화 등 아무 연락 없이 행사장에도 오지 않는 그런 교원들을 어떻게 생각하고 이해해야 할지 난감하다. 남녀노소 불문이니 '인간의 도리'가 전방위적으로 무너져 내린 것이 아닌지, 솟구치는 강한 의구심을 주체할 수 없다. 그러고도 그들이 학생들에게 인간의 도리를 가르치는 교원들인지 회의를 떨칠 수 없다.

더 어처구니없는 건 그 다음 일이다. 나의 출판기념 회갑연에 코빼기는커녕 전화 한 통 없던 그들이 자녀 결혼식을 알려왔으니 말이다. 교원들은 아주 평범한 삶의 방식인 그런 품앗이조차 모른단 말인가. 아예 출판기념회는 조문이나 자녀결혼식 같은 애경사가 아니라고 해석한 것일까?

나도 모르게 여러 날 생각이 이어졌다. 마침내 그들 자녀 결혼식에 축의금을 냈다. 예식장 가서 그들을 직접 볼 용기는 나지 않왔지만, 나라도 인간의 도리를 다하자는 생각이었는지 모르겠다. 혹 교단을 떠난 후유증일까. 막상 교단을 떠나고 보니 별의별 생각이 마치 그리움처럼 떠오른다.

〈전북연합신문, 2016. 7. 1〉

## 퇴직교사 활용법

　보도에 따르면 최근 서울시교육청은 '인생교육이모작센터'를 마련하고, 올해 안에 퇴직교사 1,000여 명의 인재풀을 구성하겠다고 밝혔다. 퇴직교사만을 위한 전문센터가 생기는 것은 이번이 처음이다. 쉽게 말해 퇴직교사들의 노하우를 살리는 일자리를 마련해주기 위해 교육청이 직접 나선 것이라 할 수 있다.

　센터 마련은 설문 조사 결과가 큰 힘이 됐다. 서울시교육청 산하 연구정보원이 퇴직 또는 퇴직 예정 교사 183명을 대상으로 설문 조사를 실시한 결과 '재능 기부 의사가 있다'고 한 응답자가 83.0%였다는 것. 센터는 이를 반영해 매년 1500여 명에 이르는 퇴직교사들을 서울 시내 800개 학교와 500개 각종 체험기관에 무료로 소개해줄 예정이란다.

　응당 반갑고 환영할만한 소식이다. 교사 누구나 재임 중에는 수업이나 학생지도 등 모든 일이 결과적으로 월급을 받고 하는 셈이었지만, 퇴직교사의 경우 순수한 '기부'일 수 있기 때문이다. 알다시피 기부란 돈만을 내놓는 것이 아니다. 재능이나 특기를 나누어주는 것도 기부이다. 이른바 재능기부가 그것이다.

32년 재임 중 필자가 수업 외에 열심히 한 일은 글쓰기 지도였다. 그리고 학교 신문과 교지 제작 지도교사였다. 글쓰기 지도는 나로선 신명 나는 일이었다. 나는 토요일 오후나 일요일의 사생활도 반납한 채 학생들을 인솔하여 백일장에 다녔다. 아내에게 "열녀 났다"며 비아냥거림을 들어도 상관없었다.

나의 지도로 인해 부족한 실력을 갈고닦은 학생들이 이런저런 백일장이나 현상공모에서 상을 받을 때면 보람과 기쁨은 어느새 두 배가 되었다. 마치 내가 상을 받은 것처럼. '3D 업종'이라는 둥 많은 국어교사들이 맡길 꺼렸지만, 내게는 그것처럼 신나고 보람된 일이 더 이상 있을 수 없었다.

특히 '나는 안 돼'라는 기본적 열패감에 빠져있는 후기 일반계고와 특성화고 학생들이 나의 지도로 상을 받고 좋아할 때면 교사라는 사실이 너무 뿌듯했다. 너무 기뻤다. 특성화고 학생들에게 '나도 할 수 있다'는 자부심 안겨주는 일이 일반고 학생들을 소위 SKY 들어가게 지도하는 것과 무엇이 다르겠는가?

학교신문이나 교지제작 역시 글쓰기 지도와 다르지 않은데, 막상 교단을 떠나고 보니 그런 일들이 그리워진다. '인생교육이모작센터'에 관심이 가는 이유이다. '퇴직교사 활용법'이라 할 그것이 서울뿐 아니라 전국으로 확산되길 기대하는 것도 그 때문이다.

필자가 재직했던 학교의 소식만으로도 퇴직교사 활용법이 절실해 보인다. 안타깝게도 학교신문이며 교지 제작이 중단되었다는 소식을 들을 수 있어서다. 교외 백일장이나 공모전에서 상 받는 학생들이 현저히 줄었거나 아예 없다는 소식을 듣고 있어서다.

그런 일들은 유급이 아니어도 좋다. 퇴직과 함께 받게 된 연금에다 아내 모르는 비자금까지 노후를 궁하지 않게 지낼 만큼은 벌어놓은 셈이니 그런 일이 무보수여도 크게 상관할 바는 아니다. 불러만 준다면 나의 노하우가 필요한 학교를 방문, 무료로 봉사할 것이다.

불러만 준다면 일단 학교를 찾아가 '글쓰기 특강'을 할 수도 있을 것이다. 특히 글쓰기 지도만큼은 건강이 허락하는 한 죽을 때까지도 내가 할 수 있는 영원한 나의 일이라 생각하고 있다. 떠나면 그만일 줄 알았는데, 그게 아니다. 노하우의 퇴직교사들이 적극 활용되었으면 한다.

〈전북연합신문, 2016. 6. 21〉

# 교원 문인들의 힘찬 출발, 그리고 전진

　현직에 있으면서 글을 발표할 때면 꼭 챙긴 것이 있다. 바로 필자의 프로필이다. '문학평론가' 외에도 무슨 무슨 고등학교 교사임을 그 옆에 반드시 병기했던 것. 그것은 방송이나 영화평론가로 글을 발표할 때도 마찬가지였다. 교수 아닌 교사도 필자가 될 수 있다는 나름의 알림이었다. 그만큼 교사로서 자긍심이 컸다고 할까.

　그런 자긍심을 간직한 채 교단을 떠나 문단으로 깊이 들어가 보니 좀 의아한 게 있다. 가히 전성시대라 불러도 시비할 사람이 없을 정도로 동인지들이 넘쳐나는데도 교원만의 문학지가 없어서다. '교원문학'의 필요성을 절실히 느낄 수밖에 없었다. 곧바로 전·현직 교원문인들에게 취지와 함께 원고청탁서를 보냈다.

　여기서 잠깐 일반의 이해를 돕기 위해 밝혀둘 게 있음을 깨닫는다. 교원에 대한 정의가 그것이다. 교원이라 함은 초·중·고 교사

·교감·교장을 통틀어 일컫는 말이다. 교사를 하다 대학교수로 옮겨 정년퇴직한 경우는 당연히 교원이 아니다. 또 유치원이나 어린이집 교사들, 행정직 직원도 마찬가지다.

원고청탁서가 도착 된 날 즉각 여러 분이 꼭 필요한 일이라며, 반갑고 환영한다며 격려성 전화부터 해왔다. 물론 걱정을 앞세우는 경우도 없지 않았다. 40명이 참여하면 대박이라며 호들갑을 떨어댔지만, 속으론 그 절반만 모여도 성공이란 생각을 했다.

그리고 마감 시한까지 16명의 교원문인이 원고를 보내왔다. 그중 몇 분은 입회비와 함께 글을 보내 강한 의지를 보여주기도 했다. 원고를 청탁한 수에 비하면 너무 적은 동참이지만, 그러나 주저앉을 만큼은 아니다. 소정의 입회비를 선뜻 내면서 기꺼이 동참한 진성(盡誠) 회원이라 할 수 있어서다.

그렇다. 우리 교원문학은 진성 회원의 결집된 힘으로 힘차게 전진하려 한다. 먼저 회원들의 창작 의욕을 고취하고, 문학 활동에 정진케 하도록 '교원문학상'을 제정, 시상한다. 또 하나는 고등학생 대상의 '교원문학 고교생문학대전'을 열거나 문예장학생을 발굴, 시상한다. 수업이라는 가르침을 예비 문사 발굴로 이어가려 하는 것이다.

소박하게 교원문학의 닻을 올리는데 축하 성격의 글을 주신 '초대석' 필자들에게 감사한 마음이다. 이번에 동참하지 못한 교원문인들에게는 진성 회원이 되어 주십사 부탁드린다. 특히 현직에 있는 교원들이 그저 널려있는 동인회의 하나라는 관념을 버리고 동참해줬으면 하는 마음 간절하다.

여러 명의 글이다 보니 서로 다른 문장부호 사용에 대해 덧붙이

고자 한다. 그것들을 애써 통일시키지 않았기 때문이다. 예컨대 시집·수필집·소설집(장편소설 포함)의 저서(잡지명 포함) 표기가 작은따옴표 ' '·겹낫표 『 』·겹꺽쇠표 《 》 등으로 혼용되어 있는 식이다.

단 개별 작품, 그러니까 책이 아니라 그냥 시·수필·소설은 작은따옴표 ' '·낫표 「 」·홑꺽쇠표 〈 〉 등으로 통일했다. 시(시조)의 경우엔 끝났는데도 마침표가 없는 경우만 손을 보았다. 마지막 행 끝에 마침표를 넣은 것. 산문은 읽기 편하도록 문단을 손본 경우가 더러 있었음도 밝혀둔다.

이제 공은 무릇 독자에게 넘어갔다. 비록 출발은 소박하나 힘찬 전진을 위한 날갯짓으로 봐주셨으면 한다. 우리 '교원문학'이 제 몫을 다해 이 문화융성과 교권 추락이라는 아이러니한 시대에 빛과 소금이 되길 진성 회원들과 함께 기대해본다. '교원문학', 아자!

〈'교원문학' 창간호, 2016. 6. 15〉

## 친일인명사전의 두 모습

　1년 만에 한국을 방문한 반기문 유엔 사무총장이 사실상 2017 대선 출마를 시사해 관심이 집중됐다. 그 과정에서 그는 분열을 얘기했다. '한국 사회가 갖고 있는 문제가 무엇이라고 생각하느냐'는 질문에 "내부에서 여러 가지 분열된 모습을 보여주고 이런 것이 해외에 가끔 보도되는 걸 보면서 약간 창피하게 느낄 때가 많다"고 대답한 것.

　그런 분열을 통합할 지도자가 나와야 하고, 자신이 그 적임자임을 에둘러 밝힌 것이든 아니든 그런 보도를 보면서 떠오르는 생각이 있다. 지금은 잦아들었지만, 지난 2월 새 학기를 앞두고 극명하게 분열된 모습을 드러낸 바 있는 '친일인명사전'이 그것이다.

　'친일인명사전'은 2009년 민족문제연구소가 편찬·발간한 3권짜리 책으로 4,389명의 친일행적을 기록해놓고 있다. 프랑스의 나치 청산처럼 친일에 대해 혹독한 단죄를 하지 못한 나라이니

애오라지 역사적 의미에 빛나는 '친일인명사전'이라 할만하다.

서울시의회가 그런 역사적 의미를 먼저 깨달았다. 2014년 12월 '친일인명사전'을 각 학교에 배포하기 위한 구매 예산안을 통과시킨 것. "독일에서 나치의 잘못을 가감 없이 가르치는 것처럼 우리도 친일에 대해 철저히 교육해야 한다."는 취지였다.

서울시 관내 중·고교 583곳에 구입 예산을 내려보낸 것은, 그러나 2016년 2월이다. 교육시민단체와 학부모단체 등이 "정치적·이념적으로 편향된 친일인명사전을 학교 도서관에 비치해서는 안 된다"고 강하게 반발, 1년 남짓 예산 집행이 미뤄진 것이다.

그렇게 일단락되는 듯했던 '친일인명사전' 배포는 서울 디지텍고가 예산반납을 선언하면서 새로운 국면을 맞았다. 이후 예산반납 학교는 30여 곳으로 늘어났다. 서울 사립 중·고교 교장회는 항의 성명을 내기까지 했다. 보수 성향 학부모 단체는 지방재정 위반과 직무유기 혐의로 서울시의회 교육위원장, 서울시 교육감을 검찰에 고발하기도 했다.

교육부도 나섰다. '친일인명사전' 일괄 구매요구가 학교의 자율적인 도서구입 권한을 침해할 우려가 있다고 확인에 나선 것이다. 역사 교과서를 국정화해 학교의 선택권을 아예 없애려는 정부가 학교의 자율성 운운하니 지나가던 소가 웃을 일이지만, 분명한 건 있다. 정부가 '친일인명사전' 배포의 방해꾼이란 사실이다.

그런 와중에도 서울시의회 교육위원회는 '친일인명사전' 필사본 제작 범국민운동에 나선다고 밝힌 바 있다. 대한민국 국민 4,389명이 모여 '친일인명사전'에 등재된 4,389명 친일인사들의 이름과 행적을 1명씩 베껴 쓰는 운동을 펼치기로 한 것. 8월 15일

광복절 이전 발간할 계획도 밝혔다.

한편 전북도의회 교육위원회도 '친일인명사전'의 각 학교 적극 비치를 제안했다. 전북도교육청은 제안을 즉각 받아들여 전체 769개 교 중 아직 없는 478개 교의 '친일인명사전' 구입 예산을 1차 추경에 편성한다고 밝혔다. 서울에서처럼 학부모 단체 등의 반발은 없었다.

'친일인명사전'의 두 모습을 보면서 떠오르는 것은 '남이 하면 불륜, 내가 하면 로맨스'라는 말이다. 내용은 한가지인데, 그걸 해석하는 시선이 그렇듯 분열적이란 사실이 진짜로 두렵다. 특히 사립학교 교장들의 예산반납은 지금껏 본 적 없는 낯선 풍경이라 놀랍다.

이해가 안 되는 것은 정치적·이념적 편향성이란 주장이다. 그들 모두가 친일파 후손들이라도 된다는 말인가. 그렇지 않고서야 부끄럽지만 엄연한 역사적 사실을 부정하고 거부할 수 있는지 의아하다. 설사 친일파 후손들이라 해도 그래선 안 된다. 더 이상 과오의 역사를 후손에게 남겨줘선 안 되기 때문이다.

〈전북연합신문, 2016. 6. 9〉

## 지자체에 바란다

최근 완주군은 민간단체에 대한 보조금 지원제도를 개선한다고 밝혔다. 새마을회·한국자유총연맹·민주평통 같은 비영리 민간단체에 대한 정액 지원을 공모방식으로 바꿔 시행한다는 것. "지원사업 공모를 통해 민간단체 간 경쟁 활성화로 자생력 있는 사회단체를 육성한다."는 것이 그 이유이다.

글쎄, 자생력 있는 사회단체가 되면 지원을 하지 않겠다는 속셈인지 알 수 없으나 공모가 해당 단체에 부담을 안길 것은 확실하다. 형식적 절차일 수도 있겠지만, 해당 단체들이 그 동안 '떼 놓은 당상'에서 수험생처럼 당락을 초조하게 기다리는 처지로 '전락하게' 되어서다.

또한 완주군은 완주문화재단을 통해 '문화예술인(단체)의 창작 활동과 주민 생활문화 활성화를 위하여' 문화예술지원사업을 공모하고 있다. 최근 발표한 '2016 문화예술지원사업' 선정 결과를 보면 8개 분야 22개 단체 및 개인이 이름을 올렸다. 이중 개인은 '창작공간지원사업'의 목공, 철공 분야 하나뿐이다.

개인보다 단체 지원에 방점을 찍는 문화예술지원사업임을 알 수 있다. 지원 분야를 보면 미술·무용·국악·영상·공예·연극·목공 등이다. 놀랍고도 기이한 것은 문학이 없다는 사실이다. 보통 '문화예술' 하면 첫 손에 꼽히는 문학이 유독 완주군에는 없다는 말인가?

그렇지 않다. 완주군에는 2014년 창립, 2회째 동인지 '비비문림'을 발간한 완주문인협회가 있다. 동인지 2호 주소록을 보면 총 37명이 완주문인협회 회원임을 알 수 있다. 완주문화재단과 완주문인협회의 호흡이 맞지 않아 생긴 기현상이라 할만하다.

당연히 문인의 한 사람으로서 완주문화재단에 말하고 싶다. 꼭 잘못이라기보다 뭔가 콘셉트의 문제가 아닐까 재고해보라는 것이다. 우선 '문화예술인창작지원사업'을 생각해볼 수 있다. 제목 그대로 문인들의 시집·수필집·소설집 발간을 지원하는 사업이 빠진 '문화예술지원사업'이라는 얘기다.

완주문화재단 나름의 기준과 방향이 있겠지만, 자치단체의 문화예술지원의 제1차 핵심은 문인이어야 한다. 활발한 개인 창작집 발간이 단체 활동의 활성화로 이어지는 건, 정해진 순서다. 문인단체가 있긴 하지만, 그들이 대(對) 주민 사업을 하는 건 장르의 특성상 다른 문화예술분야와 다르게 소정의 한계에 노출되어 있다.

그리고 중복의 문제도 드러난다. 가령 고교 지원 사업에 학생들의 독서캠프 등이 있다. 문인이 아니어도 교사들을 통해 문화예술육성지원이 이루어지고 있는 셈이다. 굳이 문인들이 주민들을 대상으로 어떤 공간을 확보해야 하고, 또 무슨 사업을 해야 지원한다는 것인가?

사실 그것이 완주문화재단만의 일은 아니다. 문인 창작집 지원은 전라북도의 문예진흥기금이 거의 유일한 것이 현실이다. 지자체마다 사회단체 지원은 있지만, 필자가 알기로 문학은 없다. 문화예술의 기초이자 대표인 문학을 그렇듯 홀대하거나 푸대접함으로써 '문화융성'을 외쳐댈 수 있는 것인지, 그 배짱과 비위가 진짜 놀랍다.

차제에 권고한다. 완주군을 비롯한 각 지자체는 '문화예술인창작지원'에 적극적으로 나서기 바란다. 1인당 200만 원씩 10~20명 정도로 발간비 지원을 한다면 지자체 예산에 비해 그야말로 '껌값' 수준의 적은 돈으로도 문화융성의 촉매제가 될 수 있다. 지자체장들의 깊은 관심과 신속한 결단을 기대한다.

〈한교닷컴, 2016. 5. 23〉

## 진짜 배알도 없는가

지난 4·13 총선 결과는 한 마디로 흐뭇함이 스민 충격이었다. '흐뭇함이 스민'이라 말한 것은 응당 까닭이 있어서다. 이른바 험지에서의 당선사례가 여럿 나옴으로써 고착화된 지역감정의 완화를 엿볼 수 있어 '흐뭇함이 스민 충격'이라 말한 것이다.

새삼스럽지만 경상도 대구와 부산에서 더불어민주당, 전라도 순천과 전주에서 새누리당 후보가 각각 당선된 것이 단적인 예다. 국민의당이 38석의 제3당으로 당당히 등판하고, 새누리당이 더불어민주당에 제1당 자리를 내주는 등 여소야대 정국은 또 다른 '쾌거'라 할만하다.

전반적으론 가히 유권자 혁명이라 불러도 좋을 내심 흐뭇한 선거 결과인데, 마음 한쪽에선 꼭 그렇지 않은, 뭔가 응어리 같은 게 꿈틀거린다. 전주 을의 새누리당 후보 당선을 대하는 마음이 그렇다. 불과 111표 차로 이긴 정운천 새누리당 당선자는 "나를 뽑아준 것은 선거혁명"이라 말했지만, 승복할 마음이 얼른 생기지 않는다.

다름 아닌 '배알도 없느냐'라는 막말 때문이다. 지원 유세에 나선 당시 김무성 새누리당 대표는 "이번 총선에서도 전북을 야당 의원 밭으로 만들어 주시려느냐."며 "배알도 없습니까, 전북도민들이 정신을 차리셔야 합니다."라고 목청을 높였다.

당연히 도민을 무시하고 깔보는 언사에 역풍을 맞을 것이란 예측이 팽배했다. 그것을 우려했는지 김무성 전 대표는 공식으로 사과했다. 직접 온 것은 아니고 새누리당 도당위원장이 사과문을 읽는 형식이었다. 사과는 심상치 않은 분위기를 감지한 도당의 요청에 의한 것으로 알려졌다. 새누리당 내부적으로도 막말에 대한 역풍을 우려했다는 반증인 셈이다.

글쎄, 김무성 전 대표의 사과 덕분인지 어쩐지 알 수 없으나 결과는 새누리당 후보 당선으로 나타났다. 그야말로 유권자 혁명이 일어났지만, 김무성 전 대표 말대로라면 전주 을 유권자들이 정신을 차린 셈이 된 것이라는 해석이 맞다.

그런 소리를 듣고도 새누리당 후보를 당선되게 했으니 '진짜 배알도 없는가.' 하는 의구심이 생겨난다. 무엇보다도 과거 한나라당 시절부터 새누리당이 펼쳐온 전북 홀대는 숨긴 채 유권자들에게 그 책임을 전가한 네거티브 식 막말에 분통이 터지는데, 당선까지 된 것이다.

아무리 유세라지만 새누리당이 그런 말을 하려거든 비례대표라도 한 자리 배출하는 등 그 동안 최소한의 정치적 정성 내지 배려를 다 해야 했다. 장·차관이나 치안감 따위 고위직 발탁이나

0.7%밖에 안 되는 예산증가율 등 온갖 전북 홀대를 다 해온 새누리당이 '배알도 없는' 따위 막말로 전주 시민을 긁어댄 것은 사과 아니라 '사과할아버지'를 해도 화가 날 일이다.

그러나 정작 화가 더 나는 이유는 다른 데 있다. 사정이 그런데도, 그런 말을 듣고도 유권자들이 새누리당 후보에 111표나 더 줬다는 것이다. 진짜 배알도 없는 전주 을 유권자가 되어버린 그 결과에 선뜻 승복이 안 되는 것이 필자만은 아니리라.

하지만 어쩌겠는가. 이제 지켜보는 수밖에. 여소야대 핑계를 댈지도 모르겠지만, 새누리당 의원을 당선시켜줬으니 전북 홀대가 봄눈 녹듯 사라지는지, 예산 폭탄을 터뜨려 대는지 두 눈 부릅뜨고 4년 동안 지켜보는 수밖에. 선거 때마다 해온 말들이 실현된 게 없는 전력으로 봐선 믿지 못할 새누리당이지만, 거기서 벗어날지 지켜보는 수밖에.

〈전북연합신문, 2016. 5. 12〉

# 교사 명퇴 증가시킬 2016 학생생활교육계획

　명예퇴직으로 교단을 떠난 지 다섯 달이 지났다. 떠났으니 이제 그만이란 생각으로 살려 하지만, 전북교육청이 얼마 전 발표한 '2016 학생생활교육계획'(이하 계획)을 대하니 지난날 교직에 섰을 때의 '악몽'이 선연히 떠오르는 걸 어찌할 수 없다. 정든 교단을 2년이나 앞서 굳이 떠나야 했던 그 악몽 말이다.

　계획의 핵심은 상벌점제(그린 마일리지) 폐지다. 2009년 도입된 상벌점제가 관련 예산 지원 중단으로 폐지된 것. 2014년 취임 일성으로 벌점제 폐지방침을 밝힌 경기도 교육청 이재정 교육감은 "바람직한 교육은 학생들이 좋은 일을 할 수 있게 알려주고 권장하는 것이지, 벌점제처럼 어떤 틀을 정해놓고 그것에 어긋나면 벌을 주는 것이 아니다"는 논리를 폈다.

　얼핏 그럴듯해 보이지만, 이상론일 뿐이다. 아니면 학교나 학생 현실과 동떨어진 탁상행정이랄 수 있다. 한국교총은 보도 자료를 통해 "즉각 중단돼야 한다."고 주장했다. "학생인권조례와 체벌 금지로 가뜩이나 문제행동 학생을 제재할 수단이 없는 현실에서 벌점제까지 폐지하면 학생지도가 굉장히 어려워질 것"이라는 이유에서다.

그렇다면 당신이 근무하는 학교의 학생들은 어떠한가? 내가 겪은 현실은 이렇다. 가령 1교시 중에 등교하는 학생은 낯설지 않은 풍경이다. 출석을 부르는데도 대답할 짬 없이 잠만 퍼 자는 학생들이 넘쳐난다. 수업 중 교실은 잡담이 무성한, 한 마디로 카페 같은 분위기다.

일부 특성화고의 수업 시간만을 말하는 것이 아니다. 일부 인문계고등학교 분위기도 만만치 않다. 수업 시간인데 어린이집 아이들도 아닌 고교생들이 교실을 돌아다니고 만리장성을 쌓기 일쑤다. 어떤 50대 중반 교사는 벌점을 매겨가며 가까스로 면학 분위기를 잡는다며 고충을 토로해왔다.

그 벌점제마저 폐지되면 아직 젊은 교사들이야 고통스러워도 목구멍이 포도청이니 그런 현실을 받아들이며 버틸 수밖에 없겠지만, 50대 중반의 교사들은 명퇴에 대한 유혹을 떨쳐낼 수 없을 것으로 보인다. 교사들을 명퇴로 내모는 '2016 학생생활교육계획'이라 할 수 있다.

거기엔 소위 진보교육감들이 그런 실상을 아는지 여부와 상관없이 또 다른 중요한 문제가 내재되어 있다. 공부하려는 학생들이 오히려 기죽어야 하고 눈치 보는 교실 분위기를 어떻게 해볼 수 없어 '그래. 이참에 나가버리자'란 생각을 행동으로 옮길 교사가 부지기수일 것이란 점이다.

단적인 예를 들어보자. 수업 시간에 자기만 하는 어떤 학생이 교사에게 대든다. 어이없게도 곤히 자는 걸 깨웠다는 이유에서다. 체벌도 할 수 없고, 벌점을 들이밀 수조차 없다. 학생이 계속 대드는 데도 교사는 공자나 맹자처럼 마냥 점잖고 다정한 목소리로 '좋은 일을 할 수 있게 알려주고 권장'만 하란 말이 된다. 도대체 말인지 막걸리인지 모를 소리다.

학생인권조례에 충실하고 벌점제를 없애려면 우선 학교 시스템과 환경부터 바뀌어야 한다. 선진국 고교처럼 성인 같은 헤어스타일의 자유 복장에 남녀 학생이 학교에서 키스 정도는 가볍거나 자연스럽게 하는 그런 분위기라면 벌점제 따위가 무슨 소용이 있겠는가. 장기적으로 벌점제 폐지가 맞지만, 지금 당장은 아니다.

도대체 떠들거나 잠자는 학생들에게 체벌은커녕 벌점이나 복도로 내보내기 등 교사들이 어떤 조치도 취할 수 없게 하는 교육감들은 어느 나라 사람인지 알 수 없다. 학생 인권 침해 타령으로 정작 학교는 더 무너져 내리고 있는 줄 아는지 묻고 싶다.

그럴망정 나는 학생들에게 벌점을 부과한 적이 없다. 문예 등 맡은 업무가 있어 상점은 많이 줬지만, 벌점은 그냥 말로만 해왔다. 그것도 나름 효과 만점이다. 그만큼 벌점제는 그 자체만으로도 학생들의 의식과 행동에 긍정적 영향을 미치는 교육 기재라 할 수 있다.

〈전북연합신문, 2016. 5. 4〉

## 부산국제영화제를 지지합니다

잊어버릴 만하면 헌 바지에 뭣 붙거지듯 하는 일이 있다. 부산국제영화제도 그중 하나이다. 더 정확히 말하면 부산국제영화제 이용관 집행위원장 이야기다. 2016년 2월 26일 임기가 만료되었고, 재선임되지 않았으니 이제 부산국제영화제 전 집행위원장 이용관이다.

한겨레와 경향신문 등 반정부적 신문과 중도 매체라 할 한국일보에서 주로 보도해온 부산국제영화제 파동의 시작은 2014년 9월로 거슬러 올라간다. 2014년 9월 2일 제19회부산국제영화제 상영작 발표 때까지만 해도 괜찮았던 파동은 9월 중순 서병수 부산시장이 "'다이빙벨' 상영이 부적절하다"고 밝히면서부터 막이 올랐다.

아니 더 정확히 말하면 서병수 시장의 발언과 상관없이 10월 2일부터 11일까지 '다이빙벨'을 상영하면서 파동의 막이 올랐다고 봐야 맞다. 부산국제영화제 조직위원장인 서병수 부산시장의 개입에 이용관 집행위원장이 굴하지 않고 '다이빙벨' 상영을 강행함으로써 전면전 양상을 띠게 된 것이다. 전문가들로 꾸려진 선정위원회에서 확정된 상영작이 외부 입김으로 취소된 적이 없는 전통과 권위를 그대로 지켜낸 것이기도 하다.

이후 부산시는 영화제 집행위 지도 점검, 이용관 집행위원장 사퇴 권고, 감사원 본 감사 의뢰, 검찰 고발 등을 2015년까지 숨 가쁘게 이어갔다. 이에 굴하지 않은 이용관 집행위원장은 자문위원 68명을 선임하고, 임기 만료와 함께 자리를 물러났다.

서병수 부산시장의 영화제 조직위원장 사임 뜻을 밝히기도 했지만, 부산시는 자문위원 68명에 대한 효력정지 가처분 신청을 내기에 이르렀다. "집행위원회가 조직위원장을 배제하고 독자적으로 임시총회를 열어 정관 개정에 나서는 것을 막기 위해서"라는 것이다.

마침내 영화인들이 나섰다. 부산국제영화제 지키기 범영화인 비상대책위원회(비대위)가 3월 21일 한국 프레스센터 기자회견에서 "부산시가 영화제의 자율성을 계속 부정한다면 영화인들은 올해 부산국제영화제 참가를 전면 거부할 것"이라고 밝히고 나선 것. 비대위는 한국영화제작가협회, 한국영화감독조합 등 국내외 대표적인 9개 영화단체로 구성된 모임이다.

부산국제영화제 파동이 새로운 국면을 맞고 있는 가운데, 이용관 전 집행위원장은 3월 24일 부산지검에 불려가 조사를 받았다. 부산시가 부산국제영화제 국고보조금 부실집행 등의 혐의로 고발한 건(件) 조사에 따른 검찰 출두이다. 부산국제영화제 창립 멤

버이며 산 증인이나 다름없는 이용관 전 집행위원장으로선 그것만으로도 치욕적인 일이 벌어진 것이다.

20년 동안 쌓아온 영화제의 세계적 명성이 일촉즉발의 위기에 내몰린 형국이다. 그 책임은 응당 서 시장이 져야 한다. 잘못도 그에게 있다. 말할 나위 없이 '지원은 하되 간섭은 하지 않는' 대원칙을 깬 데서 비롯된 부산국제영화제 파동이기 때문이다. 선출직 공무원인 서 시장은 떠나면 그만이지만, 부산국제영화제는 영원히 이어져야 하기 때문이다.

그것을 모를 리 없는 서 시장이 영화인들과의 전면전을 벌인 것은 왜일까? 전주국제영화제에서도 '천안함 프로젝트'가 논란이 되었지만, 이렇듯 일파만파로 번지지 않았는데, '다이빙벨'은 왜 그런 것일까. 혹 권력의 눈치를 보며 '알아서 긴' 것이라면 선출직 시장이란 자리가 너무 창피할 일이다.

하긴 이미 세계적으로 쪽팔린 부산국제영화제가 되고 말았다. 2016년 2월 11일 개막한 제66회 베를린국제영화제에서 '부산국제영화제를 지지합니다(I SUPPORT BIFF)'라는 행사를 열었을 정도니까 말이다. 세계 여러 국제영화제의 집행위원장들 등 150여 명의 영화인들이 참여한 행사에서 그들은 한목소리로 외쳤다. "영화제에 대한 정치적 간섭을 중단하라"고.

〈전북연합신문, 2016. 4. 26〉

# 퇴직교사 노후 내팽개친 공무원연금공단

　최근 인사혁신처는 공무원 시행규칙 개정안을 입법 예고한 바 있다. 좀 자세히 살펴보면 '부작위'와 '소극행정'이 눈에 띈다. 부작위는 "공무원이 이행해야 할 직무상 의무가 있는데도 상당 기간 이를 이행하지 않는 것"이다. 소극행정은 "공무원이 해야 하거나 할 수 있는 일을 하지 않아 국민의 불편을 초래하거나 권익을 침해한 업무 형태"이다.
　지난 2월 말 교사로 명예퇴직한 내가 공무원 시행규칙을 시시콜콜 살펴보는 것은 물론 그만한 까닭이 있어서다. 3월 초 지급된다던 퇴직연금 수당이 중순을 지난 지금까지도 감감무소식이어서다. 같이 퇴직한 동료에게 전화 걸어 물어보니 예정대로 3월 초 통장으로 입금되었다는 답변이 전해졌다.
　이상하고 궁금하여 공무원연금공단으로 문의했더니 뜻밖의 답변이 마치 비수처럼 날아왔다. "전과기록 조회가 국가기록원으로부터 아직 오지 않아서 지급을 못 하고 있다는 것"이란 답변이었다. 아니, 전과기록이라니! 나는 순간 멍한 기분이었다. 불쾌함과 함께 솟아오른 분노로 한동안 어찌할 줄 몰랐다.

지금으로부터 40년 전쯤 갓 스무 살 여름에 술 마시다 시비가 붙어 싸움을 하게 됐다. 젊은 시절 흔히 있을 수 있는 일이었지만, 나는 집행유예를 선고받는 전과자가 되고 말았다. 대학 4학년 때 교원 순위 고사(지금의 교원임용고사)에 합격하고도, 동기들보다 1년쯤 늦게 임용된 것 역시 그 때문이었다.

교사로 임용된 것은 1984년 4월 20일이다. 이를테면 교사 임용으로 그 전과 기록은 사실상 사면된 것이나 마찬가지였던 셈이다. 실제로 32년을 교직에 있으면서 그로 인한 불이익은 당한 바 없다. 새까맣게 잊어버리고 착실한 교직 수행을 하다 떠났는데, 이제 와서 그로 인해 퇴직수당 지급이 보류되고 있다니 그 황당함을 어디에도 비할 바가 없다.

무엇보다도 그 전과는 교사 임용 전 생긴 것이기에 공무원연금공단의 그런 행태를 이해할 수 없다. 바꿔 말해 교사를 하며 파면이나 해임 따위 중징계를 당한 게 아닌데, 공무원연금공단이 무슨 권한과 자격으로 그런 것인지 이해할 수 없단 얘기다. 도교육청으로부터 명예퇴직 수당을 이미 받았기에 더욱더 그렇다. 어디가 됐든 둘 중 하나는 잘못된 것이 아닌가?

만약 이런 걸 알았더라면 월급에서 기여금을 떼는 데 동의하지 않았을 것이다. 공무원연금공단은, 그러나 그런 규정을 알려주지도 않았다. 32년을 멀쩡히 교단에 섰으니 그들 행태대로라면 그 자체가 잘못되었다는 아주 '요상한' 일이 벌어지고 있다.

무슨 이런 놈의 규정이 다 있나 싶어 절로 억하심정이 들기까지 한다. 한평생 교단에서 헌신한(나는 교육부총리·교육부장관 표창에 이어 남강교육상까지 수상한 교사였다.) 퇴직 교사에게 치하와 격려는 못 해줄망정 이 무슨 불쾌한 일인지, 진짜 이 나라가 싫다.

당국에 바란다. 먼저 공무원연금공단의 그런 규정이 과연 올바르고 합리적인지 적극적으로 검토해보기 바란다. 설사 그렇다 쳐도 국가기록원은 왜 또 공무원연금공단의 공문에 의한 전과기록 조회에 대한 답변을 이리 오랫동안 안 하고 있는지, 그것이 '부작위'나 '소극행정'은 아닌지….

퇴직수당은 2주쯤 늦게 지급되었다. 그로 인해 입은 정신적·물질적 피해는 내가 고스란히 안아야 하는 것인가? 어린 시절 잘못을 개과천선하여 잘 살아온 선량한 시민을 이렇게 골탕 먹이고 초라하게 만드는 공무원연금공단이라면 도대체 무엇이 규제 푸는 혁신인지, 참 답답한 봄날이다.

〈전북연합신문, 2016. 3. 31〉

## 3·1운동이 아니라 독립 만세 시위다

지난 3월 1일은 제97주년 3·1절이었다. 또한 교단을 떠나 백수가 된 첫날이기도 했다. 백수가 된 첫날 오지랖 넓게도 잘못된 '3·1운동'이 떠오른다. 사실은 오래 전부터 '3·1운동'이 목에 가시가 걸린 듯했다. 일제의 총칼에 귀한 생목숨 잃어가며 독립 만세를 외쳐댔는데, 그것이 어떻게 운동이란 말인가?

굳이 사전을 찾아볼 필요도 없지만, 운동은 "사람이 몸을 단련하거나 건강을 위해 몸을 움직이는 일"이다. 물론 운동은 "어떤 목적을 이루기 위해 분주히 돌아다니며 조직적으로 활동하는 일"이란 뜻도 갖고 있다. 그럴망정 아무래도 운동은 건강과 짝을 이루는 단어이다. 많은 이들에게 그렇게 각인되어 있다는 것이 필자의 판단이다.

3·1운동이란 용어에 대한 부당성 제기는 꾸준히 있어 왔다. 일례로 2014년 신병국 원광학원 이사장은 '3·1운동인가 3·1혁명

인가'(전북일보, 2014. 3. 3)라는 칼럼을 통해 '3·1혁명'으로 부를 것을 주장했다. 2015년에도 한겨레 박창식 논설위원이 '3·1운동이 아니라 3·1혁명'이란 칼럼을 발표한 바 있다.

그 칼럼은 김삼웅 전 독립기념관장이 여성독립운동기념사업회 특강에서의 '3·1혁명' 주장 사실도 밝혀 놓고 있다. 김삼웅 전 독립기념관장은 최근의 칼럼 '지금은 3·1혁명 정명을 찾을 때'(한겨레, 2016. 3. 1)에서 대놓고 3·1운동 아닌 '3·1혁명' 용어를 사용하고 있다.

훨씬 이전에도 3·1운동을 거부한 일이 있다. 비록 소설이기는 할망정 이문열은 그의 장편소설 '우리가 행복해지기까지'(1984년)에서 3·1운동을 '제1차 수복전쟁' 혹은 '기미평화전쟁'이라 명명한 바 있다. 김원일 소설가 역시 대하소설 '늘 푸른 소나무'(전 9권, 1993년)에서 3·1운동을 '3·1민족해방만세시위'라 표현했다.

그런 글들을 보며 알 수 있는 공통점은 3·1운동이 우리 민족 스스로 '알아서 긴' 용어란 사실이다. 일제 침략기 때야 그렇다 치더라도 1941년 임시정부의 건국강령이나 1944년 대한민국 임시헌장에서도 '3·1대혁명'이라고 기록된 것으로 알려졌다. 해방 이후인 1948년 제헌의회의 헌법 초안에도 '3·1혁명'으로 되어 있었다.

그것이 3·1운동으로 격하 내지 폄하된 것은 1948년 대한민국 정부 수립 과정에서다. 유진오가 마련한 초안에 들어 있는 "3·1혁명의 위대한 독립정신을 계승하여"의 '3·1혁명'을 이승만과 한민당 떨거지들이 '기미 3·1운동'으로 깎아내려 오늘에 이르게 된 것이다.

'친일인명사전'조차 학교 도서관 비치를 반대하는 무리들이 득

시글대는 오늘이다. 아직도 친일파 후손들이 지배세력을 형성하고 있는 나라인 것이 부끄럽고 슬프지만, 그러나 3·1운동만큼은 바로 잡아야 한다. 김삼웅이 주장한 자주독립·민주공화·신분해방·비폭력·국제평화 등 혁명으로서의 거창한 당위성은 다 필요 없다. 앞에서 잠깐 말했듯 무엇보다도 3·1운동이 몸을 단련하거나 건강을 위해 움직인 일은 결코 아니어서다.

배다지 민족광장 상임의장은 '삼일 운동이 아니라 삼일 항쟁이다'(한겨레, 2016. 2. 25)에서 '삼일 항쟁'을 주장하고 있다. 1919년 3월 1일 시작한 '반제 항일 민족항쟁은 4월 말까지 이어졌다. 전국적으로 1500회의 항쟁에 참가한 인원은 200만 명에 이른다. 사망자 7,509명, 부상자 1만 6,000명, 피검자는 4만 6,900명에 달하는 동학 농민항쟁을 능가하는 항쟁이었다는 것.

이제 명백해졌다. 혁명이든 항쟁이든 그것이 절대 운동일 수는 없다는 사실이 그것이다. 운동과 혁명이 지금도 친일파의 세력이 만만치 않은 이 땅의 정쟁 대상이 된다면 아무런 윤색도 없이 있었던 그대로인 '3·1독립만세시위'라 부르면 어떨까? 정부가 오리무중이라면 언론이나 민간의 캠페인부터 시작하는 것도 한 방법이 될 듯하다.

97주년 3·1절이자 백수 첫날 이런 논의를 하고 보니 그냥 백수만은 아닌 셈인가, 그런 생각이 든다.

〈전북연합신문, 2016. 3. 22〉

# 넘쳐나는 문학상 이대로 좋은가

얼마 전 제21회 신곡문학상과 제27회 전북문학상 시상식이 있었다. 신곡문학상은 고(故) 라대곤 소설가 겸 수필가가 쾌척한 재원을 기반으로 벌써 21회째 시상식을 치른 제법 유서 깊은 전국 규모의 문학상이다. 전북문학상은 전북문인협회가 수여하는 도단위 문학상이다. 회장 임기와 상관없이 전북문학상운영위원장이 추대되었다는 기쁜 소식도 들려온다.

아무리 다다익선이라지만, 사실은 '상의 홍수 시대'라 할 만큼 각종 상이 넘쳐난다. 그것들을 보며 문득 "상이라는 것은 받을만한 사람에게 주어졌을 때 의미와 가치가 있는 것이지, 그렇지 않을 경우 쓰레기 배급에 지나지 않는다."는 '명언'이 떠오른다.

이는 오래 전 SBS 연기대상에서 이병헌의 대상 수상을 두고 드라마작가 김수현이 자신의 홈페이지를 통해 내던진 말이다. 자신이 극본을 쓴 TV 드라마 '완전한 사랑'에서 열연한 김희애가 대상을 받지 못하자 터뜨린 '울분' 성격의 말이기도 하다.

　그렇다면 문학상은 어떠한가? 출판사 주관의 문학상이 상업성 시비에 휘말린 건 오래 전 일이지만, 일단 TV 연기대상이나 각종 영화상보다는 자유로워 보인다. 특히 지방에서 시상하는 문학상의 경우 독자나 판매 부수를 염두에 둔 문학상은 없는 것으로 알고 있다.

　그러나 그로 인한 문제가 커 보인다. 도내 자치단체와 문학단체, 독지가나 문인 유족들이 제정·시상하는 여러 문학상의 수상자 명단을 보면 대부분 받을만한 사람이 상을 받았다고 공감되지만, 고개를 갸우뚱하게 만드는 경우도 있어서다.

　방송사 연기대상이 공헌도나 시청률 따위가 아닌 연기력으로 평가받아야 하듯 문학상도 필력 내지 저술 활동이 수상의 첫째이자 마지막 기준이 되어야 하지 않을까? 무엇보다도 작가는 작품(집)으로 그 활동을 인정받을 수 있어야 한다.

　하지만 문학상 시상이 꼭 그런 것만은 아님을 부인할 수 없다. 거기에 더해 저술활동은 차치하고 '문인의 도리'조차 다하지 못하는 인사의 수상까지 더러 있어 아연실색을 경험하기도 한다. 작품공모로 수상자를 정하는 경우 그런 인상에서 벗어나 있다는 것이 그나마 위안이 될 정도이다.

　대개의 경우 투명하고 정확한 심사 기준이 언론 등을 통해 공개되지 않는 것도 문제이다. 예컨대 '찾아서 주는 상'을 표방한 문학상의 경우 심사위원들이 예비 수상자들의 작품활동을 시시콜콜 꿰뚫고 있으리라고 생각하는 사람은 많지 않다.

　이를테면 알음알음 개인적 친분을 통해 '그들만의 잣대'로 해당

연도(또는 그 몇 년 전) 빼어난 공적의 수상자를 제한적으로 '재단하는' 가능성에 노출되어 있는 셈이다. 그러니까 제도적으로 공정성이 위협받고 있는 것이다. 결코 나이순이나 막걸릿잔 수로 정해지는 문학상 수상이 되어선 안 된다.

무릇 상은 누구나 박수를 쳐줄 수 있는 사람이 받아야 한다. 그래야 수상자로서도 티 없이 기쁘고 내심 감격에 겨워할 수 있다. 주최 측 스스로 권위를 떨어뜨리는 문학상은 과연 없는지, 미미한 상금 액수에다가 그나마 일정액을 주최 측에 희사하기까지 하는 '같잖은' 상들이 너무 넘쳐나는 건 아닌지 되돌아보게 된다.

〈한교닷컴, 2016. 2. 29〉

## 상, 제대로 주자

 1년 전쯤 필자는 칼럼 '상, 제대로 주고 있나'를 발표한 바 있다. 각종 상이 넘쳐나는 것이 과연 바람직한 일인가를 지적한 글이었다. "상이라는 것은 받을만한 사람에게 주어졌을 때 의미와 가치가 있는 것이지, 그렇지 않을 경우 쓰레기 배급에 지나지 않는다."는 드라마작가 김수현의 '명언'을 예시하기도 했다.
 대학교·문인단체·지자체 주최 등 상이 넘쳐나는 건 학생 대상도 예외가 아니다. 바꿔 말하면 각종 공모전이나 백일장 등이 그야말로 즐비하다는 얘기다. 차제에 특히 학생 대상의 백일장이 시상하고 있는 상의 명칭(훈격)에 대해 살펴보려는 이유이다.
 일단 소정의 상금을 내건 공모전·백일장이 많은 것은, 응당 환영할 일이다. 사교육 완화 대책이랍시고 고교 생활기록부에 교외 수상 사실조차 기재되지 않는 기이한 세상이 되어버렸지만, 학생들의 글쓰기를 유인할 수 있는 계기로 작용할 수 있어서다.

말할 나위 없이 글쓰기는 자신의 느낌이나 의견을 정확하게 표현·전달하는 수단이다. 글쓰기는 시인이나 소설가가 되려는 사람만이 배우고 지녀야 할 특기가 아니다. 또 소질이나 재주 따위로 치부해버리며 부담 없이 넘어갈 문제도 아니다. 학생들이 기본적으로 익혀야 할 필수과목인 것이다.

그런데도 학생들은 글쓰기라면 차라리 죽을 맛이라는 반응들이다. 초·중·고 12년을 멀쩡히 수학하고 졸업까지 했는데, 논리적인 글은커녕 편지 한 장 제대로 쓰지 못한다. 매우 안타까운 일이지만, 그것이 부인할 수 없는 이 땅의 현실이다. 상금을 내건 백일장 등이 많은 게 좋다고 한 이유가 거기에 있다.

그런 가운데 제1회 고은백일장이 개최되었다. 지난 해 10월 개최된 제1회 고은백일장은 초·중·고·대학 일반부로 나뉘어 진행되었다. 전체 대상을 비롯하여 각 부문 장원·차상·참방의 상이 주어졌다. 대상이 전체 1등 상이고, 장원·차상·참방은 각 부문 1, 2, 3등 상이 된다.

그런데 뭔가 개운치 않다. 무릇 백일장에서 수여하는 '장원·차상·차하·참방'의 일반적 시상 훈격이 파괴되어 있어서다. 비단 고은백일장만 그런 것이 아니다. 전북문인협회의 제10회 새만금전북고교생백일장, 전북대학교 주최 제16회 전국고교생백일장 등도 마찬가지다.

구체적으로 살펴보자. 제10회 새만금전북고교생백일장은 '대상·최우수·우수·가작'이다. 전북대학교 주최 제16회 전국고교생백일장은 '대상·우수상·가작·장려상'으로 되어 있다. 차례대로 1~4등인 건 알겠지만, 제대로 된 시상 내역이 아님을 알 수 있다.

필자가 파악하기로 제대로 된 시상 내역은 광주대학교 주최 제17회 전국고교생백일장의 '장원·차상·차하·장려상' 정도이다. '참방'이 '장려상'이란 뜻이긴 하지만, 기왕이면 백일장 본래의 의미를 살려 '장려상' 대신 '참방'으로 공지하면 더 좋겠지 싶다. 목정문화재단 주최 제19회 전북고교생백일장의 '장원·차상·차하·가작'의 '가작'도 그렇다.

어떤 이름으로 상을 주든 주최 측 마음이라고 하면 할 말이 없지만, 그건 아니지 싶다. 무엇보다도 상 받는 학생들이 헷갈리는 걸 자주 봐와서다. 조선 시대 과거 시험으로부터 유래된 백일장의 의미를 상 명칭과 함께 살려서 제대로 주는 것 또한 전통문화 전승과 창달 등 이 문화융성 시대에 한 수확이 아닐까?

〈한교닷컴, 2016. 2. 2〉

## 망신살 뻗친 국가브랜드 공모전

'입상자 발표, 약속 지켜라'·'툭하면 발표연기, 공모전이 애들 장난인가'·'공모전 애들 울리지 말아야'·'공모전 발표일 약속 지켜야'·'마음인문학연구소의 공모전 그 후'·'모집만 있고 발표는 없는 알찬문집공모전'. 이것들은 필자가 2011년부터 2014년까지 4년 동안 쓴 칼럼의 제목이다.

제목에서 이미 짐작되듯 각종 공모전의 지각 발표 행태를 지적한 글들이다. 제목은 비슷하지만, 6편의 글이 각기 다른 주최 측 이야기다. 그만큼 공모전의 지각 발표가 자심하거나 만연되어 있다는 얘기다. 그뿐이 아니다. 필자는 2009년 '공모전 광고 내고 시상 취소하다니'라는 글을 일간신문에 발표한 적도 있다.

글 대부분은 고교의 문예지도 교사로서 학생들을 울리거나 실망시키는 공모전을 고발한 것들이다. 대학교·지자체·문인단체·환경단체·도교육청·정부기관·출판사 주최 등 지각 발표로 구설에 오른 각종 공모전이 즐비했음을 알 수 있다.

그런데 이제 보니 전 국민 나아가 외국인들까지 대상으로 한 '국가브랜드공모전'의 지각 발표가 도를 넘고 있다. 오랜만에 이런 글을 다시 쓰게 되는 이유이다. 문화체육관광부 주최 '국가브랜드공모전'은 처음 발표한다던 약속을 한 번도 아니고 무려 두 번이나 미루었다.

'국가브랜드공모전'은 대한민국을 세계에 알리기 위한 목적으로 지난 해 9월 7일부터 11월 8일까지 영상·사진·디자인·글·음악 등 5개 부문에 걸쳐 작품을 공모했다. 공모전에는 8천 700여 점의 작품이 접수된 것으로 알려졌다. 이미 1차 전문가 심사를 거친 96편의 작품들은 12월 4일까지 국민선호도 조사까지 마친 바 있다.

12월 중 시상식이 예정되어 있었지만, 2016년 2월이 되어서도 홈페이지엔 '국가브랜드공모전 최종 수상작을 빠른 시일 내 발표'한다고만 안내해놓고 있다. 그 전엔 '1월 중 발표'가 올라와 있었다. 발표는 2016년 2월 18일 오후에서야 이루어졌다. 주최 측이 내세운 지연 발표 이유는 '각 분야별 저작권 조사 등'이다.

그러나 선뜻 이해되지 않는다. 과연 그런 대회를 치를 역량이 있는 정부인지 의구심을 갖게 하는 진행인 것은 분명해 보인다. 100편도 안 되는 1차 심사 통과 작품 대상의 최종 수상작 선정이기에 그렇다. 홈페이지를 통해 양해를 구했다곤 하지만, 응당 발표일 지연에 면죄부가 주어지는 건 아니다.

결국 국민 세금으로 하는 공모전을 그리 '개념 없이' 진행해선 안 될 것이다. 그 동안 많은 이들이 주최(주관) 측 홈페이지를 수 없이 방문하는 등 시간 낭비가 심했음은 물론이다. 또한 다른 타이틀도 아니고 '국가브랜드'를 내세운 공모전인데, '코리안 타임'이란 망신살이 뻗쳤음을 부인할 수 없게 되었다. 특히 1차 심사통과 작품엔 외국인 응모작 7점도 포함된 것으로 알려졌는데, 그들이 이런 대한민국을 어떻게 생각할지 걱정이다.

한편 국가브랜드공모전은 대통령상 1팀 2,000만 원을 비롯해 국무총리상(1팀, 1,000만 원)·문화체육관광부장관상(2팀, 각 500만 원)·최우수상(5팀, 각 200만 원)·우수상(5팀, 각 100만 원) 등 다른 공모전과 비교할 수 없을 정도의 상금이 걸려 있다. 심사 결과가 공지한 날보다 늦게 나와선 안 되는 또 다른 이유이다.

앞으로 문화체육관광부는 이런저런 이유의 발표연기 따위 공신력 잃는 행태에서 벗어나기 바란다. 기획 단계에서부터 충분히 검토하여 시행하면 충분히 가능한 일이다. 약속을 잘 지키는 신용·신뢰야말로 대한민국의 국가브랜드가 되어야 하지 않을까?

〈경향신문(2016. 2. 23) '국가브랜드공모전 지각 발표 안 돼'의 원본임.〉